U0816626

妇产科出血性疾病的中西医诊断与治疗

郭东晓　张淑一　编著

蘭州大學出版社

图书在版编目(CIP)数据

妇产科出血性疾病的中西医诊断与治疗/郭东晓,张淑一编著.—兰州:兰州大学出版社,2009.5

ISBN 978-7-311-03349-1

Ⅰ.妇… Ⅱ.①郭…②张… Ⅲ.妇产科病:出血性疾病—中西医结合—诊疗 Ⅳ.R71

中国版本图书馆CIP数据核字(2009)第069330号

责任编辑 佟玉梅 魏春玲
封面设计 王 笃

书 名	妇产科出血性疾病的中西医诊断与治疗
作 者	郭东晓 张淑一 编著
出版发行	兰州大学出版社 (地址:兰州市天水南路222号 730000)
电 话	0931-8912613(总编办公室) 0931-8617156(营销中心) 0931-8914298(读者服务部)
网 址	http://www.onbook.com.cn
电子信箱	press@lzu.edu.cn
印 刷	兰州人民印刷厂
开 本	880×1230 1/32
印 张	8.75
字 数	252千
版 次	2009年5月第1版
印 次	2011年6月第2次印刷
书 号	ISBN 978-7-311-03349-1
定 价	14.00元

(图书若有破损、缺页、掉页可随时与本社联系)

前　言

在妇产科疾病领域里，出血是其主要临床特点，因而出血性疾病占有主要的地位。由于妇产科疾病中出血性疾病的发病率很高，病因也很复杂，而且临床上症状又极其相似，因此，遇到这些病例时往往不知所措。如持续少量或反复少量的出血，既可能是功能性子宫出血，又可能是慢性子宫内膜炎、宫外孕、子宫内膜癌，还可能是血液系统疾病等等。因此，能够准确诊断、及时治疗妇产科出血性疾病，是妇产科临床医生所必备的临床技能。通过临症体会，对这些出血性疾病，有些用西医方法较好，如不全流产、葡萄胎采用清宫术即可立即解决问题；有些用中医药治疗较好，如代偿性月经、盆腔瘀血、子宫肌瘤等；而大多更适合采用中西医结合进行治疗，如功能性子宫出血、附件炎、子宫内膜炎、先兆流产等等。所以，笔者收集、参考了大量有关资料，并结合自己临床积累的一些体会，编写了《妇产科出血性疾病的中西医诊断与治疗》，将妇产科出血性疾病的中西医诊断与治疗方法汇集于一书，旨在便于妇产科临床医生临症时查阅、参考。本书简单明了，通俗易懂，具有较好的临床实用价值。

全书共分十一章，内容主要侧重于所列出血性疾病的诊断、鉴别诊断、治疗方法和一些注意事项。第一章概述妇产科出血性疾病的发病原因、出血的部位、诊断和鉴别诊断的要点，其余十章对各种出血性疾病的出血原因、诊断、治疗方法等作了比较详细的叙述。

书中第一、二、三、四、十、十一章由郭东晓编写，第五、六、七、八、九章由张淑一编写。

随着社会的发展和科学技术的不断进步，对妇产科疾病的诊疗手段也在不断完善和深化，妇产科疾病的范围也在不断扩展。由于本书编写仓促，难免有不妥之处，敬请各位读者提出宝贵意见。

郭东晓　张淑一

二〇〇八年十一月

目　录

第一章 概 论

出血是妇产科疾病最常见的症状之一。妇女以血为本,以血为用,正常的月经、妊娠、分娩、哺乳,都是依靠血液来完成的。而当生殖器官的某个部位发生疾病,都有可能导致出血。如调节女性生殖生理的性腺轴(下丘脑—垂体—卵巢,HPOA)的某一环节发生问题,都可出现不正常的出血。另外,炎症、异常妊娠、肿瘤等也可发生出血。血是维持人体生命活动的最基本物质,大量出血不但会影响人体健康,甚至会危及生命。所以,妇产科临床医生有必要掌握准确诊断和治疗妇产科出血性疾病的技能。

第一节 出血病因

一、西医病因

妇产科出血,其原因可分为功能性和器质性两大类。

(一)功能性

1.功能性子宫出血(以下简称功血)

功血病因目前仍有许多不明之处，但主要是下丘脑—垂体—卵巢轴功能失调所致。是由于调节生殖的神经、内分泌系统功能失调而引起的异常子宫出血。疾病、精神过度紧张、环境气候改变、劳累过度、营养和代谢紊乱及其他全身性疾病等，均可影响性腺轴之间相互调节和制约的机制,从而导致卵巢功能失调、性激素分泌失常,以致出现严重的月经紊乱。该病多发于青春期及围绝经期妇女,其中围绝经期妇女更为常见。

能够直接影响卵巢功能的激素是腺垂体所分泌的促性腺激素,即FSH(促卵泡生成素)、LH(促黄体生成素),这两种激素在整个月经周期中呈持续的脉冲式分泌,由于在不同阶段二者分泌的量的多少不同,因此它们在不同的阶段比例也不同。月经周期前半期,FSH是卵泡发育必需的激素,因此,以FSH为主,并在少量LH的协同作用下,使卵泡发育生长;月经周期中期卵泡发育成熟,其分泌的大量雌激素通过反馈,促使腺垂体释放大量LH,因此,月经周期后半期,又以LH为主。任何因素影响下丘脑周期中枢对垂体促性腺激素的调控,使垂体分泌的FSH的比例多于LH,在月经周期中期不能形成LH峰,都会导致卵巢不能排卵而造成无排卵型功血,有时虽有排卵,但由于LH相对不足或持久分泌,从而致黄体发育不全或萎缩不全而造成排卵型功血。另外,若子宫内膜激素受体失常,或卵巢对促性腺激素的反应以及性激素对下丘脑和垂体反馈作用的异常等,均可导致功血的发生。

不同时期的功血其发病机理也不同。青春早期,由于性腺轴发育尚不成熟或性腺轴周期中枢成熟延迟,在下丘脑—垂体—卵巢之间尚未建立稳定规律的周期性调节和反馈机制,垂体分泌FSH呈持续低水平,LH无高峰形成,因而卵巢中虽有成批的卵泡发育,但无排卵,到达一定程度即发生退行性变,形成卵泡闭锁而发生出血。但也不排除第1次月经就有排卵者。一般认为在月经初潮3年内为无排卵型月经,E_2、LH、FSH的基础值和对GnRH反应性未达成人水平,即使下丘脑—垂体—卵巢轴已建立也不稳定。青春期末,LH及E_2逐渐增加,生物活性的LH也增加,从而达到促性腺激素质的改变。下丘脑逐渐发育成熟,垂体分泌的促性腺激素增加,刺激卵巢使雌激素水平上升。通过性激素对垂体的影响和GnRH脉冲对GnRH受体的上调作用,促性腺激素分泌达成人型,卵泡因此生长发育,性激素水平上升,最后出现周期性月经。

围绝经期，由于卵巢功能趋向衰竭，卵泡数逐渐减少或几近耗尽，每次月经募集卵泡数减少，而且剩余卵泡对垂体促性腺激素的敏感性低下，雌激素分泌量锐减，对垂体的正反馈作用减弱，因而 FSH 和 LH 呈不同程度升高，LH 峰消失而无排卵，子宫内膜随雌激素波动而出血，引起无排卵型功血。

育龄期、经产后或分娩后，受体内外因素影响，下丘—垂体—卵巢轴未能恢复，无排卵而导致功血。有时虽有排卵，但早期 FSH 相对不足，使卵泡发育延迟，中期 FSH 偏低而黄体发育欠佳，引起不规则子宫内膜脱落而使出血时间延长或黄体期点滴出血。黄体期 LH 相对不足而引起黄体不健，有时虽有足够的 FSH，但 LH 相对不足或持久分泌，导致黄体脱落不全，此时出现月经紊乱，即排卵型功血。

2.先兆流产

有些内分泌疾病，如黄体功能不全、甲状腺功能亢进或低下、糖尿病、胎盘内分泌功能不足等，均可影响蜕膜、胎盘和胚胎发育不良而导致流产。黄体功能不全可表现为：子宫内膜发育延迟和黄体期少于 14 天。二者往往影响了孕卵的种植，使早期妊娠发生流产。黄体功能不全者常伴有其他腺体的功能异常，如泌乳素过高，甲状腺功能低下，肾上腺分泌的雄激素过多等，而其他腺体的功能异常，也可能导致黄体功能不全。胎盘内分泌功能不足，表现为早孕时 HCG、HPL、孕酮、雌二醇、雌酮的数值下降，这些数值下降则 50%的妊娠将发生流产。

（二）器质性

1.炎症

生殖器官炎症常并发出血。常见的疾病有：阴道炎、阴道溃疡、宫颈炎、宫颈糜烂、宫颈息肉、子宫内膜炎、盆腔炎、外阴溃疡等。由于炎症，导致局部组织肿胀、充血、化脓、糜烂及溃疡等，局部有炎性渗出物，表现为白带增多，呈浆液性、脓性或脓血性，严重者白带中混有血液，见阴道出血或接触性出血。如子宫炎症，可见月经过多、经前出血、经期延长或不规则出血。

2.妊娠异常

(1)流产

导致流产的原因很多,而胚胎染色体异常是流产的主要原因。染色体异常有:数目异常,多见三体、单体X、三倍体及多倍体;结构异常,易位、断裂及缺失。夫妇任何一方染色体异常均可传至子代,染色体异常的胚胎约有一半或更多可发生流产。除遗传因素外,感染、药物等不良作用亦可引起胚胎染色体异常,流产常发生在妊娠12周前,流产排出物往往为空胎囊或退化的胚胎。虽有少数妊娠至足月,但出生后亦可能为畸形儿或有代谢及功能缺陷。母体方面的因素有:

①内分泌失调　黄体功能不足可导致早期流产。胎盘内分泌功能不足,如HCG、HPL、孕酮、雌二醇、雌酮分泌减少可导致流产。甲状腺功能低下、严重的糖尿病也可导致流产。

②全身性疾病　梅毒螺旋体、流感病毒、衣原体、支原体、单纯疱疹病毒、巨细胞病毒、弓形虫等感染可导致流产。全身性感染高烧可促进子宫收缩而引起流产。心力衰竭、严重贫血、高血压、慢性肾炎以及严重营养不良等缺血缺氧性疾病亦可导致流产。

③生殖器官疾病　子宫肌瘤、宫腔部分粘连、子宫纵隔、单角子宫、双子宫、子宫发育不良等均可影响胚胎着床和发育而导致流产。宫颈裂伤、宫颈内口松弛、宫颈过短等可导致胎膜破裂而流产。

④创伤　子宫受到直接撞击、挤压以及子宫手术均可引起流产,还有过度紧张、焦虑、恐惧和忧伤等精神创伤亦可引起流产。

免疫因素有:父方的组织兼容性抗原(HLA)、胎儿特异抗原、血型抗原(ABO,Rh)和母体自身细胞免疫调节失调均可导致流产;父母的HLA位点相同频率高,使孕期母体封闭抗体不足可导致反复流产;母儿血型不合、孕妇抗磷脂抗体产生过多、抗精子抗体的存在等,亦可使胚胎受到排斥而发生流产。

环境方面的因素有：接触过多有害的化学物质，如甲醛、苯、铅、砷、氯丁二烯、氧化乙烯等，均可导致流产。另外，不良习惯如过量吸烟、酗酒、吗啡、海洛因等毒品均可引起流产。

先兆流产开始出血量少，发展为难免流产时，出血量增多并有组织物排出。如有胎盘组织残留或形成胎盘息肉，则将继续出血，直到组织完全排出才停止流血。

(2)异位妊娠

包括输卵管妊娠、卵巢妊娠、腹腔妊娠、阔韧带妊娠、宫颈妊娠等。多因输卵管炎症、输卵管发育不良或功能异常、输卵管手术、放置节育器、孕卵外游、盆腔子宫内膜异位症及盆腔内肿瘤压迫或牵引等，导致受精卵在输卵管等部位着床发育。

异位妊娠和正常妊娠一样，滋养细胞产生的HCG维持黄体生长，使甾体激素分泌增加，故而月经停止来潮，子宫增大变软，子宫内膜出现蜕膜反应。若胚胎死亡，滋养细胞活力消失，蜕膜自宫壁剥离而发生阴道出血。

3.妊娠滋养细胞疾病

正常妊娠时，滋养细胞对胚胎着床和胎儿发育起重要作用，与其功能相一致，滋养细胞具有增生活跃、侵袭和破坏母体组织及血管等特性。但当滋养细胞增生和侵袭超过一定限度时，便可形成各种滋养细胞疾病。

(1)葡萄胎

葡萄胎形成与绒毛滋养细胞异常有关，但发生绒毛滋养细胞异常确切的原因迄今不明。根据病例对照发现本病的发生与营养状况、经济情况及年龄有关。病因学中年龄是显著相关因素，年龄大于40岁者发病率比年轻妇女高10倍，年龄小于20岁也是高危因素。从细胞遗传学的角度认为与卵子或精子异常受精有关。对染色质和染色体的研究发现：绝大多数葡萄胎的滋养细胞为性染色质阳性，完全性葡萄胎的染色体核型多为二倍体，均来自父系，其中90%为46,XX，由一个细胞核基因物质缺失或失活的空卵(enucleate egg)与一个单倍体精子23,X受精，经自身复制为二倍体46,XX；另有10%核型为46,XY，认为系由一个空卵和两个单倍体精子23,X和23,Y同时受精而成。说明葡萄胎大多为女性。虽然完全性葡萄胎染色体基因均为父系，但其线粒体DNA仍为母系来源。

近年发现，尚有一类双亲来源的完全性葡萄胎，具有经典的完全性葡萄胎的临床病理特征，但有家族性和重复性特点，占所有完全性葡萄胎的20%左右，也是二倍体核型，但两套染色体分别来源于父亲和母亲。目前认为该类葡萄胎的发病可能与母系印迹基因的破坏有关。

部分性葡萄胎的发生率远低于完全性葡萄胎。细胞遗传学研究表明，部分性葡萄胎其核型90%以上为三倍体，如果胎儿同时存在，其核型一般也为三倍体。最常见的核型是69,XXY，其余为69,XXX或69,XYY，为一正常单倍体卵子和两个正常单倍体精子受精，或由一正常单倍体卵子(精子)和一个减数分裂缺陷的双倍体精子(卵子)受精而成，所以一套多余的染色体也多来自父方。已经证明，不管是完全性还是部分性葡萄胎，多余的父源基因物质是造成滋养细胞增生的主要原因。另外尚有极少数部分性葡萄胎的核型为四倍体，其形成机理还不清楚。

因葡萄胎组织自蜕膜剥离，使母体血管破裂而发生阴道流血。多数在停经2~4个月后(平均为孕12周)发生不规则阴道流血，断续不止，开始量少，以后逐渐增多，且经常反复大量流血。

(2)妊娠滋养细胞肿瘤

①侵蚀性葡萄胎　是继发于葡萄胎排空后半年以内的妊娠滋养细胞疾病。侵蚀性葡萄胎恶性程度一般不高，大多仅造成局部侵犯，仅少数的患者并发远处转移，预后较好。可能因母体免疫力降低，或葡萄胎滋养细胞的侵蚀能力增强，导致葡萄胎组织侵入子宫肌层局部。侵蚀性葡萄胎的绒毛可侵入子宫肌层、血管或两者皆有，多数在葡萄胎清除后

几个月开始出现阴道不规则流血;或水泡样组织侵入子宫肌层深部,完全穿透子宫壁,引起腹腔内大出血。

②绒毛膜癌　发病与妊娠有关，大约有一半是继发于葡萄胎排空后一年以上,另外可继发于流产、足月产等。绒癌的形成与绒毛前滋养细胞异常有关,为一种高度恶性肿瘤,早期即可通过血道转移至全身,破坏组织及器官,引起出血坏死。常转移的部位为肺、阴道、脑及肝。绒癌绝大多数原发于子宫,但也有极少数可原发于输卵管、宫颈、阔韧带等部位。当子宫病灶侵蚀血管或阴道转移结节破溃,则出现阴道不规则流血或大出血。

4.肿瘤

女性生殖器官为肿瘤好发部位,有良性肿瘤和恶性肿瘤之分。

(1)良性肿瘤

子宫肌瘤、子宫腺肌病、子宫内膜息肉、子宫血管瘤等。常表现为月经过多、经期延长及不规则流血(偶有)。黏膜下肌瘤与子宫内膜息肉的出血症状较突出,而子宫可能无明显增大。子宫血管瘤也可发生严重出血。

(2)恶性肿瘤

宫颈癌、子宫内膜癌早期常有血性白带，宫颈癌又常见接触性出血。晚期则脓血性白带增多且有恶臭。此外,卵巢癌、输卵管癌、阴道癌、外阴癌及阴道、宫颈、子宫等部位的肉瘤,均可引起异常出血。

(3)功能性卵巢瘤

颗粒细胞瘤、泡膜细胞瘤由于分泌雌激素可引起子宫出血,尤其青春期前和绝经后较多见。

5.结核

结核分歧杆菌侵入女性生殖器官后则引起结核性病变。多见于20~40岁妇女。侵入途径有上行性和下行性两种,而以下行性较多见。常继发于身体其他部位结核,如肺结核、肠结核、腹膜结核等之后。先侵入输卵管,然后沿黏膜进入子宫,引起子宫内膜结核。卵巢结核较少见,阴道、外阴结核更为少见。生殖器官结核,有些患者无任何临床症状,有些则症状较重,常见症状如月经失调、不孕、下腹坠痛、白带增多,甚者可出现脓血性白带。若为活动期,也可有结核的一般症状,如低热、盗汗、食欲不振、消瘦、乏力等。子宫内膜结核,早期因子宫内膜出血及溃疡,可见月经过多、经期延长或不规则出血;晚期宫腔内常充满干酪样坏死组织,内膜发生萎缩性变化,可见月经稀少或闭经。宫颈结核可有接触性出血。

6.全身性疾病

营养不良、维生素缺乏、血管壁脆性或通透性增加、血小板减少或血小板功能障碍、血液凝固障碍(凝血因子缺乏、纤维蛋白溶解、抗溶血功能过强)等。此外,肝病、高血压、心脏病及肾炎等,常可引起月经过多及出血。

7.医源性子宫出血

不规则的应用性激素(雌、孕激素)或避孕药,常可导致月经紊乱和不规则子宫出血。药物同一剂量应用时间较长时,在用药过程中可发生突破性子宫出血。也可因突然停药而出现撤退性子宫出血。因此,在询问病史时,应了解有无用过性激素类药物以及用药方法是否恰当。另外,放置宫内节育器可在短期内有少量子宫出血、月经过多、经期延长等副反应,应进一步检查节育器位置是否正常。

8.外伤

由于外阴及阴道血管丰富,外伤时损伤皮肤和黏膜可发生出血。如直接外伤、器物所伤、阴道手术操作或新婚等均可引起阴道出血。

二、中医病因病机

(一)感染淫邪致病

风、寒、暑、湿、燥、火为自然界中六种气候变化,通常称为“六气”。正常情况下,六气不会致病,但当六气过度人体相对虚弱时,六气则作为致病因素侵入人体,导致疾病发生。其中,寒热湿邪常可导致妇科疾病。

1.血寒

血得温则行,得寒则凝。《素问·调经论》说:"血气者,喜温而恶寒,寒则涩而不能流,温则消而去之。"感受寒邪,寒与血结,寒性凝滞,则血液的运行因之而变慢,运行不利。血为寒凝,影响气血运行,冲任不畅,临床上表现为:月经后期、月经过少等。

2.血热

血在脉中循行,流布于全身,内至脏腑,外达皮肉筋骨,如环无端,运行不息,对全身各脏腑器官具有营养和滋润的作用。正常情况下,血液能循经运行不溢出脉外,是依靠气的推动、温煦和固摄作用之间的协调平衡。血得温则行,喜温而恶寒。而当温升至为热时,则成为一种邪气(致病因素)。当血分被热邪所侵,推动和促进血液运行的因素增加,则血液的运行可因之而变速,甚则逸出脉外,而表现为出血。热邪无论是外热、内热、实热、虚热,均可使血的运行加速,迫血妄行,甚或灼伤血络而发生出血。临床上表现为:月经先期、崩漏、经行吐衄、胎漏、胎动不安、恶露不绝等。

(1)实热

素体阳盛,或感受热邪,或郁怒伤肝,或过食辛辣,热扰冲任,迫血妄行。

(2)虚热

多因素体久病,阴亏火旺,热扰冲任,血海不宁,迫血妄行。

3.寒湿及湿毒

感受外界寒湿之邪,或素体脾肾阳虚,寒多湿盛,或湿热蕴结,化为湿毒。脾阳虚则运化失职,湿浊内盛;肾阳虚则气化失常,水湿内停。水湿停聚,能随人体的阴阳盛衰及湿浊停留的久暂而发生从化,从阳化则成为湿热,从阴化则成为寒湿。湿热蕴结日久,与血搏结,阻滞冲任胞脉,脉络壅塞,化为湿毒,积而成形,发为癥瘕;寒湿之邪,寒邪凝滞,阻滞脉络，湿性重浊腻滞，阻塞气机，二者相合，阻滞冲任胞脉，影响气血运行，可发为带下、阴痒、癥瘕等。

(二)脏腑功能失常

1.肾虚

肾主藏精，为元气之根，胞络系于肾，女子月经的正常通行，有赖于肾藏之精气，尤其是源于肾中先天之精的天癸。如《素问·上古天真论》说："女子七岁，肾气盛，齿更，发长；二七而天癸至，任脉通，太冲脉盛，月事以时下，故有子；三七肾气平均，故真牙生而长极……七七任脉虚，太冲脉衰少，天癸竭，地道不通，故形坏而无子也。"若肾的功能发生异常，肾气不足则冲任不固或系胞无力；肾阴亏损，则精血虚少，冲任血虚，血海不能按时满盈；肾阳不足则冲任失于温煦，胞脉虚寒，均可导致经、带、胎、产各种疾病。临床上表现为：月经先期、月经后期、月经先后无定期、崩漏、月经过少、闭经、经断前后诸证、带下病、胎动不安、胎漏等。

(1)肾气不足

先天禀赋不足或后天失养，或早婚多产、房事不节损伤肾气，或绝经前后肾气渐衰。

(2)肾阴亏损

素体阴虚，或多产房劳损伤肾中精血，或经断前后肾渐虚衰，或大病久病耗伤阴血，肾阴更虚，则阴虚内热，热伏冲任，迫血妄行。

(3)肾阳不足

素体虚弱，肾阳虚衰或房事不节损伤肾气，命门火衰，封藏失职，冲任不固则发为出血症、不孕，带脉失约则发为带下病。

2.肝郁

肝藏血，主疏泄，性喜条达而恶抑郁。肝藏血是指肝有贮藏血液和调节血量的功能，妇女以血为用，肝的藏血功能正常，则经、孕、产、乳调和；肝的疏泄功能有调畅气机，调畅情志等功能，肝失疏泄，则气机失调或肝气郁结，可影响正常的气血运行。若肝失疏泄，肝气郁结，冲任失畅，可出现月经失调、先后无定期、痛经、月经过少、经断前后诸证、带下病、阴痒等；若肝血亏虚或肝不藏血时，可出现月经过少、崩漏等；肝郁化火则迫血妄行，可出现月经先期、崩漏、月经过多、经行吐衄等。

3.脾虚

主运化、主统血，是气血生化之源。脾的运化功能正常，则化生精、气、血功能健全，使脏腑、经络、四肢百骸以及皮毛筋骨能得到充足的营养，从而进行正常的生理活动；脾的统血正常，则血液能在经脉中流行，不使逸出脉外。若脾的运化功能异常，则气血生化不足，脾虚血少，冲任血虚，血海不能按时满盈，可致月经后期、月经过少、胎动不安、堕胎、小产等；若脾气不足，血失统摄，则可出现月经先期、崩漏、月经过多、经行吐衄、经断前后诸证、胎漏、胎动不安、堕胎、小产等；脾阳不振，湿浊内停，下注冲任，带脉失约，可致带下病、阴痒等。

(三)气血功能失调

1.气虚

气是维持人体生命活动的最基本物质，它具有推动、温煦、防御、固摄、气化等生理功能。人体的生长发育，各脏腑、经络等组织器官的生理活动，血的生成和运行，津液的生成、输布和排泄，均依靠气的推动作用；人体的体温要依靠气的温煦作用来维持，各脏腑、经络等组织器官，在气的温煦作用下才能进行正常的生理活动，血和津液在气的温煦作用下才能正常运行全身；血和津液在气的固摄作用下才能不致无辜流失；气、血、津液在气的气化作用下才能进行各自的新陈代谢和相互转化。妇女的经、孕、产、乳与气血密切相关，气与血又息息相连，气为血率，气对于血，有统帅和固摄的作用。若气的生理功能因某种原因导致失常，如气虚、气机失调，则会影响到血的正常运行，导致冲任不固，血失统摄，则血不循经，溢出脉外而出现各种出血证，如月经先期、月经过多、崩漏、经行吐衄、胎漏、胎动不安、堕胎、小产、恶露不绝等。脾虚血少，化源不足，冲任血虚，血海不能按时满盈，可致月经后期、月经过少等。冲任血虚，胎失所养，可致胎动不安、堕胎、小产等。

2.气滞

气机调畅，则气血和调，经络通利，脏腑器官等的活动就正常和调，经、孕、产、乳等均正常。若因精神刺激，情绪抑郁不畅，则导致气机郁滞；郁而化火，郁火内灼，则易耗伤阴血，均可导致经、孕、产、乳诸疾。临床上表现为：月经先期、痛经、月经先后无定期、崩漏、月经过多、经行吐衄、闭经、经断前后诸证、带下病、阴痒等。

3.血瘀

血得温则行，得寒则凝。同时，血液的正常运行，是依靠气的推动、温煦和固摄作用之间的协调平衡。气和血两者之间，犹如阴阳相随，相互依赖，相互滋生，相互为用。"气为血之率，血为气之母"，当身体遭受寒邪，寒邪入血，血寒则凝；或机体气机失常，气滞则血行受阻，气虚则血行缓慢，血液运行不畅则形成瘀血；或热邪耗气伤津，煎熬血液形成瘀血；或痰浊阻滞脉络形成瘀血。瘀血形成后则阻滞脉络，从而形成血瘀。不论气滞血瘀、寒凝血瘀、痰滞血瘀、热煎血瘀，均可使瘀血内阻冲任，使恶血不去，新血不得归经，则发为出血证。如崩漏、异位妊娠、恶露不绝等。

(四)跌扑损伤致病

妇女在行经期、妊娠期，登高持重，或跌扑闪挫，或腹部直接受到撞击，可导致崩漏、胎漏、胎动不安、堕胎、小产等。

第二节　出血部位

妇女异常出血，大多表现为阴道流血，但也有表现为鼻衄、咯血、吐血、尿血、便血(代偿性月经)，或同时发生内出血者，如异位妊娠、卵泡或黄体破裂等。出血与相关部位关系：

一、子宫颈部出血

常见疾病有宫颈炎、宫颈息肉、宫颈糜烂、宫颈裂伤、宫颈肌瘤、宫颈子宫内膜异位症、宫颈癌、宫颈肉瘤、宫颈绒癌、宫颈结核、宫颈妊娠、宫颈妊娠流产等。子宫颈部出血，均经阴道排出，所以表现为阴道出血。

二、子宫体部出血

常见疾病有功能性子宫出血、子宫内膜炎、宫腔息肉、子宫内膜结核、子宫肌瘤、子宫腺肌病、子宫血管瘤、流产、葡萄胎、侵蚀性葡萄胎、绒毛膜癌、子宫内膜癌、子宫肉瘤、子宫破裂及穿孔等。子宫体部出血多表现为子宫腔出血，一般经宫颈管、阴道排出体外，偶可因子宫穿孔或破裂并发腹腔出血。

三、输卵管出血

常见疾病有输卵管妊娠流产或破裂、输卵管炎、输卵管癌、输卵管肉瘤、原发性输卵管葡萄胎、侵蚀性葡萄胎、绒毛膜癌等。输卵管出血，部分病例经输卵管流入子宫而经阴道排出，表现为外出血；另有部分病例流入盆腔或腹腔，表现为内出血；还有同时发生内、外出血者。大量出血可导致休克。若内出血缓慢、量少，可形成盆腔血性囊肿，应注意与卵巢囊肿相鉴别。

四、卵巢出血

卵巢出血常见疾病有卵泡破裂、黄体破裂、巧克力囊肿破裂、卵巢妊娠破裂、卵巢肿瘤蒂扭转破裂等。卵巢出血一般大部分均流入盆腔或腹腔，外出血较少。若出血量少而且缓慢，可形成卵巢周围血肿；大量出血时可导致休克。尤其值得注意的是，休克的严重程度与阴道出血量往往不相符合。

五、阴道出血

常见疾病有阴道炎、阴道血管瘤或静脉曲张破裂、阴道后穹隆裂伤、阴道壁损伤、绒癌阴道转移、原发性或转移性阴道癌、阴道肉瘤(平滑肌肉瘤、葡萄状肉瘤、内胚窦瘤)等。阴道出血一般出血量较少或中等,偶有严重外伤性出血而致休克者。

六、外阴出血

常见疾病有外伤性出血、血肿、外阴炎、外阴溃疡、外阴血管瘤或静脉曲张破裂、外阴癌等。外阴出血常表现为出血量少,点滴出血、血性分泌物或血肿。可直接看到外阴出血的部位,并可观察部分病例外阴出血疾病的性质。

七、代偿性出血

代偿性月经常表现为鼻衄、咯血、吐血、尿血、便血等。

第三节　诊断及鉴别要点

妇产科出血性疾病，因患者的各年龄阶段的生理特点不同而有其不同的临床表现。因此,对于妇产科出血性疾病的诊断,首先要详细询问病史,认真了解发病的年龄、开始出血的时间、出血量的多少、出血的性质和特点、出血前或出血时的伴随症状(如疼痛、白带异常等),以及与出血有关的因素(如既往病史、有无性生活、妊娠、宫内节育器、服用避孕药以及有无外伤等)。另外,要细致地进行全身检查和妇科检查,并结合有关辅助检查,同时还要随时严密观察病情的发展和变化,然后进行周密细致地综合分析,方能得出及时准确的诊断。

一、西医诊断及鉴别要点

在诊断和鉴别诊断妇产科出血性疾病的过程中,为了获得真实、详细的依据,有必要仔细询问病史及以下相关问题:

(一)年龄

女性一生中均可患生殖器官的出血性疾病，但由于各年龄阶段的生理特点不同，因此所患出血性疾病也有所差异，所以年龄对临床诊断有重要参考价值。

1.新生儿阴道出血

女婴出生后第5~7天，有时可见阴道少量出血，持续1~2天自止。这是因为在母体内雌激素进入胎儿体内，出生后激素的影响中断而引起的类似月经的出血，一般不需处理。若发生由于缺乏维生素K依赖凝血因子所致的新生儿出血症时，阴道出血量可以增多，则应按新生儿出血症处理。

2.幼、少女阴道出血

10岁以下的幼女出现阴道出血比较少见，然而一旦发生，它则是一个非常值得重视的症状，因为它可能是性早熟或阴道异物所致，也可能是一种极其严重疾病（如恶性肿瘤即葡萄状肉瘤、阴道内胚窦瘤、阴道腺癌、子宫颈腺癌等）的临床表现。一般出血量少或点滴出血。上海新华医院报道的86例良恶性幼、少女肿瘤中，5~12岁者占90%，最小者40天。北京协和医院报道的27例小儿妇科恶性肿瘤，平均年龄为6.5岁，最小2岁，最大12岁，年龄不大于5岁者占20%，6~12岁者占80%。其余为炎症与外伤。

3.青春期异常出血

大多数是由于卵巢性激素分泌的调节机制失常所引起的异常子宫出血。表现为初潮后月经稀发、短时停经后突发月经过多、经期延长和淋漓不尽。结合基础体温、B超检查可以诊断。少数为多囊卵巢综合征，还有一些是由于炎症、肿瘤及外伤所致。

4.生育期异常出血

结合病史，多数应考虑与妊娠有关的疾病。既往月经规律出现停经及阴道流血，并有下腹阵发性疼痛或坠痛，尿HCG阳性，则应考虑是流产。

停经6~8周，突然一侧下腹剧痛，有腹腔内出血征或伴休克，尿HCG阳性者，结合B超检查，应考虑输卵管峡部或壶腹部妊娠破裂；间质部由于外周子宫角肌层较厚，血运丰富，妊娠往往可持续到3~4个月才发生破裂；或一侧下腹隐痛，伴有少量阴道流血，尿HCG阳性，结合B超检查，可能是未破裂型的输卵管妊娠或输卵管妊娠流产。

停经约8~12周开始出现不规则阴道流血，量由少渐多，时出时停，反复发作，子宫明显大于停经月份，尿HCG阳性，应考虑到是葡萄胎，B超检查可确诊。若葡萄胎组织自蜕膜剥离，母体大血管破裂，可导致大出血，造成休克甚至死亡。葡萄胎组织有时可自行排出，但排出之前和排出时常伴大量流血。

流产后、生产后或葡萄胎清出后持续阴道流血，可能是组织残留、子宫复旧不全或感染。清宫后或抗感染治疗后仍出血不止，尿HCG阳性，则应进一步进行检查，以排除妊娠滋养细胞肿瘤或胎盘部位滋养细胞肿瘤。

月经失调，伴腹痛，白带异常，多为炎症；无腹痛及白带异常，在排除其他病变后，应考虑功血。

不孕症的妇女阴道流血，多为生殖道炎症、子宫内膜结核或子宫内膜癌等引起，一般流血量不多或仅白带中混有血液。行诊断性刮宫术取子宫内膜活检多可鉴别。

5.围绝经期异常出血

围绝经期妇女随着年龄的增长，常因卵巢功能逐渐衰退而引起功能失调性子宫出血。此类患者由于卵巢在多种内外因素的影响下，不能排卵，没有孕激素产生，子宫内膜只受单一的雌激素刺激而呈增生改变，随着卵泡的发育或萎缩，产生的雌激素的量将随之波动，当雌激素不足或撤退时，子宫内膜则发生脱落而出血。出血量的多少及时间长短与子宫内膜的厚度、脱落面积及不同步生长等密切相关，常表现为月经量多、淋漓不净、周期短或经期长。此外，炎症、息肉、肿瘤等也可引起出血，尤其要注意是否为恶性肿瘤。

6.绝经后出血

停经一年内，可因卵巢功能尚未完全衰竭，偶可出现无排卵型月经，停经一年以上出血则为绝经后出血。炎症、息肉、卵巢功能性肿瘤等均可引起绝经后出血，但首先要排除恶性肿瘤，因此期是恶性肿瘤的好发年龄。此外，可能由于内分泌紊乱所致，因为绝经后妇女虽然卵巢功能衰退，但肾上腺皮质及卵巢间质仍可分泌雄激素，而雄激素可转化为雌激素，持续刺激逐渐累积对子宫内膜有积累作用，使子宫内膜出现增生或增生过长，当体内雌激素波动时则可出现不定期的撤退性出血，偶可引起绝经多年后出血。还有近年来绝经后妇女使用雌、孕激素治疗绝经前后综合征的人数日见增多，使用后可导致子宫内膜撤退性出血，即外源性雌激素变化出血。可通过阴道细胞涂片、宫颈刮片、宫颈组织活检、分段诊刮取组织活检、超声检查、宫腔镜、腹腔镜等检查进行鉴别。

(二)月经史

详细询问月经史很重要，如初潮年龄、月经周期是否正常、经期时间、出血量的多少、有无血块及痛经、末次月经日期和是否与以往月经相似。

(三)出血与月经的关系

异常出血开始的时间、出血量、出血持续时间、有无血块及组织物排除、有无接触性出血等。如异位妊娠患者停经时间短且常有不规则点滴出血，须仔细询问方能区别出真正的末次月经和异常出血的时间。对绝经后患者，须询问绝经年龄、绝经后有无出血史和异常分泌物。异常出血主要有下列几种情况：

1.月经周期基本正常并发出血

(1)月经量过多

多为子宫黏膜下肌瘤、子宫腺肌病、子宫内膜息肉、子宫血管瘤、子宫肥大症、子宫内膜炎、盆腔炎、盆腔瘀血症及早期子宫肉瘤等，于经行6小时内取子宫内膜活检多为月经期子宫内膜。此外，也可见于子宫内膜不规则剥脱引起的功血，这种情况下，可于月经第五天取宫内膜活检，可见分泌活跃的腺体混有不规则增生的腺体。有些全身性疾病，如血液病、肝肾功能障碍、心血管疾病等，因出凝血时间延长而引起月经过多。

(2)经期延长

月经期延长，除上述情况外，可见于黄体功能不全或黄体萎缩不全。前者一般于月经来潮前3~5天先有少量出血后月经正式来潮，常发生于围绝经期；后者是月经来潮后少量出血持续数天，这种情况多发生于青春期，亦可见于围绝经期。

(3)经间期出血

①经前出血　在正常月经来潮之前阴道少量流血，持续2~7天不等，也称黄体期出血。其原因可能是由于排卵后黄体发育不健或因卵泡发育缺陷导致黄体功能不足或过早退化，其结果是黄体期孕激素分泌不足，雌激素分泌也不足，不能维持分泌期子宫内膜从而脱落出血。

②月经中期出血　即围排卵期出血，原称为排卵期出血或经间出血。多发生于月经周期第12~16天有1~2小时、1~2天、2~7天的少量出血，有时仅表现为血性白带或肉眼看不见出血，只是通过显微镜见到宫颈黏液或白带中有红细胞。部分患者同时伴有下腹痛(排卵痛)。这是由于排卵前体内雌激素水平达高峰，排卵期体内雌激素高峰暂时下降，不能维持子宫内膜而引起的短暂性撤退性出血；或有些人的子宫内膜对雌激素波动过于敏感。微量出血，可能是排卵期卵泡分泌的雌激素较多，子宫内膜充血，引起红细胞漏出。少量出血属生理现象，不必处理。个别出血较多可持续到月经期而形成假性月经频发，基础体温表现在排卵期体温上升时有子宫出血，可资鉴别。

③经后出血　多表现为经后淋漓或经期延长。经后淋漓即月经后持续数天少量出血。可能是由于新的卵泡发育欠佳，分泌的雌激素不足，使月经期剥脱的子宫内膜不能及时再生修复而发生出血。经期延长即月经周期正常，经期超过7天。可能是由于排卵后发育正常的黄体退

化延迟，持续分泌孕激素，使分泌期超过 14 天，导致子宫内膜脱落不全。故又称此类出血为黄体萎缩不全。

(4)月经周期延长(月经稀发)

是由于卵巢对促性腺激素敏感性降低，使卵泡发育缓慢或卵泡发育暂时受到抑制，导致卵泡期延长。但排卵后黄体发育是正常的，所以黄体期仍属正常，内膜常呈分泌期反应。

(5)月经周期缩短(月经频发)

由于卵巢对促性腺激素敏感性增强而使卵泡发育加速成熟致提前排卵，属卵泡期缩短，但排卵和黄体期仍属正常。黄体过早萎缩，属黄体期缩短。于月经来潮前取子宫内膜活检，呈分泌期反应。若患者为绝经前期，则卵泡期和黄体期均缩短或早绝经。

2.月经周期紊乱

出血时间、出血量和间隔都不规律，较常发生于青春期和围绝经期，多属无排卵型功血。有时可有相当一段时间停经后发生出血，但无早孕反应，尿 HCG 阴性，子宫无明显增大，B 超检查和诊断性刮宫可进一步确诊。

3.不规则阴道出血

月经周期正常，但同时发生不规则阴道流血，有时出血与月经相混而不易区别。出血量多少和时间长短不定。一般出血量较少，淋漓不断，有时白带中混有血液。有宫颈炎、宫颈糜烂、宫颈息肉、子宫内膜息肉、子宫黏膜下肌瘤、子宫血管瘤、子宫内膜结核及阴道炎等良性病变所致，也有宫颈癌、宫体癌、子宫内膜癌、子宫肉瘤、卵巢癌、阴道及外阴癌等恶性病变所致。

(四)出血与并发症状

1.白带异常

阴道出血并发白带异常可有以下情况：

①生殖道发生炎症时，白带常增多，呈浆液性或脓性，有异味，个别

严重者白带呈脓血性，量较多。幼女及绝经后妇女，因体内缺乏雌激素，阴道酸度低，防御作用不足易发生感染。另外，月经期、流产后及产褥期均易发生感染。

②宫颈糜烂、宫颈息肉、宫颈结核、宫颈癌早期等，白带内常混有血液，或有臭味，并常有接触性出血。

③宫内节育器、子宫内膜炎、宫内膜息肉、黏膜下肌瘤等可见血性白带。

④宫颈癌晚期、宫体癌多发生洗肉水样恶臭白带。

⑤间歇性阴道排液常为输卵管癌的症状。

⑥输卵管炎症伞端闭锁，浆液性渗出物聚集形成输卵管积水时，偶有突然多量或间断性少量清澈液体排出。

⑦输卵管妊娠流产，如囊胚剥离不完整，部分组织滞留管腔，继续侵蚀输卵管壁而引起反复出血，形成输卵管妊娠流产不全。反复出血可形成陈旧性输卵管血肿或输卵管周围血肿，偶也可出现黯褐色血液自阴道排出。

⑧子宫内膜结核早期充血及溃疡阶段，常出现血性带下、少量不规则阴道流血或经量过多，而晚期子宫内膜遭受不同程度破坏或萎缩时可表现为白带减少、月经稀少甚至闭经。多数患者就诊时已为晚期。

2.下腹痛

阴道出血并发下腹痛常见于：

①早期妊娠先兆流产时，常于停经后出现少量阴道流血，流血后数小时或数日可出现轻微下腹痛，多为下腹正中阵发性疼痛或伴腰骶部胀痛，随着疼痛逐渐加重，出血量也随之增多，同时常有胚胎组织物排出。

②异位妊娠，未破裂时，增大的胚胎膨胀输卵管，导致输卵管痉挛及逆蠕动，患侧下腹可出现隐痛或胀痛，当破裂时，常突感患侧下腹部撕裂样剧烈疼痛，疼痛为持续性或阵发性，同时发生急性腹腔内出血，

严重者可出现休克。

③卵泡破裂，多于月经中期，即月经周期第12~18天突然发生一侧下腹撕裂样疼痛，伴腹腔内出血，甚或休克。黄体破裂，多为月经后半期及黄体期，突发一侧下腹剧痛，并发腹腔内出血，肛门坠胀。二者极少出现阴道流血。

④卵巢肿瘤破裂，小囊肿或单纯浆液行囊腺瘤破裂时，仅感轻度下腹痛。大囊肿或畸胎瘤破裂时，多为突发剧烈腹痛，伴恶心呕吐，有时有少量内出血、腹膜炎甚至休克。但极少出现阴道流血。

⑤卵巢囊肿蒂扭转，可突发一侧下腹剧痛，常伴恶心、呕吐甚至休克，但无阴道流血。妊娠子宫扭转，虽有剧烈腹痛但多无明显腹腔内和阴道出血。

⑥月经期腹痛多为痛经、膜样月经、子宫内膜异位症、子宫腺肌症。

除以上情况，还应与内、外科疾病引起的腹痛相鉴别。

3.下腹部包块

阴道出血并发下腹部包块常见于：

①与妊娠有关的有妊娠子宫、异位妊娠、葡萄胎、侵蚀性葡萄胎、绒毛膜癌等。

②因炎症引起的包块有流产、引产及产后因感染所致的子宫复旧不良、输卵管积液、盆腔脓肿等。

③子宫肌瘤、子宫腺肌症、子宫肉瘤、子宫内膜癌等。

④卵巢肿瘤有卵巢瘤样病变（非赘生性囊肿）即单纯性滤泡囊肿、卵泡囊肿、黄体囊肿、黄素囊肿、多囊卵巢、巧克力囊肿；卵巢上皮性肿瘤即浆液性囊腺瘤（单纯性浆液性囊腺瘤、浆液性乳头状囊腺瘤）、浆液性囊腺癌、黏液性囊腺瘤、黏液性囊腺癌、子宫内膜样瘤、子宫内膜样癌；卵巢生殖细胞肿瘤即良性畸胎瘤、恶性畸胎瘤（畸胎癌）、未成熟畸胎瘤、无性细胞瘤、内胚窦瘤；卵巢性索间质肿瘤即颗粒—间质细胞瘤（颗粒细胞瘤、卵泡膜细胞瘤、纤维瘤）、支持—间质细胞瘤；卵巢转移性

肿瘤即分别来自乳房、生殖道、胃肠道。

⑤输卵管肿瘤即腺瘤样瘤、乳头状瘤、皮样囊肿、原发性输卵管腺癌、继发性(转移性)输卵管癌。

⑥生殖器结核即子宫两侧大小不等,形态不规则、边界不清、不活动的囊性包块。

4.发热

阴道出血并发发热常见于:

①生殖器和盆腔急性炎症,发热常在38℃以上。

②腹腔内有大量出血时,常有吸收热,但多在38℃以下。

③生殖器结核多为低热。

④有些肿瘤并发感染。

⑤全身性疾病发热合并阴道出血。

5.其他

询问有关病史,所用药物(如性激素)、手术、全身性疾病(血液病、心血管疾病、肝脏病等)可引起出、凝血机制异常。

二、中医诊断及鉴别要点

妇科疾病的中医诊断及鉴别,应以中医的四诊即望诊、闻诊、问诊、切诊为基础,遵循审查内外、辨证求因、四诊合参的原则,运用八纲(表里、寒热、虚实、阴阳)辨证、气血津液辨证、脏腑经络辨证等方法,根据冲、任、督、带损伤的不同病机特点,对经、带、胎、产及杂症有关异常出血的不同临床表现以及相互关系,辨其寒、热、虚、实以及他病经病、标本缓急,从而作出准确地诊断及鉴别。

寒有实寒、虚寒,热有实热、虚热、郁热、瘀热,虚有气虚、血虚、阴虚、阳虚,实有真实(大实有羸状)、假实(至虚有盛侯);是带下导致月经异常,还是月经异常导致带下和癥瘕导致月经异常和带下;异位妊娠时,输卵管破裂出现一侧下腹撕裂样疼痛,疼痛是标,输卵管破裂是本;当崩症大出血时,无论何种原因所致,应以止血为急,血止后再查找原因进行治疗，并要注意辨证与辨病相结合。

（一）异常出血月经病的辨证及鉴别

异常出血月经病主要表现在月经的期（周期、经期）、量、色、质及伴随症状方面。常见的疾病有：月经先期、后期，先后无定期，经间期出血，月经过多、过少，经期延长，崩漏，经行吐衄等。另外，尚有年幼天癸早至，胞脉失约者，或年老经断复来者。应根据患者的年龄，流血的期、量、色、质及伴随症状，结合舌脉，辨明疾病及其证型。如：

月经先期，即月经周期提前1~2周者。经期提前，量多，色深红，质稠，心胸烦闷，渴喜冷饮，小便短赤，大便秘结，舌红苔黄，脉滑数者为阳盛血热证；经期提前，量多，色淡质稀，气短懒言，小腹空坠，神疲乏力，舌淡苔薄白，脉缓弱者为气虚证；经期提前，量或多或少，色黯红质稠，有血块，胸胁、乳房、小腹胀痛，烦躁易怒，口苦咽干，舌红或黯红，苔黄，脉弦数者为肝郁证。月经提前而至，多见于黄体功能不健和盆腔炎症。

月经后期，即月经周期延后7天以上，甚至3~5个月一行，经期正常者。相当于月经稀发。经期错后，量少，色淡质稀，腰酸腿软，头晕耳鸣，带下清稀，面色晦黯，舌淡暗，苔薄白，脉沉细者为肾虚证；经期错后，量少，色淡质稀，头晕眼花，心悸失眠，小腹空坠，面色萎黄，舌淡苔薄，脉细弱无力者为血虚证；经期错后，量少，色淡质稀，小腹隐痛，喜揉喜按，小便清长，大便稀溏，舌淡苔少，脉沉迟者为血寒证；经期错后，量少，色黯红有块，精神抑郁，胸胁、小腹胀痛，舌淡红苔薄白，脉弦者为肝气郁滞证；经期错后，量少，色淡质黏，带下量多，形体肥胖，胸脘满闷，舌淡苔白腻，脉濡者为痰湿证。月经后期若伴经量过少，常可发展为闭经。

月经先后无定期，即月经周期提前或错后1~2周者。相当于排卵型功血的月经不规则。经行或先或后，量少色淡质稀，腰酸腿软，头晕耳鸣，带下清稀，小便频数，舌淡，苔薄，脉沉细者为肾虚证；经行或先或后，量多，色淡质稀，脘腹胀满，讷呆食少，舌淡，苔薄，脉缓弱者为脾虚证；经行或先或后，量或多或少，色黯红，有血块，胸胁、乳房、小腹胀痛，精神抑郁，善太息，舌淡红或黯红，苔薄，脉弦者为肝郁证。初潮后2年内或围绝经期出现此证，无其他症候者，可不予治疗。本病若伴有经量增多及经期延长，常可发展为崩漏。

经间期出血，即月经周期正常，于两次月经中间，氤氲之时周期性出血者。相当于排卵期出血。经间期出血，量少，色鲜红，质稠，腰酸腿软，头晕耳鸣，夜寐不宁，舌红苔少，脉细数者为肾阴虚证；经间期出血，量少，色淡质稀，气短懒言，食少腹胀，神疲体倦，舌淡苔薄白，脉缓弱者为气虚证。

月经过多，即月经周期正常，经量明显多于以往者，多见于功血、子宫肌瘤、盆腔炎、子宫内膜异位症、宫环出血等。经行量多，色淡质稀，气短懒言，小腹空坠，神疲乏力，面色苍白，舌淡苔薄白，脉缓弱者为气虚证；经行量多，色深红，质黏稠，心胸烦闷，渴喜冷饮，小便短赤，大便秘结，舌红苔黄，脉滑数者为血热证；经行量多，色紫黯有块，经行腹痛，舌紫黯或有瘀点，脉弦涩者为血瘀证。

月经过少，即月经周期正常，经量明显少于以往，经期不足2天，甚或点滴即净者。多见于性腺功能低下、子宫内膜炎、子宫内膜结核、刮宫过频过深等。经行量少期短或点滴即净，色淡质稀，腰酸腿软，头晕耳鸣，带下清稀，小便频数，舌淡，苔薄，脉沉细者为肾虚证；经行量少期短或点滴即净，色淡质稀，头晕眼花，心悸失眠，小腹空坠，面色萎黄，舌淡苔薄，脉细弱无力者为血虚证；经行量少期短或点滴即净，色黯红，小腹冷痛，得温痛减，形寒肢冷，小便清长，面色青白，舌淡黯苔少，脉沉紧者为血寒证；经行量少期短，或点滴即净，色暗红有块，小腹刺痛拒按，块下痛减，舌紫黯或有瘀斑，脉涩有力者为血瘀证。月经过少伴月经后期者，可发展为闭经。

经期延长，即月经周期正常，经期超过7天以上，甚或2周方净者。多见于功血的黄体萎缩不全、子宫肌瘤、子宫内膜炎、盆腔炎、宫环出血等。经期延长，量多，色淡质稀，气短懒言，小腹空坠，神疲肢倦，面色苍白，舌淡苔薄白，脉缓弱者为气虚证；经期延长，量少，色鲜红，质黏稠，咽干口燥，手足心热，大便燥结，舌红苔少，脉细数者为虚热证；经期延长，量或多或少，色黯红，有血块，小腹刺痛拒按，舌紫黯或有瘀点，脉弦涩者为血瘀证。

崩漏，即不在行经期，突然阴道大量流血、淋漓不断或交替出现者。多见于功血、生殖器炎症、生殖器肿瘤等。非行经之时，阴道流血，多则状如泉涌，少则淋漓不断，色鲜红质稠，头晕耳鸣，腰酸腿软，手足心热，颧红唇赤，舌红苔少，脉细数者为肾阴虚证；非行经之时，阴道流血，多则状如泉涌，少则淋漓不断，色淡质稀，腰痛如折，畏寒肢冷，小便清长，大便溏薄，面色晦黯，舌淡黯苔薄白，脉沉弱紧者为肾阳虚证；非行经之时，阴道流血，多则状如泉涌，少则淋漓不断，色淡质稀，气短懒言，神疲肢倦，面色萎黄，舌淡胖，苔薄白，脉缓弱者为脾虚证；非行经之时，阴道流血，多则状如泉涌，少则淋漓不断，色深红，质稠，心胸烦闷，渴喜冷饮，头晕面赤，小便短赤，大便秘结，舌红苔黄，脉滑数者为血热证；非行经之时，阴道流血，多则状如泉涌，少则淋漓不断，色紫黯，有血块，小腹疼痛拒按，舌紫黯或有瘀点，脉弦涩者为血瘀证。

经行吐衄，即每在行经前或经期，出现衄血或吐血者，相当于代偿性月经。行经前或经期，衄血，吐血，量少，色鲜红，月经量少，甚或全无，或伴咽干口燥，头晕耳鸣，潮热干咳，舌红苔花薄或无苔，脉细数者为阴虚肺燥证；行经前或经期，衄血，吐血，量较多，色深红，月经量少，甚或全无，头晕目眩，烦躁易怒，口苦咽干，小便短赤，大便燥结，舌红苔黄，脉弦数者为肝经郁火证。

经水早潮，即女童年龄不足 10 岁经水来潮者，相当于性早熟。女童未满10 岁开始经水来潮，经行或先或后，量多少不定，色淡质稀或色鲜质稠，畏寒肢冷，头晕耳鸣，腰酸腿软，面色晦黯，舌淡红苔少，脉沉细数或沉弱者为阴阳失调，天癸早至，胞脉失约；女童未满 10 岁开始经水来潮，出血量多，色淡质稀，腰痛如折，畏寒肢冷，溲清便溏，面色晦黯，舌淡黯苔薄白，脉沉弱者为肾气不足，天癸早至，胞脉失约；女童未满 10 岁开始经水来潮，出血量或多或少，血色鲜红，质稠，头晕耳鸣，腰酸腿软，手足心热，舌红苔少，脉细数者为阴虚血热，天癸早至，胞脉失约；女童未满 10 岁开始经水来潮，经行量多，色淡质稀，神疲乏力，讷呆食少，舌淡苔白，脉缓弱者为脾气虚损，天癸早至，胞脉失约；女童未满 10 岁开始经水来潮，小腹包块，固定不移，按之无痛或疼痛拒按，经血量少，色黯有块，肌肤少泽，舌黯苔少，脉沉涩者为属血瘀癥瘕，天癸早至，胞脉失约。

经断复来，即妇女自然绝经 1 年以上，又见阴道流血者，相当于绝经后出血。多见于内分泌失调、生殖器炎症、生殖道肿瘤等。自然绝经 1 年以上经水复来，血量较多，色淡质稀，气短懒言，小腹空坠，神疲乏力，舌淡苔薄白，脉缓弱者为气虚证；自然绝经 1 年以上经水复来，量少，色鲜红，质稠，腰酸腿软，头晕耳鸣，夜寐不宁，咽干口燥，阴中干涩，外阴瘙痒，大便干结，舌红苔少，脉细数者为阴虚证；自然绝经 1 年以上经水复来，色深红，质稠，带下量多，色黄，有臭味，口渴喜饮，小便短赤，大便秘结，舌红苔黄，脉滑数者为血热证；自然绝经 1 年以上经水复来，量或多或少，色紫黯，有血块，小腹疼痛拒按，或下腹有症块，舌紫黯，脉弦涩者为血瘀证。

(二)带下伴异常出血疾病的辨证及鉴别

带下伴异常出血主要表现在带下的量、色、质、气味发生异常，阴道流血，量多少不定，且伴有局部或全身不适的症状。如量明显增多，色白、黄绿如脓或赤白相兼，质清稀如水、黏稠或浑浊如米泔，气味腥臭或秽臭难闻，阴道流血量多、淋漓不断或点滴出血。根据带下的量、色、质、气味，发病的年龄、新久，以及有无阴痒或肿痛，或下腹痛及下腹包块等，辨证与辨病相结合，明辨引起带下病的原因及性质。多见于阴道炎、宫颈炎、子宫内膜炎、盆腔炎、生殖器肿瘤等。带下量多，色黄质黏稠或赤白相兼，有臭气，或伴阴部瘙痒，咽干口苦，小腹作痛，小便短赤，舌红苔黄腻，脉濡数者为湿热下注证；带下量多，阵发性排出，清稀如水，色白清冷，月经量较多或淋漓不断，腰痛如折，畏寒肢冷，小腹冷感，夜尿频多，大便溏薄，面色晦黯，舌淡润苔薄白，脉沉迟者为肾阳虚证；带下量多，黄绿如脓、赤白相兼或五色杂下如米泔状，臭秽难闻，阴道流血，淋漓不断，小腹疼痛，腰骶酸痛，小便短赤，舌红苔黄腻，脉滑数者为湿毒蕴结证。

（三）妊娠期阴道出血疾病的辨证及鉴别

妇女妊娠后，阴血聚以养胎，不应有阴道流血之症，若发生阴道流血则视为妊娠病。常见的妊娠期阴道出血性疾病有：胎漏、胎动不安、滑胎、堕胎、小产、异位妊娠、胎死不下、鬼胎等。应根据妊娠月份的大小，流血量的多少，血的颜色，质地，结合伴随症状及舌脉，及有无引起妊娠病的明确原因，如外感六淫、禀赋不足、母体疾病、劳逸过度、跌扑闪挫等，辨明疾病。值得强调的是，妊娠病关乎孕妇和胎儿两方面，处理时也应以有利于孕妇健康和胎儿正常发育为重。如胎漏、胎动不安、滑胎等胎元未殒者，需要治病与安胎并举，并以安胎为主；而对于堕胎、小产、异位妊娠、胎死不下、鬼胎等疾病，应急速下胎保母体安康。

胎漏即妊娠期阴道少量流血，时下时止，或淋漓不断，而无腰酸腹痛者。类似于先兆流产。妊娠期阴道少量流血，色淡质稀，时腰腹坠痛，腰酸腿软，头晕耳鸣，小便频数，舌淡苔白，脉沉滑尺弱者为肾虚证；妊娠期阴道少量流血，色淡质稀，时腰腹坠痛，气短懒言，小腹空坠，神疲乏力，舌淡苔薄白，脉细滑无力者为气虚证；妊娠期阴道少量流血，色深红，时腰腹坠痛，心胸烦闷，渴喜冷饮，面赤唇红，小便短赤，大便秘结，舌红苔黄，脉滑数者为血热证。经过治疗，出血停止，兼证消失者，多能继续妊娠。但若出血继续增多，兼证加重，结合有关检查，为胎堕难留者，宜去胎益母。本证若发生在妊娠中、晚期，则类似于前置胎盘，应予重视。

胎动不安即妊娠期出现腰酸腹痛，胎动下坠，或阴道少量流血者。

类似于先兆流产、先兆早产。妊娠期腰酸腹痛，胎动下坠，或阴道少量流血，色淡，腰酸腿软，头晕耳鸣，小便频数，或曾屡有堕胎，舌淡苔白，脉沉滑而细者为肾虚证；妊娠期腰酸腹痛，胎动下坠或阴道少量流血，色淡质稀，气短懒言，小腹空坠，神疲乏力，面色苍白，舌淡苔薄白，脉缓滑无力者为气虚证；妊娠期腰酸腹痛，胎动下坠，或阴道少量流血，色淡质稀，头晕眼花，心悸失眠，面色萎黄，舌淡苔薄，脉细滑无力者为血虚证；妊娠期腰酸腹痛，胎动下坠，或阴道少量流血，色深红，质稠，心胸烦闷，渴喜冷饮，小便短赤，大便秘结，舌红苔黄，脉滑数者为血热证；妊娠期跌扑闪挫或劳力过度致腰酸腹痛，胎动下坠，或阴道少量流血，神疲乏力，舌苔正常，脉滑无力者为外伤证；妊娠期时有少量阴道流血，色红或黯红，或有腰酸腹痛，胎动下坠，舌黯红或有瘀点，脉弦滑或沉涩，孕前有癥瘕病史者为癥瘕伤胎证。经过治疗，腰酸腹痛消失，出血停止者，多能继续妊娠。但若症状继续加重，出血继续增多，为胎堕难留，或结合有关检查，胎元有缺陷者，则不宜保胎。

堕胎、小产即妊娠 12 周内，胚胎自然殒堕者为堕胎；妊娠 12~28 周内，胎儿自然殒堕者为小产。堕胎、小产，相当于早期流产和晚期流产。胎漏、胎动不安继续发展，阴道流血增多，腹痛下坠加重，舌淡黯，脉沉弦，阴道检查宫颈口已扩张，已不可能继续妊娠者为胎堕难留证；胎堕之后，尚有部分妊娠物残留于宫腔内，阴道持续流血，甚至大量流血，腹痛阵作，神疲乏力，面色苍白，舌淡红苔少，脉沉细无力者为胎堕不全证。

滑胎即堕胎、小产连续发生 3 次以上者。类似于习惯性流产。屡孕屡堕，甚或如期便堕，腰酸腿软，头晕耳鸣，小便频数或夜尿频多，目眶黯黑，舌淡苔白，脉沉弱者为肾气亏损证；屡孕屡堕，甚或如期便堕，头晕眼花，气短懒言，小腹空坠，神疲乏力，面色苍白，舌淡苔薄白，脉细弱无力者为气血俱虚证。对于滑胎者，宜在未孕前即开始进行治疗，妊娠后或怀疑妊娠后，即应保胎治疗，而且治疗期限应超过以往流产的月份之后，并无流产迹象者方可停药。

异位妊娠即凡在子宫腔以外妊娠者,相当于原来的宫外孕。停经后有早孕反应或一侧下腹有隐痛,或有不规则阴道流血,舌淡红苔少,脉弦滑者为未破损证;停经后突然一侧下腹撕裂样疼痛,恶心呕吐,冷汗淋漓,面色苍白,四肢厥冷,烦躁不安,舌淡白或淡黯,脉细数无力或微欲绝者为已破损证;停经后一侧下腹剧痛,但逐渐减轻,神色尚可,或有少量阴道流血,舌淡红苔少,脉细缓略弦者为破损不甚证,本证有可能再次破损;停经后一侧下腹剧痛,但逐渐减轻或者消失,可有下腹坠痛或便意感,神色尚可,阴道流血量少,逐渐停止,舌淡黯苔少,脉细缓而涩者为癥块形成证。异位妊娠是急重症,处理不当可危及生命,故须高度重视。

胎死不下即胎死胞中,历时日久不能自行产出者,相当于过期流产或死胎。胎死胞中,日久不下,小腹隐痛或阴道少量流血,色淡红,头晕眼花,气短懒言,神疲乏力,面色苍白,舌淡苔薄白,脉细弱者为气血虚弱证;胎死胞中,日久不下,小腹刺痛,或阴道流血,量少,色紫黯,有血块,舌黯,脉涩者为瘀血阻滞证;胎死胞中,日久不下,阴道流黄色黏汁,口出秽气,纳食不香,舌紫苔厚腻,脉濡缓者为脾虚湿阻证。胎死不下一经确诊,应及时处理。历时过久,易发生凝血机制障碍,可危及孕妇生命,须重视。

鬼胎即妊娠后腹部异常增大,隐隐作痛,阴道反复流血,或下水泡状物者,相当于葡萄胎。妊娠后腹部异常增大,隐隐作痛,阴道流血,淋漓不断,或下水泡状物,或突然下血量多,舌紫黯或有瘀点,脉弦滑或细涩。挟寒湿者,伴腹大异常,小腹冷痛,形寒肢冷;挟痰浊者,可见恶心较甚,呕吐痰多,腹大异常,胸胁满闷;气血虚弱者,见腹部隐痛,神疲肢倦,头晕眼花,面色苍白。鬼胎偶有大量出血导致休克者。宫内容物排空后应随访 2 年。

(四)产后异常出血疾病的辨证及鉴别

产后发生与分娩有关的异常出血的疾病常见有:胞衣不下、产后血崩、产后发热、恶露不绝等。妇女生产，耗气伤血，当某些因素导致产后出血较多时，则会极大地影响产妇的身体健康。另外，产后血室正开，外邪容易侵入，邪毒内侵，也会严重危害产妇的身体健康。大量失血或感染邪毒，严重者均可导致休克，甚至危及生命。因此，产后应严密观察阴道流血情况及产褥期卫生。一旦有异常流血及发热等症状，应予积极处理。

胞衣不下即胎儿娩出后半小时，胎盘不能自行娩出者，相当于胎盘滞留。为促进子宫收缩，胎盘及时娩出，胎儿娩出后即予缩宫素 10U 肌注。一旦出现胎盘滞留时，必须积极采取措施使胞衣娩出，可先以右手轻柔牵引脐带，左手按摩子宫底，失败后行徒手剥离，仍不能剥离者可考虑行子宫切除。出血多者应积极止血，必要时应输血。出血少或无出血者，可行住院观察，服用中药保守治疗。中医辨证：产后胞衣久不下，腹部包块按之不硬，阴道流血量多，色淡，小腹坠胀，气短懒言，神疲乏力，面色苍白，舌淡苔薄白，脉缓弱者为气虚证；产后胞衣久不下，腹部包块疼痛拒按，阴道流血量多，色黯有块，块下痛减，舌紫黯或有瘀点，脉弦涩者为血瘀证；产后胞衣久不下，腹部包块拒按，小腹冷痛，得温痛减，阴道流血量少，色黯红，面色青白，形寒肢冷，舌黯苔白，脉沉紧。

产后血崩即产妇分娩后不久，突然阴道大量流血者，相当于产后出血。若治不及时，可导致虚脱，甚至危及生命。如系胞衣不下、下而不全或产道损伤者，应结合西医行手术治疗。新产后，突然阴道大量流血，血色鲜红，头晕目眩，气短懒言，肢冷汗出，面色苍白，舌淡苔白，脉虚细而数者为气虚证；新产后，突然阴道大量流血，挟有血块，小腹疼痛拒按，块下痛减，舌淡黯或有瘀点瘀斑，脉沉涩者为血瘀证；新产后，阴道流血，持续不止，血色鲜红，产道有裂伤，面色苍白，舌淡苔白，脉细数者为产伤证。

产后发热即产后不足 6 周，出现高热寒战或持续发热者。相当于产褥感染。严重者可危及生命，应予重视。产后不足 6 周，发热恶寒、高热寒战或持续发热，小腹疼痛拒按，恶露量多，继则量少，色紫黯或如败脓，气味臭秽，心烦不宁，口渴喜饮，小便短赤，大便秘结，舌红苔黄，脉数者为邪毒内侵证；产后不足6周，发热恶寒，头身疼痛，鼻塞流涕，咳嗽，舌淡苔薄白，脉浮紧者为风寒外感证；产后不久，乍寒乍热，恶露量少，甚或不下，下则色黯有块，小腹疼痛拒按，舌紫黯或有瘀点瘀斑，脉弦涩者为血瘀证；产后失血过多，身有微热，恶露量或多或少，色淡质稀，小腹绵绵作痛，喜揉喜按，头晕眼花，心悸少寐，舌淡红苔少，脉虚细而弱者为血虚证。

恶露不绝即产后恶露持续3周以上，仍淋漓不尽者。相当于晚期产后出血。恶露不绝应以恶露的量、色、质、气味等辨别其寒、热、虚、实。治疗应遵循虚者补之、热者清之、瘀者攻之的原则，不可妄用固涩之剂，反致助邪，变生他病。产后恶露过期不止，量多，色淡质稀，无臭味，精神倦怠，气短懒言，小腹空坠，四肢无力，面色苍白，舌淡苔薄白，脉缓弱无力者为气虚证；产后恶露过期不止，量较多，色深红，质黏稠，有臭气，口燥咽干，尿黄便结，舌红苔少，脉细数无力者为血热证；产后恶露过期不止，淋漓量少，色黯有块，小腹疼痛拒按，块下痛减，舌紫黯或有瘀点，脉弦涩者为血瘀证。

(五)其他异常出血疾病的辨证及鉴别

除以上异常出血月经病、带下伴异常出血疾病、妊娠期阴道出血疾病、产后异常出血疾病外，尚有其他异常出血疾病，如癥瘕，妇女下腹有结块或胀、满、痛者即为癥瘕。相当于生殖器肿瘤、盆腔炎性包块、子宫内膜异位症等。若小腹可及质地坚硬，凸凹不平，固定不移，增长速度快者，多为恶性肿瘤，预后不良。

祖国医学认为，癥瘕常因外感六淫、脏腑功能失调，精血不足，正气亏虚，内伤七情，饮食或房劳所伤，使气机阻滞，寒湿、瘀血内停，气聚为瘕，血结为癥。癥，坚硬成块，固定不移，推揉不散，痛有定处；瘕，痞满无形，时聚时散，推之可移，痛无定处。辨证要点是按包块的性质、大小、部位、病程的长短及兼证和月经情况辨其在气在血，属痰湿还是热毒。下腹有结块，柔而不坚，推之可移，时聚时散，或上或下，时感疼痛，痛无定处，小腹胀满，精神抑郁，月经不调，舌红苔薄白，脉沉弦者为气滞证；下腹有结块，揉之坚硬，疼痛拒按，固定不移，肌肤少泽，口干不欲饮，月经延后或淋漓不断，面色晦黯，舌紫黯苔厚，脉沉涩有力者为血瘀证；下腹有结块，按之不坚，或时作痛，带下量多，色白质黏稠，身困无力，时欲呕恶，月经延期，甚或闭而不行，舌淡胖大，苔白腻，脉沉或滑者为痰湿证；下腹有结块，疼痛拒按，下腹及腰骶疼痛，带下量多，色黄或五色杂下，气味恶臭，经行先期或经期延长，量多，经前腹痛加重，发热口渴，尿黄便结，舌淡红苔黄腻，脉弦细略数；下腹有结块，疼痛拒按，神疲乏力，气短懒言，口干喜饮，形体消瘦，五心烦热，食欲不振，心悸少寐，舌红苔少，脉细数者为气阴两虚证。

三、体格检查

（一）全身检查

测体温、血压、脉搏，必要时测身高体重。观察患者的神志、面容（有无急、慢性失血病容）、体态、体质（肥胖、消瘦）、全身发育和营养状况以及第二性征发育情况。甲状腺、淋巴结及心、肺情况。腹部，观察是否隆起或不对称，有无手术疤痕、静脉曲张、妊娠纹等；有无压痛、反跳痛、肌紧张或包块，以及包块的形态、部位、大小、质地、活动度、压痛等；有无移动性浊音（内出血、腹水）等。

（二）妇科检查

1.外阴部检查

观察外阴发育及阴毛多少和分布情况，有无畸形、水肿、炎症、分泌物性状、血迹、裂伤、溃疡、静脉曲张、皮肤色泽变化、萎缩及肿瘤等。

2.阴道窥器检查

观察阴道壁有无充血、溃疡、肿块等；分泌物的量、性质、颜色、气味等；有无先天阴道纵隔或横隔等；宫颈口有无血液或脓液流出、有无组织物堵塞；宫颈大小、颜色、外口形状、有无糜烂、外翻、腺囊肿、息肉、肿块、接触性出血等。

3.双合诊

检查子宫位置、形态、大小、质地、活动度、有无压痛、宫颈有无举痛、子宫有无在液体中的漂浮感、与周围器官的关系;双侧附件有无增厚、压痛或包块,以及包块的形态、大小、质地、活动度、有无压痛、与周围器官的关系。

4.三合诊

腹部、阴道、肛门联合检查,发现子宫后壁、子宫直肠陷凹、子宫骶骨韧带及双侧盆腔后壁的病变、估计盆腔癌肿浸润盆壁的范围等。

(三)辅助检查

1.出血、凝血机制的检查

血常规、血小板计数、出血时间、凝血时间、凝血酶原时间、纤维蛋白原和鱼精蛋白副凝试验(3P 试验)、肝功等。

2.妊娠试验(HCG)

早孕、异位妊娠、葡萄胎应测尿 HCG;葡萄胎、侵蚀性葡萄胎、绒毛膜癌还应测血 HCG。

3.阴道及宫颈脱落细胞学检查

观察阴道上段、宫腔、输卵管、卵巢及腹腔病变。

4.宫颈黏液检查

观察宫颈黏液结晶变化及黏液拉丝试验借以了解卵巢功能。

5.阴道清洁度检查

有助于炎症的诊断。

6.基础体温测定

了解卵巢功能、有无排卵及黄体功能;指导避孕与受孕;协助诊断妊娠;协助诊断月经失调。

7.激素测定

常需测定 GnRH、FSH、LH、PRL、HPL、E、P、T 等。

8.肿瘤标记物测定

包括癌抗原固相放射免疫血清 CA_{125} 检测、甲胎蛋白(AFP)检测、绒毛膜促性腺激素检测、血清脂连唾液酸检测、血清紫色反应检测。

9.活组织检查

取宫颈、宫颈息肉、宫颈管内膜、宫颈锥切组织、子宫内膜、病变部位及可疑病变的组织借以确定诊断。

10.穿刺检查

常采用阴道后穹隆穿刺、腹腔穿刺,借以了解腹腔内有无出血、腹水、腹水中有无癌细胞及炎性液体;羊膜腔穿刺,用于引产、孕妇产前预防遗传缺陷和先天性疾病。

11.输卵管通畅试验

常采用通液术、通气术、造影术。

12.超声检查

了解有无子宫增大、妊娠、异位妊娠、胎儿(大小、畸形、存亡)、胎心搏动、胎盘(位置、成熟度、有无剥离)、羊水(量、性状)、葡萄胎、多胎妊娠、宫内节育器(有无、位置)、盆腹腔包块的大小、定位与定性等。

13.影像学检查

包括 X 线(输卵管造影、宫内节育器、头颅片、盆腔或腹腔平片、盆腔动脉及淋巴结造影、盆腔充气造影)、电子计算机断层扫描(CT)、核磁共振成像(MRI)、介入性放射检查、放射线核素显像等。

14.窥镜检查

包括阴道镜、宫腔镜、腹腔镜、羊膜镜。

15.染色体检查

性器官发育异常,原因不明的反复流产、早产、死胎、死产史,怀疑胎儿有染色体(数目或结构)异常等症状行染色体检查。

16.胎儿生物物理学监测

包括胎儿镜、胎儿心电图。

17.胎儿血气分析

包括胎儿头皮血气分析、胎儿脐血血气分析。

18.剖腹探查术

用于某些复杂疑难病例，如怀疑有腹腔内出血、恶性肿瘤、不明原因的腹膜炎，疑有子宫穿孔或破裂者。但需防止轻率从事。

第二章　月经病

第一节　功能性子宫出血

【诊断】

1.西医

(1)发病原因

功血病因有许多不清楚之处，但主要是由于下丘脑—垂体—卵巢轴功能失调所致。正常月经的发生是下丘脑—垂体—卵巢轴生理调节控制下的周期性的子宫内膜剥脱性出血。因此，当机体的内外因素如精神过度紧张、情绪变化、剧烈运动、生活和气候条件的突变、营养不良或代谢紊乱、贫血、甲状腺、肾上腺功能异常，均可通过神经、体液的途径，干扰下丘脑—垂体—卵巢轴的调节与制约机制，最终表现为卵巢的功能失调，导致功血。

青春期，月经初潮 3 年内，一般为无排卵型月经，发生功血也多为无排卵型功血，是由于下丘脑—垂体—卵巢轴发育成熟不全或成熟延迟，未能建立稳定的周期性调控机制，或由于体内外环境改变的影响。

生育期，因内外环境刺激，如劳累、流产、应激、手术和疾病等影响，下丘脑—垂体—卵巢轴功能未能恢复，引起的短暂的无排卵；也可因肥胖、多囊卵巢综合征、高泌乳素血症等引起持续无排卵；也可有排卵，但黄体功能障碍，过早退化（黄体功能不足）则月经周期缩短，萎缩延迟（黄体萎缩不全）则经期延长；也有出现排卵型月经失调，或月经中期出血（排卵期出血）。

绝经过渡期，卵巢功能逐渐衰退，卵泡数量明显减少，剩余卵泡又对垂体促性腺激素的反应性降低，卵泡不能发育成熟，雌激素分泌少，不能引起正反馈而不排卵，出现无排卵型功血。

(2)临床表现

①症状　无排卵型功血多表现为月经周期紊乱，或不规则出血，出血时间和出血间隔长短不一，短则几天，长则数月；出血量时多时少，多者大量出血且不能自止，导致贫血或休克，少者点滴出血；出血期间多无腹痛、腹胀及其他不适；多数在出血前有停经史。有排卵型功血多表现为月经周期缩短，但经期正常，或月经周期正常，但经期延长至8~10天，流血量较多，或月经失调(周期或长或短)，或经间期出血。

②体征　出血多者有贫血貌外，别无其他明显体征。

(3)辅助检查

①基础体温测定(BBT)　无排卵型为单相型。有排卵型为双相型。

【附】基础体温与诊断排卵：基础体温是用来诊断有无排卵的方法之一，由于黄体酮的致热作用，当血中黄体酮浓度达到4×10^{-9}g/ml时，可使基础体温上升0.3~0.5℃，基础体温上升时间常与排卵时间相一致，排卵后黄体期一般持续(14±2)天，月经来潮日体温下降。但有人在临床上发现，有的病例基础体温单相型并非一定无排卵，这可能与个体体温中枢对黄体酮的反应有关。因此，当正常月经周期基础体温单相型时，并不能得出无排卵的结论。要确定有无排卵，还应结合一些其他方法。

②宫颈黏液改变　宫颈黏液结晶检查，无排卵型月经前见羊齿植物叶状结晶，排卵型月经前可见椭圆体。

③阴道脱落细胞涂片　无排卵型涂片表现为“右移现象”，即中、高度雌激素影响。

④子宫内膜病理检查　于经前期或月经来潮6小时内行诊断性刮宫(诊刮)，刮取子宫内膜送病理检查，了解有无排卵、黄体功能及子宫

内膜病变。病理改变:内膜呈增生期或呈囊腺型增生过长均示无排卵,有的可见内膜腺瘤型增生过长,甚至可见不典型增生;黄体中期内膜呈分泌期腺体分泌不足,或较正常落后不小于2天,结合BBT上升小于12天,示黄体功能不足;月经周期第5~6天内膜仍呈分泌期变化,示黄体萎缩不全。

⑤血清内分泌激素测定　测卵泡生成素(FSH)、黄体生成素(LH)、雌二醇(E_2)、孕酮(P)、睾酮(T)、催乳素(PRL)等。前四种激素水平周期性变化明显,LH及FSH峰在排卵前24小时出现,LH峰前24小时左右有E_2峰。排卵后孕酮才明显升高,黄体中期查E_2、P可了解黄体功能,也可根据孕酮浓度判断有无排卵。

⑥B超检查　可发现子宫、卵巢、输卵管的器质性病变,可以较准确地观察卵泡发育和子宫内膜厚度及特点。连续B超监测卵泡发育、排卵、黄体形成等情况,对功血的病因诊断有很大帮助。阴式B超能显示卵巢窦卵泡的数目,以判断卵巢储备功能。

⑦垂体兴奋试验　将GnRH 0.1mg溶于生理盐水5ml中,30秒内静脉注射完毕,注射前及注射后15分钟、30分钟、60分钟、120分钟分别采取2ml静脉血,测定LH水平。若注射15~60分钟后,LH值较注射前升高2~4倍以上,说明垂体功能正常。若经多次重复试验,血清LH值仍无升高或升高不显著,提示垂体功能受到损害。

⑧宫腔镜　以上检查未发现器质性病变,而出血难以控制者,可行宫腔镜检查。宫腔镜可在直视下检查子宫腔内情况,可诊断内膜增生过长、黏膜下小型肌瘤、宫腔息肉、早期内膜癌、宫腔粘连、宫腔瘢痕、子宫不全纵隔、子宫内膜钙化等。

⑨甲状腺、肾上腺、肝功能测定　排除其他内分泌疾病及肝病引起的无排卵型出血。

⑩血液检查　血常规、血小板计数、出凝血时间、凝血酶原等,了解贫血程度和排除血液系统疾病。

2.中医

主要症候 经血非时而下，量或多或少，多则暴下如涌，少则淋漓点滴。血热者有实热和虚热之分，属实热者，伴经血多色深红或鲜红质稠，口渴烦热，小便色黄，苔黄，脉数有力；属虚热者，伴经血多色红或淡红质稀，心烦，舌淡红，脉细数；属气虚者，伴经血色淡红，神倦肢软，气短乏力，舌淡苔白，脉细缓无力；血瘀者，经血色黯红，夹有血块，伴小腹胀痛，块下痛减，舌黯或紫，脉涩。

【鉴别诊断】

1.生殖道感染：急、慢性子宫内膜炎，子宫肌炎，盆腔瘀血等。妇科检查可有宫体压痛。

2.妊娠并发症或异位妊娠及产后病症：流产，滋养细胞疾病，宫外孕，产后子宫复旧不良，胎盘残留等。可通过询问病史及血或尿 HCG 测定，B 超检查等协助鉴别。

3.生殖道肿瘤：子宫肌瘤(黏膜下)，子宫内膜癌，子宫腺肌病、卵巢肿瘤，宫颈癌、输卵管恶性肿瘤等。可通过盆腔检查、B 超、诊刮及相关特殊检查协助鉴别。

4.性激素类药物使用不当：可引起的突破性出血或不规则出血。

5.宫内节育器：可引起不规则出血。

6.全身性疾病：血液病、肝病、肾病、甲亢或甲低等。可通过血常规、肝肾功、甲状腺激素测定作出鉴别诊断。

【治疗】

1.治疗原则

青春期：止血、调经、促排卵。育龄期：同青春期。围绝经期：止血、调整周期并巩固、减少血量、防止子宫内膜病变。

2.治疗方法

(1)一般处理

适当休息，注意营养，缩宫素 10U 肌注，每日 1 次。贫血者应补充铁剂、维生素C、蛋白质，严重者应输血。

(2)抗感染

对流血时间长者应予以抗生素预防感染。

(3)止血药的应用

①安络血　口服，2.5~5.0mg/次，3次/日；或肌注，10~20mg，2~3次/日。

②宫血宁　口服，2粒/次，3次/日。

③止血合剂　止血敏3g、止血芳酸300mg、维生素C 3g，加入5%葡萄糖250ml内静脉滴注，1次/日。

④蝮蛇凝血酶(血立止，reptilase)　1~2支/次，静脉滴注或肌肉注射，6小时后可重复应用，每日最大量不超过8支。

(4)无排卵型功血用药

①雌激素　常用于对青春期功血的止血。妊马雌酮（倍美力），口服，1.25~2.5mg/次，1次/6时，血止后每3日递减1/3量至维持量1.25mg/d或肌注，25mg/次，1次/6时，血止后每3日递减原剂量的1/3量至维持量1mg/d；苯甲酸雌二醇，出血量多时用于止血，用本品2mg，肌注，2次/日，血止后每3日递减原剂量的1/3量至维持量1mg/d；已烯雌酚，口服，1~2mg/次，1次/6时，血止后每3日递减1/3量至维持量1mg/d。不论何种雌激素，自血止日算起，连用21日，用药的最后5日同时加黄体酮10mg，肌注，1次/日，或甲羟孕酮10mg，口服，1次/日。

②孕激素　可使子宫内膜变为分泌期而止血。青春期、育龄期、围绝经期均可应用。但对有贫血，血红蛋白在6g以下者不宜用。黄体酮，肌注，20mg，1次/日，连用5天；复方黄体酮（黄体酮20mg，雌二醇2mg），肌注，1次/日，1支/次，连用5天，一般能止血；甲羟孕酮(安宫黄体酮)，口服，4mg/次，1次/6时，血止后每3日递减原剂量的1/3量至维持量5mg/d，连用21天。用于月经过多者，自月经第5天开始，口服，2~4mg/次，3次/日，连用21天；炔诺酮，口服，2.5~8mg/次，1次/6时，

血止后，每 3 日递减原剂量的 1/3 量至维持量 5mg/d 连用 21 天。

③雄激素　多用于围绝经期功血或子宫肌瘤出血较多者。可减少出血量，常与其他药配合应用。丙酸睾丸酮，当用雌激素时，用药的最后 5 天加用黄体酮外，再用本品 25mg，肌注，1 次/隔日，连用 3 次；甲基睾丸素，自月经第 5 天开始，含服，5~10mg/次，1 次/日，连用 21 天。

④联合用药　止血效果优于单一用药。妈富隆或敏定偶(复方孕二烯酮)，口服，1 片/次，1 次/6 时，血止后每 3 日递减原剂量的 1/3 量至维持量 1 片/天，连用 20 天；三合激素(黄体酮 12.5mg，雌二醇 1.25mg，睾酮 25mg)，多用于围绝经期功血，肌注，2ml/次，1 次/12 时，血止后递减原剂量的 1/3 量至 1 次/3 日，共用 20 天。

(5)调整月经周期

①雌、孕激素序贯疗法(人工周期)　此法适于青春期、育龄期功血内源性雌激素水平较低者。可用妊马雌酮、已烯雌酚或诺坤复于出血第 5 天起，口服每晚 1 次，连服 20 天，于服药第 11 天起，每天加用黄体酮 10mg 肌注，或甲羟孕酮 10mg 口服，两药同时用完。一般连续用药 3~6 个周期。

②雌、孕激素合并应用　此法适于育龄期功血内源性雌激素水平较高者，或止血周期撤退性出血量较多者及绝经过渡期功血。常用口服避孕药，如复方炔诺酮(口服避孕药 1 号)，或妈富隆，或敏定偶，于出血第 5 天起，每晚 1 次，连服 21 天。连用 3 个周期。此法开始即用孕激素以限制雌激素的促内膜生长作用，使撤药性出血血量减少，其中雌激素可预防治疗过程中孕激素的突破性出血。

③后半周期疗法　此法适于绝经过渡期或青春期功血。可用甲羟孕酮，于月经周期第 16 天开始服用，8~10mg/d，连服 10 天，3 个周期为 1 疗程。若疗效不满意，可加服雌激素，如妊马雌酮 0.625mg/d，或诺坤复 1mg/d，或补佳乐 2mg/d，和(或)加服雄激素，如甲基睾丸素 5mg/d。

(6)促排卵

适于青春期、育龄期功血。

①氯米芬(CC)　适于体内有一定雌激素水平者。于出血第5天起,每天口服50mg,连服5天。若无排卵,可逐月每天自100mg、150mg递增。一般连用3个周期,不宜长期应用,以免引起多胎妊娠,或发生卵巢过度刺激综合征(由于雌激素过量引起卵巢极度增大,出现胸腹水、电解质紊乱、少尿、休克等,甚至危及生命)。

②绒促性素(HCG)　适于体内FLH有一定水平、雌激素中等水平者。B超监测卵泡发育接近成熟时,以本品5 000~10 000U肌注,以诱发排卵。亦可与其他促排卵药联用。

③尿促性素(HMG)　于出血干净后,以本品1~2支(每支含FSH、LH各75U),肌注,1次/日至卵泡发育成熟则停用,加用绒促性素5 000~10 000U肌注。

(7)有排卵型功血用药

①促进卵泡发育　常用CC或HMG等,用法同前。

②黄体功能刺激法　适于黄体功能不足者。在排卵后开始,以HCG 2 000~3 000U,肌注,1次/隔日,连用5次。

③黄体功能替代法　排卵后,以黄体酮10mg,肌注,或甲羟孕酮10mg,口服,1次/天,连用10~14天。

(8)中医辨证施治

证属实热者,治当清热凉血,固冲止血,用清热固经汤加味:黄芩15g、焦栀子15g、生地15g、地骨皮15g、生藕节15g、地榆15g、陈棕炭12g、阿胶15g(烊化)、炙龟板15g、生牡蛎30g、生甘草6g、小蓟15g、茜草15g。兼有肾虚证者,可加菟丝子15g、女贞子15g、旱莲草15g、续断15g,生地易熟地。

证属虚热者,治当养阴清热,固冲止血,用保阴煎合生脉散加味:生地15g、熟地15g、黄柏15g、白芍15g、山药15g、川断15g、人参10g、麦冬15g、五味子15g、阿胶15g(烊化)、甘草6g、女贞子15g、旱莲草15g、枸杞子15g、丹皮12g。

证属气虚者，治当健脾益气，固冲止血，用固本止崩汤合举元煎加减：人参15g、黄芪35g、焦白术15g、山药15g、熟地15g、升麻10g、乌贼骨15g、大枣5枚、女贞子15g、墨旱莲15g、川续断15g、煅龙牡各24g、茜草15g。

证属血瘀者，治当活血祛瘀，固冲止血，用失笑散合四物汤加味：蒲黄炭12g、五灵脂15g、当归15g、川芎15g、熟地15g、白芍15g、益母草15g、三七12g、茜草12g、阿胶15g(烊化)。兼小腹胀者，可加香附15g、乌药15g、川楝子15g；兼腹痛者，可加元胡15g、桃仁15g、三棱15g、莪术15g。

(9)手术治疗

①刮宫术　无排卵型功血多数用药物即可达到止血的目的，但有些绝经过渡期功血出血多和少数久治不愈的青春期功血，为除器质性病变并止血可行诊刮。

②子宫内膜切除术　利用宫腔镜下金属套环、激光、滚动球电凝或热疗等方法，使子宫内膜组织凝固或坏死。适用于经量多的绝经过渡期功血，或经激素治疗无效且无生育要求的育龄期功血，或对子宫切除术有禁忌证者。术前一个月可口服达那唑600mg，每日一次，以减少所切除的组织量，增加手术安全性。其优点：创伤小，可减少经量，部分患者可达到闭经效果。其缺点：组织受热效应可影响病理诊断。

③子宫切除术　适用于经药物治疗效果不佳，年龄在40岁以上，无生育要求，病理诊断子宫内膜复杂性增生甚至不典型增生者。

【注意事项】

1.要明确诊断，排除器质性病变，特别是恶性肿瘤。

2.若出现卵巢过度刺激综合征，应立即停药，并注意水电解质平衡，必要时进行卵泡穿刺抽液。

3.肝肾功能不全者，慎用激素类药物。

4.服用激素类药物对胃肠道有刺激反应者,可适当加服维生素 B 族。

第二节　盆腔炎症

一、子宫内膜炎

(一)急性子宫内膜炎

【诊断】

1.西医

(1)发病原因

多因产后、流产后的感染,宫腔手术操作后感染,经期性交及产褥期卫生不良;或周围器官的炎症蔓延、慢性子宫内膜炎急性发作;或用不洁月经垫及阴道栓引起感染。

(2)临床表现

①症状　产后、流产后或宫腔手术操作后等，出现下腹疼痛或坠痛,腰痛,发热,乏力,白带增多呈脓性或血性,有臭味。发病于月经期前或月经期者伴月经量增多,或经期延长;发病于产后,则恶露量多、灰褐色、污秽并有臭味等。

②体征　妇科检查见阴道分泌物增多，宫口有脓性或混浊血性分泌物流出,宫颈抬举痛,宫体正常大小或增大,有压痛或触痛,宫旁组织可有增厚及触痛,发热时有脉搏增快。产后者可见子宫复旧不良。

(3)辅助检查

①实验室检查　白细胞总数、中性白细胞可升高,宫颈分泌物细菌培养阳性。

②诊断性刮宫　炎症控制后刮出子宫内膜病理检查可确诊。

2.中医

主要症候　产后、流产后或宫腔手术操作后等,出现下腹疼痛或坠痛,发热,带下增多,色黄或赤白相兼,有臭气,或月经先期,或月经量多、经期延长，舌红苔黄，脉数有力。

【鉴别诊断】

1.急性输卵管卵巢炎：典型症状是急性一侧或两侧下腹痛及发热。急性病容，体温常在38℃以上，可高达40℃或更高。妇科检查盆腔组织水肿感觉并有剧烈触痛。子宫内膜炎可进一步发展为输卵管卵巢炎，此时患者体温明显升高，子宫增大、宫旁有增厚及触痛，下腹部明显压痛。

2.急性下生殖道炎症：严重的宫颈炎、阴道炎亦可引起下腹部痛，白带增多。妇科检查可有宫旁触痛。

【治疗】

1. 治疗原则

控制感染，要足量、及时、彻底，有宫腔残留物者，要及时清除。

2. 治疗方法

(1)一般处理

卧床休息，若本病发生在分娩或流产后，病情较重者，应取半卧位以利宫腔内分泌物流出，并保持外阴清洁。饮食应含高热量易消化的半流质，必要时补液。

(2)抗生素的应用

首选内酰胺类或氨基糖甙类抗生素，并联合甲硝唑或替硝唑等。

①青霉素640万~960万U，合甲硝唑0.2g或替硝唑0.8g，静脉滴注，1次/日；头孢唑啉钠(先锋Ⅴ)4g，合甲硝唑0.2g或替硝唑0.8g，静脉滴注，1次/日；阿米卡星(丁胺卡那霉素)0.4g，合甲硝唑0.2g或替硝唑0.8g，静脉滴注，1次/日。

②克林霉素0.6g，合替硝唑0.8g，静脉滴注，1次/日。

③头孢噻肟钠3~4g，合环丙沙星0.2g，静脉滴注，1次/日。

④左氧氟沙星0.2g，合替硝唑0.8g，静脉滴注，1次/日。

⑤若宫腔内有残留(如胎盘、胎膜、血块等)，应在控制感染48~72h后，将大块残留组织取出，待病情稳定后再彻底清理。手术后仍应用抗

生素。手术后还应即刻用缩宫素10~20U，肌注，并予益母草膏10ml，口服，3次/日，以帮助子宫收缩。

⑥中医辨证施治。

证属感染邪毒、湿热壅盛，治当祛邪泻毒、清热利湿，用解毒活血汤加味：柴胡15g、葛根15g、金银花15g、连翘15g、黄芩15g、生地15g、当归15g、赤芍15g、桃仁15g、红花6g、枳壳12g、生甘草6g。若高热不退，大汗出，烦渴引饮，脉数疾者，可加人参15g、生石膏30g、知母15g。若出现神昏谵语者，配服安宫牛黄丸。

【注意事项】

老年性子宫内膜炎，应在抗炎48~72h后，先行分段诊刮以排除恶性病变。在扩张宫颈管及诊刮前后应予抗生素控制感染并预防感染扩散。在排除恶性病变后，为促进子宫内膜修复，可补充少量雌激素，如尼尔雌醇2mg，或倍美力1.25mg，口服1次，有利于子宫内膜的修复，不会导致子宫内膜过度增殖。

(二)慢性子宫内膜炎

【诊断】

1.西医

(1)发病原因

分娩或流产后，少量胎盘、胎膜残留，上皮不能及时修复；或胎盘附着部位复旧不全，创面受细菌感染；或子宫黏膜息肉、黏膜下肌瘤时，表面覆盖的内膜易坏死脱落而发生感染；内膜基底层有慢性炎症；宫内节育器可引起慢性子宫内膜炎，如人流术后立即放环更易发生；绝经后妇女雌激素水平低落，子宫内膜与阴道黏膜变薄易发生。

(2)临床表现

①症状　月经过多或月经周期不规则，经期延长，持续性下腹坠胀，腰骶部酸痛或隐痛，常在月经前后、性生活后、劳累后加重(疼痛的程度与炎症的程度不一定成正比)，白带增多，稀薄色黄，或为血性，少

数患者可能有发热。

②体征 妇科检查可见宫口流出稀薄脓样、粉色混浊有臭味或带有血丝样的分泌物,双合诊子宫可增大,有压痛,但活动度好。也有一部分该病患者(约 20%)无任何临床表现。

(3)辅助检查

①B 超检查 可见子宫内膜增厚。

②病理检查 可见子宫内膜间质内有大量浆细胞及淋巴细胞浸润。

2.中医

主要症候 月经过多、经期延长或月经周期不规则,持续性下腹坠胀,腰骶部酸痛、隐痛或刺痛,常在月经前后、性生活后、劳累后加重,白带增多,稀薄色黄,或为血性,易疲乏,舌淡红苔薄白,脉细软或细涩无力。

【鉴别诊断】

1.慢性盆腔炎:在慢性子宫内膜炎的基础上,尚可见下腹两侧疼痛,妇科检查时可见附件增厚或有包块,压痛,严重者可见"冰冻骨盆"样改变。

2.排卵型功能性子宫出血:月经周期不规则,经期延长,经量增多等。

3.子宫内膜癌:可见月经紊乱,经量增多,经期延长或绝经后阴道流血,白带增多或有臭味等。分段诊刮病检可鉴别。

【治疗】

1.治疗原则

抗炎并去除可能致病的诱因。

2.治疗方法

(1)一般处理

增加营养,加强锻炼,提高机体抵抗力。

(2)抗炎治疗

以月经期为佳。

①青霉素 640 万 U,合甲硝唑 0.2g 或替硝唑 0.8g,静脉点滴,1 次/日,

7~10 天为一疗程。

②氨苄青霉素 4g，合甲硝唑 0.2g 或替硝唑 0.8g，静脉点滴,1 次/日，7~10 天为一疗程。

③头孢噻肟钠 3~4g,合环丙沙星 0.2g,静脉滴注,1 次/日,7~10 天为一疗程。

④克林霉素 0.6g,合替硝唑 0.8g,静脉滴注,1 次/日,7~10 天为一疗程。

⑤妇炎康或妇科千金片,口服,6 片/次,3 次/日,1 个月为一疗程。

⑥桂枝茯苓胶囊,口服,3 粒/次,3 次/日,一疗程 3 个月,经期停服。

⑦中医辨证施治。

证属湿热壅结、瘀血积滞,治当清热利湿、活血化瘀,用自制盆炎汤:丹参 18g、赤芍 15g、桃仁 12g、丹皮 15g、茯苓 12g、乌药 15g、木香 12g、生地 15g、金银花 30g、蒲公英 30g、桂枝 12g。

3.宫腔注射疗法

于月经干净后 3~5 天开始,青霉素 80 万 U、庆大霉素 16 万 U、α-糜蛋白酶 5mg,溶入生理盐水 10ml 中宫腔内注射,每 3~5 天 1 次,3 次为一疗程。

4.去除诱因

取出宫内节育器或宫内残留物(胎盘、胎膜等)。

【注意事项】

1.治疗期间禁止性生活。

2.老年性子宫内膜炎者,应予已烯雌酚 0.25mg,口服,1 次/日,7 天后改为 0.1mg,用至第 20 天。

二、盆腔瘀血

【诊断】

1.西医

(1)发病原因

长期从事站立或端坐体位工作者，盆腔静脉压力持续增高；早婚早育、孕产频繁，致盆腔组织松弛、静脉扩张、血流瘀滞；子宫后位肥大，或习惯性便秘使盆腔瘀血；绝育手术史、阔韧带裂伤或慢性盆腔炎常并发盆腔瘀血等。

(2)临床表现

①症状　下腹部疼痛，腰骶或肛门部坠痛，经前期、劳累或性生活后加重，性生活时疼痛，月经量或多或少，白带多而色清亮，极度疲乏，多于月经周期后半期出现乳房痛，或伴有植物神经功能紊乱证，如心烦、头痛、胸闷、情绪不稳、心悸、多梦等。有些患者在经前期有尿意频数多和排尿疼痛。

②体征　妇科检查可见外阴或阴道静脉怒张，宫颈肥大而色紫，质软，或有举痛。子宫多为后倾或后屈且肥大，宫旁有压痛但无明显病灶，状如海绵。腹部检查多在耻骨联合上区有压痛。

有人总结盆腔瘀血的临床特点为“三痛二多一少”，即盆腔坠痛、低位腰痛、性交痛，月经多、白带多，妇科检查阳性体征少。

(3)辅助检查

①盆腔静脉造影　子宫与卵巢静脉的动态表现和静脉血液流出盆腔的时间延长，静脉回流速度明显变慢，造影剂流出盆腔时间大于20s时有诊断价值。

②阴道彩色超声波检查。

③放射性核素133min盆腔血池扫描　局部静脉曲张，血液瘀积形成“血池”，可获得放射性可读性核素浓聚的扫描图像。

④腹腔镜检查　可见盆腔静脉增粗，迂回曲张或成团卷曲，或见阔韧带裂伤，无明显盆腔炎征及子宫内膜异位病灶。

2.中医

主要症候　小腹疼痛，腰骶或肛门部坠痛。属气滞血瘀者，伴小腹胀痛，拒按，得热痛减，经前加重，性生活时或性生活后疼痛，月经量或多或少，白带多，乏力，经前胸闷不适，乳胁胀痛，或伴心烦、头痛、情绪不稳、心悸、多梦等，舌黯或有瘀斑，苔薄白，脉弦涩；属气虚血瘀者，伴小腹隐痛，肛门坠痛，行经前、性交、坐位时加重，月经量少，带下绵绵，色白清稀，头晕目眩，神疲乏力，面色萎黄，溲清便溏，舌淡胖苔白，脉细涩；属寒湿凝滞者，伴小腹冷痛，得热痛减，经行加重，经期延后，量少，色黯有块，白带量多，清冷质稀，畏寒肢冷，腰酸背痛，舌淡黯苔白，脉沉紧。

【鉴别诊断】

1.慢性盆腔炎：妇科检查一侧或双侧附件增厚、触痛，子宫活动度差，甚至出现盆腔冰冻样改变。

2.子宫内膜异位症：有渐进性加剧痛经史，妇科检查可及宫颈后上方或骶骨韧带处扪及一个或数个有明显触痛且质硬的结节。

【治疗】

1.治疗原则

早诊断，早治疗。

2.治疗方法

(1)一般处理

体位疗法，如侧俯卧位、膝胸卧位，30 分/次，2 次/日；适当的体育运动。

(2)消炎止痛药物的应用

①吲哚美辛(消炎痛)　口服(饭后服)，25mg/次，3 次/日。

②乙酰水杨酸(阿司匹林)　口服，0.3~0.6g/次，3 次/日。

(3)中药辨证施治

证属气滞血瘀、小腹瘀血者，治当理气活血、化瘀止痛，用隔下逐瘀汤加减：当归 15g、川芎 15g、赤芍 15g、桃仁 15g、红花 12g、丹参 15g、元胡 15g、川楝子 15g、乌药 15g、肉桂 12g、丹皮 15g、蒲黄 12g(包煎)、五灵脂 15g、香附 15g、甘草 6g。

证属气虚血瘀、小腹瘀血者，治当益气养血、化瘀止痛，用益气化瘀汤加减：党参 15g、黄芪 30g、焦白术 15g、茯苓 15g、当归 15g、赤芍 15g、丹参 15g、益母草 24g、枳壳 15g、香附 15g、乌药 15g、甘草 6g。

证属寒湿凝滞、小腹瘀血者，治当散寒除湿、化瘀止痛，用少腹逐瘀汤加减：小茴香 12g、肉桂 12g、干姜 10g、乌药 15g、元胡 15g、丹参 15g、赤芍 15g、乳香 15g、没药 15g、当归 15g、川芎 15g、蒲黄 15g、五灵脂 15g、苍术 15g、茯苓 15g、甘草 6g。

(4)抗炎治疗

以月经期为佳。可治疗 2~3 个疗程。

①青霉素 640 万 U，合甲硝唑 0.2g 或替硝唑 0.8g，静脉点滴，1 次/日，5~7 天为一疗程。

②氨苄青霉素 4g，合甲硝唑 0.2g 或替硝唑 0.8g，静脉点滴，1 次/日，5~7 天为一疗程。

③克林霉素 0.6g，合替硝唑 0.8g，静脉滴注，1 次/日，5~7 天为一疗程。

④头孢噻肟钠 3~4g，合环丙沙星 0.2g，静脉滴注，1 次/日，5~7 天为一疗程。

(5)经导管栓塞治疗。

(6)手术治疗

①圆韧带悬吊术及骶韧带缩短术　可将后位的子宫复为前位。适于子宫后位、子宫肥大而想保留子宫及双侧附件的年轻患者。

②阔韧带筋膜横行修补术　适于年轻、有生育要求而因阔韧带裂伤所致的严重盆腔瘀血者。

③全子宫及附件切除术　适于年龄 40 岁以上或近绝经的患者。

【注意事项】

1.应注意五期卫生、保健。

2.及时、彻底治疗生殖器官炎性病变。

3.加强锻炼，注意劳逸结合。

第三节　宫器出血

【诊断】

1.西医

(1)发病原因

放置节育器后,由于异物的刺激和压迫作用使子宫内膜发生炎症,或是节育器影响子宫内膜的形成使子宫内膜血管形态发生改变，从而使子宫内膜出现无菌性类炎症反应，或纤溶活性及凝血和抗凝血系统功能变化等。

(2)临床表现

①症状　月经量明显增多(少数患者月经量减少),经期延长或非经期阴道少量流血,下腹疼痛或伴坠胀,腰酸困,白带量多,色白或黄,或附件区疼痛,乏力。

②体征　妇科检查时多无明显异常发现，但有时可见宫颈口有黄色或黄色夹有血丝的分泌物流出，按压宫体或附件区有痛感。出血量多、时间长者可伴见贫血貌。

(3)辅助检查

①实验室检查　可有贫血,合并炎症者可见白细胞升高。

②X 线检查　节育器位置正常。

③B 超检查　无明显器质性病变,节育器位置正常。

2.中医

主要症候　放置节育器后月经量增多,经期延长,或非经期阴道少量流血。属脾气虚弱者,伴经行量多,色淡质稀,或非经期流出淡红色血水,精神倦怠,气短懒言,小腹空坠,白带量多,色白或淡黄,舌淡苔白,脉缓弱;属肾虚阴亏者,伴经行量多,色黯淡,腰骶困痛,手足心热,咽干口燥,白带量多,色白、色黄或赤白相兼,舌红苔少,脉细沉;属气滞血瘀者,伴小腹胀坠,精神抑郁,胸胁乳房胀痛,心烦郁闷,月经量多或不多,色黯有块,经行不畅,白带量多,色黄,舌暗红苔少,脉弦涩。

【鉴别诊断】

1.子宫内膜炎:宫内未放置节育器,月经量多,经期延长,下腹痛,白带量多,色黄有异味等。

2.功能性子宫出血:经量增多,经期延长,不规则阴道流血,量或多或少。

【治疗】

1.治疗原则

止血,配合抗炎对症,经保守治疗3~6个月无效者,或出血量多者,可考虑摘取宫内节育器。

2.处理方法

(1)一般处理。注意休息,消除顾虑。

(2)消炎止痛药物的应用

①吲哚美辛(消炎痛) 口服(饭后服),25mg/次,3次/日。

②氟芬那酸(氟灭酸) 口服(饭后服),0.2g/次,3次/日。

(3)抗溶纤维蛋白制剂的应用

①6-氨基乙酸 口服,3g/次,3次/日。每个月经周期服5天,连续治疗3个周期。

②血宁片 口服,2g/次,3次/日,每次从月经第1天开始服,连服5天,连续治疗3个周期。

(4)止血剂的应用

①安络血 口服,5~10mg/次,3次/日,连服5天。

②维生素K_4 口服,4mg/次,3次/日,连服5天。

③止血敏 肌注,0.25g/次,2次/日,连用5天。

④短效口服避孕药(1号、2号、0号) 放环初3~6个月服用,可减少经血量。服法:从月经来潮的当天算起,第5天开始服,每天服1片,

连服 22 天，不能间断。如漏服 1 片，在 12 小时内可补服 1 片；如漏服 2 片或以上，该周期需同时加用外用避孕法。服完后等来月经的第 5 天再次开始服药，如此 3~6 个周期。

(5)中医辨证施治

证属脾气虚弱者，治当健脾益气，固摄经血，用归脾汤加减：党参 15g、黄芪 30g、焦白术 16g、当归 15g、阿胶 15g(烊化)、陈皮 12g、茜草 15g、仙鹤草 15g、川续断 15g、茯神 15g、龙眼肉 15g、砂仁 10g、三七 6g(冲)、甘草 6g。

证属肾虚阴亏者，治当滋肾养阴，固摄经血，用六味地黄汤加减：生地 15g、白芍 15g、山药 15g、丹皮 15g、茯苓 12g、女贞子 15g、旱莲草 15g、山芋肉 15g、茜草 15g、川续断 15g、仙鹤草 15g、甘草 6g。

证属气滞血瘀者，治当理气活血，化瘀止血，用柴胡舒肝散合失笑散加减：柴胡 15g、白芍 15g、川芎 15g、香附 15g、枳壳 12g、炒蒲黄 10g、五灵脂 15g、三七 15g、茜草 15g、阿胶 15g(烊化)、郁金 15g、旱莲草 15g、甘草 6g。

【注意事项】

1.放置节育器后禁止性生活 2 周。

2.阴道流血期间禁止性生活。

3.经期避免重体力劳动和剧烈体育运动。

4.流血期间避免寒凉。

第四节　代偿性月经

【诊断】

1.西医

(1)发病原因

目前本病的发病原因及机理尚不明了，可能是由于月经期血中雌激素含量降低,血液中产生的类似优球蛋白样毒素,可使鼻、胃、肠、膀胱等部位黏膜血管扩张,脆性增强,从而发生破裂出血。

(2)临床表现

①症状　每于月经来潮之际,鼻、胃、肠、膀胱、肺、乳腺、皮肤、外耳道、眼等部位发生出血,以鼻黏膜出血最多见,出血常能自止。常伴月经量过少,甚或全无。好发于青春期女子。

②体征　妇科检查及其他检查无明显阳性体征。

(3)辅助检查

①实验室检查　血常规、出凝血时间、血小板记数、肝功能测定均在正常范围。

②B 超检查　子宫附件未见异常。

2.中医

主要症候　每于经前或经期,出现能自愈的衄血,或咯血、吐血、尿血、便血、眼耳出血、皮下瘀斑。属肝经郁热者,伴衄吐血者量多色鲜红,其他出血量较少,兼见心烦易怒,口咽干燥喜冷饮,胸胁胀痛,舌红苔黄,脉弦数;属胃热炽盛者,伴口干咽燥,口臭,尿黄便结,脉滑数;属肺肾阴虚者,伴头晕耳鸣,手足心热,两颧潮红,舌红苔少,脉细数。

【鉴别诊断】

1.鼻外伤:有明显的外伤史。

2.鼻炎:如慢性萎缩性鼻炎,干燥性鼻炎,过敏性鼻炎等。

3.血液病。

4.肝硬变:偶有鼻衄。

5.鼻黏膜肿瘤:长时间或间断鼻衄,不能自止,无周期性。

【治疗】

1.治疗原则

规律性经期鼻衄,出血量较少且能自止者,一般不需治疗。若出血量多,引发贫血或影响身体健康者,则须迅速止血。中医认为,"热者清之”、“逆者平之”，以清热凉血降逆为主。

2.处方用药

(1)一般处理

压迫或填塞使破裂的血管形成血栓而达到止血；亦可冷敷前额或颈部，通过降温减少出血量。

(2)手术治疗

①烧灼　局麻后，用铬酸或硝酸银点于患处，封闭血管而止血。术后用油剂滴鼻液以防局部干燥。

②黏膜下注射　常用1%的普鲁卡因或0.5%的赛罗卡因注射于鼻黏膜出血处，以压迫血管而止血。

③鼻中隔黏膜下剥离　止血效果好。

(3)西药治疗

①止血剂：维生素 K_4，口服，4mg/次，3 次/日，血量减少或血止立即停用；安络血，口服，5~10mg，3 次/日；维生素 C，口服，200~300mg/次，3 次/日。

②激素类药：妇宁片，口服，月经第 5 天开始 4mg，2 次/日，连服22 天，5 个月为一疗程；甲基睾丸素，口服，5~10mg，1 次/日，连服 20 天，或丙酸睾丸酮 25mg，肌注，2~3 次/周，每个月经周期总量为 200~250mg。

(4)中医辨证施治

证属肝经郁热者，治当清肝泻热，降逆止血，用清肝引经汤加减：生地 15g、丹皮 15g、当归 15g、白芍 15g、黄芩 15g、栀子 15g、白茅根 30g、茜草 12g、香附 15g、郁金 15g、川楝子 15g、牛膝 15g、甘草 6g。

证属胃热炽盛者，治当清胃泻热，降逆止血，用三黄四物汤加味：黄连 15g、黄芩 15g、大黄 12g、生地 15g、赤芍 15g、当归 12g、川芎 12g、丹参 15g、白茅根 30g、芦根 15g、牛膝 15g、生石膏 30g、代赭石 15g。

证属肺肾阴虚者，治当养阴润肺，降逆止血，用顺经汤加味：熟地

15g、沙参 15g、麦冬 15g、知母 15g、山药 15g、丹皮 12g、当归 12g、白芍 15g、黑芥穗 12g、旱莲草 15g、茯苓 15g。

【注意事项】

1.行鼻中隔黏膜下剥离，一次不能进行两侧黏膜同时剥离，以防鼻中隔穿孔。

2.避免焦躁情绪，保持心情舒畅。

3.忌食辛辣香燥之品，尤其经前经期。

第五节　子宫内膜结核

【诊断】

1.西医

(1)发病原因

多由其他脏器如肺结核、肠结核、腹膜结核及肠系膜淋巴结核等的结核病灶扩散而来，是全身结核的表现之一。少数通过血行、淋巴、性生活传播。子宫内膜结核更多见的是由输卵管结核蔓延而来。其潜伏期很长，可达 1~10 年，大多患者在日后发现子宫内膜结核时，其原发病灶多已痊愈。早期病变出现在两侧宫角，不影响子宫大小及形状，随着病情的发展，子宫内膜受到不同程度的结核病变损害，最后代之以瘢痕组织，可使宫腔粘连、变形、缩小。

(2)临床表现

①症状　多见于 20~40 岁妇女。早期常表现为月经失调，如月经过多或不规则出血，晚期则月经稀少或闭经；下腹坠痛，白带增多，若为活动期，可有发热、有的见午后发热或经期发热，盗汗，乏力，食欲减退，消瘦，不孕等。

②体征　妇科检查可见子宫发育较差，活动受限，双侧输卵管增粗、变硬如条索状，严重者子宫两侧可触及大小不等、形态不规则、边界

不清的囊性肿物,或呈质硬肿块,表面不平,呈结节状或乳头状突起。宫颈结核可见乳头状增生及小溃疡。

(3)辅助检查

①实验室检查　白细胞分类中淋巴细胞增多；活动期血细胞沉降率加快(但正常不能排除结核病变)。

②X 线检查　盆腔平片有无钙化阴影,若发现有孤立钙化点,对诊断有参考价值,但阴性也不能否定诊断。拍肺部平片,必要时行消化道或泌尿系统 X 线检查,以便发现原发病灶。

③子宫内膜病理检查　是诊断子宫内膜结核最可靠的依据。于经前 1 周或经潮 6 小时内刮取子宫内膜，尤其两侧子宫角部内膜病检阳性率高。有时需取 2~3 次才能取得阳性结果,故不能 1 次阴性就否定结核的存在。有条件应将部分刮出物或分泌物作结核分歧杆菌检查。

④子宫输卵管碘油造影　应在经后 2~3 天进行，有闭经者可随时进行。可看出结核病变对子宫内膜及肌层、输卵管以及卵巢所造成的不同程度损害。如碘油进入子宫一侧或两侧静脉丛;宫腔呈不同形态和不同程度狭窄或变形,边缘呈锯齿状;输卵管腔有多个狭窄部分,呈典型串珠状或显示宫腔细小而僵直。

⑤结核菌素试验　阳性在成年人意义不大,而对 10 多岁少女则有一定意义,说明体内曾有结核分歧杆菌感染;若为强阳性说明目前仍有活动性结核病灶,但不能说明病灶部位。

2.中医

主要症候　不少患者可无症状,有的却症状非常严重。表现为:月经失调,量多少不一,或经期延长,下腹坠痛。属阴虚肺燥者,伴咳血、咯血,咽干口燥,咳痰不爽,午后潮热,气短乏力,食欲不振,舌红少苔,脉细数;属阴虚血燥者,伴经量少,甚或闭经,不孕,潮热心烦,咽干口燥甚或骨蒸潮热,盗汗,形体消瘦,舌红苔少,脉虚细而数。

【鉴别诊断】

1.非特异性盆腔炎：月经量一般较多，闭经极为少见。

2.子宫内膜异位症：常见痛经，月经过多，盆腔附件有粘连、增厚及结节。

3.卵巢肿瘤：当形成盆腔内结节性包块伴腹水时，应与恶性肿瘤晚期相鉴别。

4.宫颈癌：宫颈结核可有乳头状增生及溃疡，与宫颈癌不易鉴别，可作宫颈抹片或宫颈活检鉴别。

【治疗】

1.治疗原则

抗结核治疗为主，一旦确诊，须早期、联合、规律、适量和全程用药；休息营养为辅。

2.治疗方法

(1)一般处理

急性期应休息 3 个月，增加营养，劳逸结合，适当锻炼，增强体质。

(2)抗结核药物的应用

常选用疗效高、不良反应少的药(一级药)。

①异烟肼(H)　300mg/d，顿服，或 600~800mg，2~3 次/周，均加维生素 B_6 30mg/d，以防周围神经炎。

②利福平(R)　450~600mg/d，空腹顿服，或 600~900mg，2~3 次/周。

③已胺丁醇(E)　0.75~1g/d，顿服。或开始 25mg/(kg.d)，8 周后改为 15mg/(kg.d)。间歇疗法为 1.5~2g/次，2~3 次/周。

④吡嗪酰胺(Z)　1.5~2g/d，分 3 次口服。

⑤链霉素(S)　0.75~1g/d，肌注，2~3 个月一疗程。

⑥用药原则和常用方案

现多推行两阶段短疗程，提倡 3 或 3 种以上，进行 6~9 个月的短程化疗，多以 H、R、Z 为基础，在开始的 2 个月内可加用 S 或 E。

两阶段短疗程：前 2~3 个月为强化期，后 4~6 个月为巩固期或继续期。常用方案为强化期 2 个月，每日 S、H、R、Z 四种联合，巩固期 4 个月每日连续应用 H、R（简称 2SHRZ/$4H_3R_3$）；强化期 2 个月，每日 S、H、R、Z 四种联合，巩固期 6 个月每日连续应用 H、R、E（2SHRZ/6HRE）或巩固期每周 3 次应用 H、R、E（2SHRZ/$6H_3R_3E_3$）。第一个方案可用于初次治疗者，第二个方案多用于治疗失败或复发者。若 S 耐药，可用 E 代替。2HRZ/$7H_3R_3$ 或 3SHR/$6H_2R_2$ 方案，多用于病情较轻者。

（3）中医辨证施治

证属阴虚肺燥者，治当养阴清热，润肺调经，用百合固经汤加味：生地 15g、熟地 15g、百合 15g、贝母 12g、麦冬 15g、玄参 15g、山药 15g、山芋肉 15g、白芍 15g、桔梗 15g、当归 12g、白茅根 30g、白芨 15g。

证属阴虚血燥者，治当滋阴清热，养血调经，用两地汤加味：生地 15g、地骨皮 15g、麦冬 15g、玄参 15g、阿胶 15g（烊化）、青蒿 12g、鳖甲 24g、龟板 30g、丹皮 12g、白芍 15g、甘草 6g。

（4）药物治疗后效果评定

①有效标准　一般情况改善，体重增加，下腹痛减轻或消失，月经恢复正常。

②治愈标准　除有效标准外，子宫内膜病检转为阴性，内膜或经血培养连续 3 次为阴性，随访 2 年以上无复发。

3.手术疗法

出现以下情况可考虑手术治疗：

（1）盆腔有包块，经药物治疗后缩小，但不能完全消退。

（2）治疗无效或又反复发作者。

（3）较大包块或较大的包裹性积液者。

（4）内膜结核严重，破坏广泛，药物治疗无效者。手术治疗前应用抗结核药物治疗。手术范围应根据年龄及病变范围而定：年轻者应尽量保留卵巢功能；有生育要求者，应尽量以切除病灶，如单侧输卵管、盆腔包块等，保留生育功能；年龄较大者，可行全子宫及双侧附件切除术。术后根据情况，继续用抗结核药物治疗，以达到彻底治愈。子宫内膜结核虽然经药物治疗有良好疗效，但治疗后的妊娠成功率极低，对渴望妊娠者，可行辅助生育技术助孕。

【注意事项】

1.用药期间每月查肝功、血胆红素、白细胞总数及分类、血小板。

2.增强体质，做好卡介苗的接种，积极防治肺结核、肠结核、淋巴结核。

3.诊断性刮宫时有引起结核病灶扩散的危险，故在术前3天、术后4天应每天肌注链霉素1g及口服异烟肼0.3g治疗。

4.行结核性包裹积液手术时，因其壁为肠曲、大网膜及腹壁腹膜，故开腹时应多加小心，勿伤及肠曲，开腹后吸净囊内液体即可，不需切除囊壁。

5.造影前后每日各注射链霉素1g，共5天，以防病灶扩散。

第三章 子宫颈部出血性疾病

第一节 慢性宫颈炎

一、宫颈糜烂

【诊断】

1.西医

(1)发病原因

急性期治疗不彻底或未经治疗演变而来;宫颈管黏膜皱襞多,上皮薄,抵抗力弱,病原体(葡萄球菌、链球菌、大肠杆菌、厌氧菌等)侵入后潜伏其中不易根除;不洁的性生活;分娩、流产、手术等致宫颈损伤;用高浓度酸或碱性洗液刺激等。

(2)临床表现

①症状 白带增多,因炎症的类型、程度、范围不同而白带的量、色(白、黄)、质(脓性、血性)、味也不同,常呈乳白色黏液状,有时呈淡黄色脓性或血性,性交后少量出血。严重者下腹坠痛,腰骶部疼痛,性交痛,痛经。

②体征 妇科检查见宫颈肥大,宫颈口处的宫颈阴道部呈不同程度细颗粒状红色区,糜烂较深者可见接触性出血,白带量多,色黄、脓性或血性,宫颈腺体囊肿等。

根据糜烂面积将宫颈糜烂分为轻、中、重 3 度:轻度即糜烂面小于整个宫颈面积的 1/3;中度即糜烂面占整个宫颈面积的 1/3~2/3;重度即糜烂面占整个宫颈面积的 2/3 以上。

根据糜烂深浅程度将宫颈糜烂分为单纯型、颗粒型、乳头型三型。单纯型即炎症初期，糜烂面平坦；颗粒型即糜烂面凹凸不平，呈颗粒状；乳头型即糜烂表面凹凸更显著，形成乳头状突起。

(3)辅助检查

①宫颈刮片　进行细胞学检查，排除癌前期病变。

②阴道镜检查　排除宫颈上皮肉瘤样变、宫颈癌。

③病理检查　必要时取宫颈组织活检以明确诊断。

2.中医

主要症候　带下量多，质稠，有异味，或触之出血。属湿热内留者，伴白带色黄或黄白相兼，小腹胀痛，肢困体倦，口干但不欲饮，小便短黄，舌红苔黄腻，脉濡数；属脾肾两虚者，伴白带量多，色白质清，有腥味，小腹胀痛，腰骶酸痛，或腰脊酸楚，夜尿频多，大便稀薄，面色无华，舌淡苔白，脉沉缓；属湿毒壅滞者，伴带下量多，色黄或黄绿如脓，质黏稠或如米泔水，臭秽，小腹胀痛，腰骶酸痛，阴部灼痛或瘙痒，小便黄赤，舌红苔黄，脉滑数。

【鉴别诊断】

1.生理性糜烂：孕妇或某些青年妇女，由于体内雌激素水平高，宫颈腺体分泌功能增强，颈管柱状上皮下移，形成了生理性糜烂。

2.宫颈上皮肉瘤样变。

3.早期宫颈癌。

均可经宫颈刮片细胞学检查、宫颈活组织检查及阴道镜检查等明确诊断。

【治疗】

1.治疗原则

以局部治疗为主，使糜烂面柱状上皮坏死脱落、新生的鳞状上皮覆盖，附以抗炎治疗。

2.局部治疗

(1)糜烂面为Ⅰ度、轻Ⅱ度者,可局部放药。

①爱宝疗　宫颈管及糜烂面涂抹,10 天一次,糜烂面愈合为止。一般需 3~6 次。月经前 3 天及月经期停用。

②鸦胆子　研末少许涂于糜烂面,10 天后复查可根据情况考虑重复应用。

(2)糜烂面为重Ⅱ度、Ⅲ度者,多采用物理疗法。如冷冻、激光、电烙、微波等,使糜烂面坏死脱落,重新愈合。

3.药物治疗

(1)西药

多采用两种联合服用,以提高疗效。

①阿莫西林　口服,0.5g/次,3 次/日,5 天一疗程。

②替硝唑　口服,1g/次,1 次/日,首次加倍,5 天一疗程。

③盐酸环丙沙星　口服,1g/次,2 次/日,5 天一疗程。

(2)中成药

①妇炎康　口服,6 片/次,3 次/日,10 天一疗程。

②妇科千金片　口服,6 片/次,3 次/日,10 天一疗程。

(3)中医辨证施治

证属湿热内留者,治当清热利湿,化浊止带,用龙胆泻肝汤加减:龙胆草 15g、黄芩 15g、黄柏 15g、生栀子 15g、生地 15g、木通 10g、泽泻 15g、苦参 15g、柴胡 12g、车前子 15g(包)、赤茯苓 15g、薏苡仁 30g、滑石粉 15g(包)、甘草 6g。

证属脾肾两虚者,治当健脾益肾,固涩止带,用完带汤加减:白术 15g、山药 15g、苍术 15g、陈皮 15g、党参 15g、黄芪 15g、桑螵蛸 15g、乌贼骨 15g、白芍 15g、金樱子 12g、茯苓 15g、芥穗 12g、甘草 6g。

证属湿毒壅滞者,治当清热解毒,除湿止带,用五味消毒饮加减:蒲公英 15g、金银花 15g、野菊花 15g、天葵子 15g、车前子 15g(另包)、牛膝

15g、穿心莲 30g、鱼腥草 15g、土茯苓 15g、泽泻 15g、丹皮 15g、黄柏 15g、薏苡仁 30g、甘草 6g。

4.手术治疗

以上方法疗效不佳可考虑手术治疗。如宫颈椎切或子宫全切。

【注意事项】

1.局部治疗后须禁止性生活,并常规应用抗生素 5 天。

2.物理治疗须在月经干净 2~5 天进行。

二、宫颈息肉

【诊断】

1.西医

(1)发病原因

常发生在 40~60 岁妇女。主要因宫颈管黏膜由于慢性炎症的长期刺激使局部增生,形成局部突起病灶。由于子宫有排除异物的倾向,故使增生的黏膜逐渐自基底部向宫颈外口突出而形成一个或多个息肉。极少恶变。

(2)临床表现

①症状　小息肉常无明显临床症状,多于妇科检查时发现。息肉较大者可见白带增多,血性白带或接触性出血,有时在大便用力后也可见少量出血。

②体征　窥器检查时可见一个或多个大小不等息肉,呈亮红色,舌形,表面光滑,直径一般在 1cm 以下,质软而脆,易出血。蒂细长,根部多附着于宫颈外口,少数在宫颈管内。

(3)辅助检查

①宫颈刮片和宫颈管吸片　进行细胞学检查,查癌细胞。

②阴道镜检查　表面充血,血管丰富。

③病理检查　自根部摘取息肉送病检,偶见恶性病变。

2.中医

主要症候　白带增多，色白或黄，或血性白带，触之出血，有时在大便用力后也可见少量出血。属脾气虚弱者，伴白带量多，色白质清，有腥味，小腹轻胀痛，面色无华，舌淡苔白，脉缓；属湿热内留者，伴白带色黄或黄白相兼，小腹胀痛，肢困体倦，口干但不欲饮，小便短黄，舌红苔黄腻，脉濡数；属湿毒壅滞者，伴带下量多，色黄或黄绿如脓，质黏稠或如米泔水，臭秽，小腹胀痛，腰骶酸痛，阴部灼痛或瘙痒，小便黄赤，舌红苔黄，脉滑数。

【鉴别诊断】

宫颈湿疣：用肉眼有时与宫颈息肉难以鉴别，必要时行阴道镜及宫颈活检以明确诊断。

【治疗】

1.治疗原则

一经发现应做息肉摘除术。

2.息肉摘除后处理

(1)局部出血

用棉球压迫止血或以小纱布块浸爱宝疗塞入宫颈管5分钟即可止血。

(2)口服抗生素

①头孢氨苄　3粒/次，3次/日，连服5天。

②替硝唑　1g/次，1次/日，连服5天。

③盐酸环丙沙星　口服，1g/次，2次/日，5天一疗程。

(3)中药制剂

宫颈管楔片：氧化锌5g、冰片1g、黄连3g、金银花2g、甘草2g，共研细末，将饴糖7g熔化和上药末，制成楔形药片10片，每次一片塞入宫颈管，隔日1次，10次一疗程，预防复发。

(4)中医辨证施治

证属脾气虚弱者，治当健脾益气，祛湿止带，用完带汤加减：党参15g、白术15g、山药15g、白芍15g、陈皮15g、苍术15g、车前子15g(另包)、薏苡仁 30g、续断 15g、菟丝子 15g、白芷 15g、芡实 15g、甘草 6g。

证属脾肾两虚者,治当健脾益肾,固涩止带,用止带汤加减:白术 15g、山药 15g、苍术 15g、陈皮 15g、党参 15g、黄芪 15g、桑螵蛸 15g、乌贼骨 15g、白芍 15g、金樱子 12g、茯苓 15g、芥穗 12g、甘草 6g。

证属湿毒壅滞者,治当清热解毒,除湿止带,用五味消毒饮加减:蒲公英 15g、金银花 15g、野菊花 15g、天葵子 15g、车前子 15g(另包)、牛膝 15g、穿心莲 30g、鱼腥草 15g、土茯苓 15g、泽泻 15g、丹皮 15g、黄柏 15g、薏苡仁 30g、甘草 6g。

【注意事项】

1.息肉摘除最好于月经后 3~5 天进行。

2.息肉摘除后送病理组织学检查。

3.息肉摘除术后禁性生活 2 周。

第二节 宫颈癌

【诊断】

1.西医

(1)发病原因

目前尚未完全明了。多认为与早婚、早育、性生活紊乱、宫颈糜烂、性激素失调、经济状况低下、种族和地理环境等因素有关。近年来有认为本病的发生与病毒感染有关,如:Ⅱ型疱疹病毒(HSV-2),人乳头瘤病毒(HPV16 和 HPV18)关系更为密切。

(2)临床表现

早期常无明显症状、体征。一旦出现症状,主要表现有:

①阴道分泌物 多数有不同程度的白带增多,可呈浆液性,晚期多为脓性或米汤样恶臭白带。

②阴道不规则流血 早期为少量血性白带或接触性及排便后阴道

少量流血,也有经间期或绝经后不规则流血,晚期可现致命的大量阴道流血。

③疼痛　晚期常出现严重、持续的腰骶部或下肢疼痛。

④其他症状　晚期侵犯膀胱可引起尿频、尿痛或血尿;压迫或侵犯直肠可见里急后重、便血或排便困难;肺转移可见胸痛、咳嗽、咯血;骨转移可见持续性疼痛;晚期可出现消瘦、发热、全身衰竭等恶病质表现。晚期主要死因:尿毒症、出血、感染、恶病质。

⑤妇科检查　早期宫颈光滑或呈糜烂或颗粒状突起，质较硬或呈表浅溃疡,易出血。进一步发展可分为 4 型:外生型呈乳头状或菜花状向外突起;内生型又称浸润型,癌灶向宫颈深部组织浸润,宫颈肥大而硬如桶状,表面光滑或仅见轻度糜烂;溃疡型为上两型发展形成凹陷性溃疡或空洞样形如火山口;颈管型病灶在宫颈管,侵入宫颈及峡部供血层以及转移到盆壁的淋巴结,它不同于内生型,内生型是由浸润生长扩散到宫颈管。

(3)辅助检查

①宫颈刮片细胞学检查　巴氏染色,Ⅲ~Ⅴ级为可疑及阳性。

②阴道镜检查　可放大 10~20 倍观察宫颈表面，癌变上皮血管呈小螺旋状或逗点状、曲折、紊乱、扩张等,可提供活检部位,提高活检阳性率,以便早发现早治疗。

③碘试验　将碘液均匀涂于宫颈及穹隆部,观察不着色区(碘阴性区)。于碘阴性区取活检,可减少漏诊。

④氮激光肿瘤固有荧光检测法　通过光导纤维传送氮激光激发病变部位,目测病灶组织与正常组织不同的颜色,宫颈表面呈紫色或紫红色为阳性,示有病变;兰色为阴性,示无恶性病变。

⑤宫颈和宫颈管活组织检查　于宫颈鳞—柱交接部的 3、6、9、12 点 4 处取活检,或在碘试验、肿瘤固有荧光检测、阴道镜观察到的可疑部位取活检。所取组织既要有上皮组织,又要有间质组织。若宫颈刮片

为Ⅲ级或Ⅲ级以上，取宫颈活检时，应用小刮齿搔刮宫颈管，刮出物送病检。

⑥宫颈锥切术　当宫颈刮片多次为阳性，而活检为阴性；或活检为原位癌，但不能排除浸润癌时，应做锥切术，并将切下的组织分成12块，每块做2~3张切片检查以确诊。

⑦确诊宫颈癌后，根据具体情况进行胸部X线摄片、淋巴造影、膀胱镜、直肠镜等检查，以确定临床分期。

(4)临床分期采用国际妇产科联盟(FIGO)的分期标准

0期　原位癌(浸润前癌)或上皮内癌。

Ⅰ期　病灶局限在宫颈(包括累及宫体)。

Ⅰa　宫颈临床前癌，肉眼未见癌灶，仅在显微镜下可见浸润癌。

Ⅰa_1　间质浸润深度≤3mm，宽度≤7mm。

Ⅰa_2　间质浸润深度>3mm至5mm，宽度≤7mm，水平扩散范围不超过7mm。

Ⅰb　肉眼可见癌灶局限在宫颈或显微镜下可见病变大于Ⅰa_2。

Ⅰb_1　肉眼可见癌灶最大直径≤4cm。

Ⅰb_2　肉眼可见癌灶最大直径>4cm。

Ⅱ期　癌灶已超出宫颈，但未达盆壁。癌累及阴道，但未达阴道下1/3。

Ⅱa　癌累及阴道上2/3，无宫旁浸润。

Ⅱb　有宫旁浸润，但未达盆壁。

Ⅲ期　癌扩散盆壁和(或)累及阴道下1/3，导致肾盂积水或无功能肾。

Ⅲa　癌累及阴道1/3，但未达盆壁。

Ⅲb　癌已达盆壁，或有肾盂积水或无功能肾。

Ⅳ期　癌播散超出真盆壁或癌浸润膀胱黏膜或直肠黏膜。

Ⅳa　癌浸润膀胱黏膜和(或)直肠黏膜。

Ⅳb　癌播散超出真盆壁，有远处转移。

2.中医

主要症候　带下量多，水样、血性或米汤样，恶臭，阴道不规则流血。属肝郁化火者，伴白带量多，夹有血性，少腹隐痛，精神抑郁，胸胁胀满，心烦易怒，口苦而干，舌红苔黄，脉细弦；属肝肾阴虚者，伴阴道少量出血，淋漓不断，时有头晕耳鸣，腰骶疼痛，腰背酸痛，口干便结，舌红苔少或光剥，脉细数；属湿热瘀毒者，伴白带量多，黄白相兼、如米泔水或如脓水，秽臭难闻，下腹疼痛，口干咽燥，舌淡红或有瘀点，苔黄腻，脉弦数；属中气下陷者，伴带下质稀，色白，或赤白相兼，有臭味，崩中漏下，头晕目眩，倦怠乏力，少腹坠痛，纳差便溏，舌淡胖大，苔少，脉细缓无力。

【鉴别诊断】

晚期宫颈癌诊断并不困难，早期需与以下疾病鉴别：

1.宫颈糜烂。宫颈外口周围有糜烂，但质地不硬、不脆，可作宫颈刮片或活检。

2.宫颈息肉。常来自宫颈口内单个或多个突出宫口外，有蒂，表面红润、光滑、质软，应摘除送病检。

3.宫颈或宫腔黏膜下肌瘤。若肌瘤表面感染坏死，极似宫颈癌，但指诊可触及瘤蒂，境界清楚，光滑的宫颈包裹于四周，肌瘤不脆而质硬，无癌瘤侵蚀感。

4.宫颈结核。很少见，外观正常，宫颈可肥大、糜烂、溃疡，呈乳头状或息肉样。但结核好发于年轻妇女，多有月经异常，有结核病史及不育史，病检可鉴别。

【治疗】

1.治疗原则

一经确诊，应根据临床分期、病理类型、患者年龄、全身状况、患者意愿、设备条件及医疗技术水平决定处理措施。

2.治疗方法

手术、放疗及化疗等综合应用。

(1)手术治疗

适于Ⅰa~Ⅱa早期患者,无手术禁忌症,年龄不限。

①宫颈上皮内瘤样病变(CIN) 确诊为CINⅡ级者,应选用电熨、激光、冷冻或宫颈锥切术;确诊为CINⅢ级者,主张行子宫全切术。迫切要求生育者,可行宫颈锥切术,术后定期随访。

②宫颈浸润癌 Ⅰa_1期经腹行次全子宫切除术,卵巢正常者应予保留或可行宫颈锥切术;Ⅰa_2~Ⅱa期行广泛子宫切除术加盆腔淋巴结清扫术,年轻患者卵巢正常者应予保留。术中冰冻切片检查髂总淋巴结有转移者,应作腹主动脉旁淋巴清扫或取样,进一步明确病变累及范围,选用术后治疗。近年对Ⅰa_1~Ⅰb期,肿瘤直径<2cm的未生育年轻患者可选用广泛子宫切除术加盆腔淋巴结清扫术,保留患者的生育功能,术前放疗或辅助化疗。

(2)放射治疗

适于Ⅱb晚期、Ⅲ、Ⅳ期患者或不能耐受手术者。包括体内体外照射,早期以体内放疗为主,体外照射为辅;晚期则以体外照射为主,腔内放疗为辅。

(3)手术及放射综合治疗

适于宫颈较大病灶,术前先放疗,待癌灶缩小后再行手术或术后证实淋巴结及宫旁组织有转移或切除残端有癌细胞残留,作为补充治疗进行放疗。

(4)化疗

主用于晚期或复发转移者。近年也将化疗作为手术和放疗的辅助治疗,用以治疗局部巨大肿瘤(直径≥4cm),可采用静脉或动脉灌注化疗,可缩小肿瘤病灶或用于放疗增效。常用有效药物:顺铂、卡铂、环磷酰胺、异环磷酰胺、氟尿嘧啶、博来霉素、丝裂霉素、长春新碱等,以顺铂疗效为好。一般采用联合化疗。

治疗鳞癌的方案有：

①PVB 方案 第 1 天，顺铂(DDP)50mg/m^2，静脉滴注；第 2 天，长春新碱(VCR)4mg/m^2，静脉滴注；第 1、8、15 天，博来霉素(BLM)15mg/m^2，肌肉注射。每 3 周重复。

②BIP 方案 第 1 天，博来霉素(BLM)30mg，静脉滴注；第 2 天，顺铂(DDP)50mg/m^2，静脉滴注；第 2 天，异环磷酰胺(IFO)5g/m^2，静脉滴注。每 3 周重复。

③ADM+DDP 方案 阿霉素(ADM)30mg/m^2，静脉滴注；顺铂(DDP)50mg/m^2，静脉滴注，每 3 周重复。

④BLM+MTX 方案 博来霉素(BLM)10mg/m^2，肌肉注射，1 周 1 次；甲氨喋呤(MTX)10mg/m^2，口服，1 周 2 次。隔 3 周重复。

治疗腺癌的方案有：

①5-Fu+CF+DDP 方案 第 1~5 天，氟尿嘧啶(5-Fu)500mg/m^2，静脉推注；第 1~5 天，四氢叶酸(CF)200mg，静脉滴注；第 1~5 天，顺铂(DDP)30mg，静脉滴注。每 3 周重复。

②5-Fu+IFO+DDP 方案 第 1~3 天，氟尿嘧啶(5-Fu)500mg/m^2，静脉滴注；第 1~3 天，异环磷酰胺(IFO)1g/m^2，静脉滴注；第 1~3 天，顺铂(DDP)50mg/m^2，静脉滴注。每 4 周重复。

化疗途径还可采用静脉或介入(超选择性动脉灌注化疗)，可根据所具有的条件采取不同的途径给药，如髂内动脉插管、腹壁下动脉插管、介入栓塞等，所使用的药物与全身用药相同。常用方案有：

①CTX+5-Fu+BLM 方案 环磷酰胺(CTX)20mg/d，氟尿嘧啶(5-Fu)500mg/d，博来霉素(BLM)30mg/d。每天用 1 种，3 天为 1 周期，4~5 周重复。

②DDP+BLM 方案 顺铂(DDP)50mg/m^2，博来霉素(BLM)30mg/m^2，3 周重复。

③MTX+DDP+ADM 方案 甲氨喋呤(MTX)40mg/m^2，顺铂(DDP)

50mg/m², 阿霉素(ADM)50mg/m², 4 周重复。

(5)中医辨证施治

证属肝郁化火者,治当舒肝解郁,利湿解毒,用丹栀逍遥散加减:丹皮 15g、栀子 15g、柴胡 15g、白芍 15g、郁金 15g、当归 15g、川芎 12g、半枝莲 30g、椿根皮 15g、白花蛇舌草 24g、败酱草 30g、甘草 6g。

证属肝肾阴虚者,治当滋肾养肝,清热解毒,用知柏地黄汤加味:知母 15g、黄柏 15g、生地 15g、山药 15g、山芋肉 15g、丹皮 15g、土茯苓 30g、泽泻 15g、女贞子 15g、旱莲草 15g、川续断 15g、白花蛇舌草 30g、仙鹤草 15g、甘草 6g。

证属湿热瘀毒者,治当利湿泻热,化瘀解毒,用五味消毒饮加减:蒲公英 15g、金银花 15g、野菊花 15g、天葵子 15g、穿心莲 30g、鱼腥草 15g、土茯苓 30g、泽泻 15g、丹皮 15g、赤芍 15g、半枝莲 30g、白花蛇舌草 30g、黄芩 15g、黄柏 15g、薏苡仁 30g、甘草 6g。

证属中气下陷者,治当补中益气,利湿解毒,用归脾汤加减:党参 15g、黄芪 30g、焦白术 16g、当归 15g、阿胶 15g(烊化)、陈皮 12g、茜草 15g、仙鹤草 15g、川续断 15g、白花蛇舌草 30g、半枝莲 30g、升麻 15g、三七 6g(冲)、薏苡仁 30g、甘草 6g。

【注意事项】

1.普及防癌知识宣传;积极治疗中、重度宫颈糜烂;定期开展宫颈癌的普查普治;及时诊断和治疗 CIN 以阻断宫颈癌的发生。

2.化疗前及化疗中应用止吐药、抗过敏药、镇静药。

3.用 IFO 时要用解毒剂美斯钠 750mg/m², 在 IFO 用前及用后第 4、第 8 小时分别静脉滴注。

4.实行治疗个体化即根据疗效或副作用更换方案、治疗措施或加减剂量。

5.用顺铂时应同时水化利尿,平均每日补液 3 000~4 000ml,保持尿量>2 500ml/d,警惕肾毒性致急性肾功衰竭。

6.一般在出院后第1年内,1个月时行第1次随访,以后每隔2~3个月复查1次。第二年每3~6个月复查1次。第3~5年每半年复查1次。第6年开始每年复查1次。随访内容:除临床检查外,应定期进行胸透和血常规检查。

第三节　宫颈结核

【诊断】

1.西医

(1)发病原因

常伴有肺结核、腹膜结核、肠系膜淋巴结核、输卵管卵巢结核、子宫内膜结核等,孤立的宫颈结核很少见,多数由输卵管和子宫内膜结核蔓延而来,或经淋巴、血循环、性交传播而来。单纯宫颈结核临床较少见,常与输卵管和子宫内膜结核并存。

(2)临床表现

①症状　白带增多呈水样或脓血性,阴道有少量出血,性生活后出血,食欲不振,消瘦,易疲劳,低热、午后发热或经期发热,下腹痛,盗汗。

②体征　妇科检查可见宫颈乳头状增生或溃疡。

(3)辅助检查

①妇科检查　宫颈肥大,多见有结节,病变表面质硬而脆,糜烂、溃疡或干酪样坏死面有触血。

②实验室检查　活动期血沉加快。

③X线检查　拍肺部平片看有无陈旧结核和胸膜结核病灶；腹部平片有无盆腔内钙化阴影,对诊断有参考价值,但检查为阴性也不能否定诊断。

④病理检查　病灶处取活组织进行病检可确诊。

2.中医

主要症候　消瘦，食欲不振，易疲劳，低热，盗汗，白带增多呈水样或脓血性，不规则出血，晚期则月经稀少或闭经，下腹痛，有的见午后发热或经期发热。属阴虚肺燥者，伴咳血，咯血，咽干口燥，咳痰不爽，午后潮热，气短乏力，食欲不振，舌红少苔，脉细数；属阴虚血燥者，伴经量少甚或闭经，不孕，潮热心烦，咽干口燥，甚或骨蒸潮热，盗汗，形体消瘦，舌红苔少，脉虚细而数。

【鉴别诊断】

1.慢性宫颈炎：多发于育龄期妇女，而结核多见于25岁以下女性。

2.宫颈癌：多发于45岁以上女性。

诊断均可依靠病理检查确诊。

【治疗】

1.治疗原则

如为单纯宫颈结核，程度轻仅局限于宫颈表面者，可采取局部治疗。如一旦确诊为受累者，须早期、联合、足量、规则和全程用药。

2.治疗方法

(1)局部治疗

单纯宫颈结核，病变范围较小者，可冷冻或电烙，治疗深度和广度要超过病变范围；范围较大者，可行宫颈切除术。

(2)抗结核药物治疗

并发其他部位结核者，应用抗结核药物治疗，常选用疗效高、不良反应少的药(一级药)。

①异烟肼(H)　300mg/d，顿服或600~800mg，2~3次/周，均加维生素 B_6 30mg/d，以防周围神经炎。

②利福平(R)　450~600mg/d，空腹顿服或600~900mg，2~3次/周。

③已胺丁醇(E)　0.75~1g/d，顿服或开始25mg/(kg.d),8周后改为

15mg/(kg.d);间歇疗法为1.5~2g/次,2~3次/周。

④吡嗪酰胺(Z)　1.5~2g/d,分3次口服。

⑤链霉素(S)　0.75~1g/d,肌注,2~3个月一疗程。

⑥用药原则和常用方案　仍采用两阶段短疗程,3或3种以上药物进行6~9个月的短程化疗,多以H、R、Z为基础,在开始的2个月内可加用S或E。两阶段短疗程即前2~3个月为强化期,后4~6个月为巩固期或继续期。常用方案有:强化期2个月,每日S、H、R、Z四种联合,巩固期4个月每日连续应用H、R(简称2SHRZ/$4H_3R_3$);强化期2个月,每日S、H、R、Z四种联合,巩固期6个月每日连续应用H、R、E(简称2SHRZ/6HRE)或巩固期每周3次应用H、R、E(简称2SHRZ/$6H_3R_3E_3$)。第一个方案可用于初次治疗者,第二个方案多用于治疗失败或复发者。若S耐药,可用E代替。2HRZ/$7H_3R_3$或3SHR/$6H_2R_2$方案,多用于病情较轻者。

(3)中医辨证施治

证属阴虚肺燥者,治当养阴清热,润肺调经,用百合固经汤加味:生地15g、熟地15g、百合15g、贝母12g、麦冬15g、玄参15g、山药15g、山芋肉15g、白芍15g、桔梗15g、当归12g、白茅根30g、白芨15g。

证属阴虚血燥者,治当滋阴清热,养血调经,用两地汤加味:生地15g、地骨皮15g、麦冬15g、玄参15g、阿胶15g(烊化)、青蒿12g、鳖甲24g、龟板30g、丹皮12g、白芍15g、甘草6g。

(4)药物治疗后效果评定

①有效标准　一般情况改善,体重增加,下腹痛减轻或消失,月经恢复正常。

②治愈标准　除有效标准外,宫颈病检转为阴性,宫颈分泌物或经血培养连续3次为阴性,随访2年以上无复发。

【注意事项】

1.用药期间每月查肝功、血胆红素、白细胞总数及分类、血小板。

2.增强体质，做好卡介苗的接种，积极防治肺结核、肠结核、淋巴结核。

3.病灶处取活组织时有引起结核病灶扩散的危险，故在术前 3 天、术后 4 天应每天肌注链霉素 1g 及口服异烟肼 0.3g 治疗。

第四章　子宫体部出血性疾病

第一节　子宫肌瘤

【诊断】

1.西医

(1)发病原因

确切原因目前尚未明了，有认为与长期过度的卵巢雌激素刺激有一定关系，因肌瘤好发于生育年龄，青春期前极少见肌瘤，绝经后萎缩或消退，提示其发生可能与女性性激素有关,还有妊娠时雌激素水平增高，肌瘤多迅速增大，外源性雌激素可加速肌瘤生长，肌瘤常并发子宫内膜增生。有人通过生物化学检测证实，子宫肌瘤中雌二醇的雌酮转化明显低于正常肌组织，而肌瘤中雌激素受体的浓度明显高于周边肌组织，故认为肌瘤组织局部对雌激素的高敏感性是肌瘤发生的重要因素之一。但也可发生于高雄激素水平的肾上腺综合征患者。

神经中枢活动对肌瘤发病也可能起重要作用。临床上，子宫肌瘤尚有家族遗传倾向。

分子生物学研究提示，单个肌瘤是由单克隆平滑肌细胞增殖而成，多发性肌瘤是由于子宫肌层内的多源性单克隆细胞所形成。

(2)临床表现

多数无明显临床症状，仅于盆腔检查时偶然发现。症状的出现与肌瘤生长的部位、生长速度及肌瘤是否变性有关，而与肌瘤的大小、数目关系不大。

①症状 月经异常，是子宫肌瘤最常见的临床症状，黏膜下肌瘤常见月经过多，经期延长，持续性或不规则阴道流血，或脓血性排液等，大的肌壁间肌瘤可见周期缩短、经量多、经期长、不规则阴道流血等；下腹包块，自觉或检查时可及，质坚硬、形态不规则；白带增多，子宫黏膜下肌瘤合并感染可有白带量多，或大量脓血性排液，或腐肉样物排出，伴臭味；下腹痛，浆膜下肌瘤蒂扭转时可出现急性腹痛，肌瘤红色变时可见急性剧烈下腹痛，伴恶心、呕吐、发热，合并肌腺瘤时可致痛经；腰酸、下腹坠胀，是常见症状，且经期加重；压迫症状，见尿频、排尿障碍、尿潴留或肾盂积水，便秘、排便困难等；贫血，反复长期或多量出血可造成不同程度的贫血，严重者伴乏力、面色苍白、心悸、气短等症；不孕，子宫肌瘤可改变输卵管位置或造成输卵管阻塞，或影响受精卵着床，造成流产而致不孕。

②体征 与肌瘤的大小、数目、位置及有无变性相关。肌瘤较大时可在下腹扪及实质性不规则肿块。双合诊时子宫增大，形态可不规则，单个或多个突起，质硬，可有压痛，活动度无粘连时尚好。浆膜下肌瘤者可扪及单个球状硬块与子宫相连。黏膜下肌瘤位于子宫腔内者子宫均匀增大，脱出宫颈外口者，检查时可看到宫颈口处有粉红色的肿物，表面光滑，与宫颈及宫颈管四周界限清楚，伴感染时可有坏死、出血及脓性分泌物。

(3)辅助检查

①B 超 一般可明确肌瘤的部位、大小、数目。

②子宫输卵管碘油造影 可显示宫腔形态及肌瘤附着部位。

③宫腔镜 可明确黏膜下肌瘤、宫颈管肌瘤。

④腹腔镜 可明确浆膜下肌瘤。

2.中医

主要症候 腹中癥瘕，经行先期，经量增多，经期延长或阴道流血淋漓不断，尿频、排尿排便困难、腰酸，下腹坠胀。属寒凝血瘀者，伴畏寒怕冷,遇寒腹痛,舌黯或有瘀斑,苔薄白,脉弦紧;属气滞血瘀者,伴胸胁胀痛,心烦易怒,小腹胀痛或刺痛,舌边有瘀斑,苔薄白,脉弦细;属瘀热交阻者,伴经色黯红质稠或有血块,小腹胀痛,白带增多、有脓血性物流出或有大量脓性分泌物,口干唇燥,舌红边有瘀点,脉弦细而数;属气阴两虚者,伴经色淡红,偶尔崩下或淋漓不断,头晕目眩,面色苍白,神疲乏力,心悸气短,口燥咽干,舌红苔薄而干,脉细数。

【鉴别诊断】

1.妊娠子宫:肌瘤囊形变时应与妊娠相鉴别。妊娠者有停经史,早孕反应,尿 HCG 阳性,B 超可明确诊断。

2.子宫腺肌病及肌腺瘤:痛经症状明显,子宫常均匀增大,子宫直肠凹陷处有触痛的小结节,子宫硬,活动差,B 超显示腺肌瘤无假包膜。

3.卵巢肿瘤:多无月经改变,肿瘤多为囊性,B 超可明确诊断。

4.子宫肥大症:多见于多生育妇女,常见月经过多,子宫增大(但很少超过 2 个月妊娠子宫大小),质硬,B 超可鉴别。

5.双角子宫:应与子宫角部肌瘤相鉴别。双角子宫无月经改变,碘油造影、B 超、腹腔镜有助诊断。

6.子宫恶性肿瘤:原有肌瘤迅速增大,尤其绝经后,伴阴道流血、腹痛等症。

【治疗】

1.治疗原则

根据患者的年龄、肌瘤的大小及部位、有无症状、对生育的要求、近期发展的情况,有无并发症等全面考虑。

2.治疗方法

(1)非手术治疗

随访观察,若无症状,子宫小于 3 个月妊娠大小,可每 3~6 个月复查一次,若出血量多或有不规则出血,应做诊刮以排除恶性病变及宫腔息肉等;药物治疗,若症状轻,肌瘤在 2 个月妊娠子宫大小以下,近绝经期或因全身情况不能手术者，排除恶变后，均可予药物对症治疗。

①促性腺激素释放激素激动剂(GnRHa)　通过调节作用，使血清FSH、LH、E_2水平迅速下降，E_2达到绝经后水平，产生闭经，从而抑制子宫肌瘤生长并使其缩小，达到治疗目的。该类药为长效抑制剂，包括抑那通，3.75mg/支，4周1次，皮下注射和诺雷德，3.6mg/支，1次/4周，皮下注射。目前此类药主要用于：术前缓解症状，改善贫血；术前用药缩小肌瘤，以利于手术切除或经阴道手术、行内窥镜手术；因肌瘤导致不孕者，缩小肌瘤以利自然妊娠；有症状而不愿接受手术的近绝经期患者。

②米非司酮　常作为术前用药或提前绝经使用。口服，从月经第2天开始服用，10~25mg/d，连服6个月。产生闭经，使肌瘤缩小。

③达那唑　可治疗肌瘤，使体内雌激素水平下降。口服，从月经第1天开始，400~600mg/d，3~6个月为1疗程。

④孕三烯酮(内美痛)　具有抗雌、孕、促性腺激素及轻度雄激素作用。口服，2.5mg/次，3次/周，连服6个月。

⑤雄激素治疗　近绝经期，月经量多、月经紊乱或有其他原因不适于手术治疗者，可考虑用雄激素减少出血量。甲基睾丸素，口服，5~10mg/次，1~2次/日，或丙酸睾丸酮，肌注，25mg/次，2~3次/周。两药均连用3~6个月，但每月均不宜超过300mg，以免引起男性化。

⑥中医辨证施治。

证属寒凝血瘀者，治当温阳散寒，活血化瘀，用桂枝茯苓丸加减：桂枝15g、茯苓15g、丹皮15g、赤芍15g、桃仁12g、刘寄奴15g、乌药15g、三棱12g、莪术12g、甘草6g。若腹痛甚者，加乳香15g、没药15g；出血多者加炒蒲黄15g、五灵脂15g。

证属气滞血瘀者，治当疏肝理气，活血化瘀，用隔下逐瘀汤加减：当归15g、川芎12g、赤芍15g、丹皮15g、桃仁15g、红花10g、香附15g、枳壳12g、川楝子15g、元胡12g、蒲黄12g、五灵脂15g、乌药15g、甘草6g。若乳房胀痛加郁金15g、橘络12g；血瘀征明显者加三棱12g、莪术12g。

证属瘀热交阻者，治当清热凉血，活血化瘀，用逐瘀止崩汤加减：生地15g、丹皮15g、赤芍15g、炒丹参15g、阿胶15g(烊化)、蒲黄15g(另包)、五灵脂15g、当归15g、制大黄12g、仙鹤草15g、茜草15g、甘草6g。

证属气阴两虚者，治当益气养阴，固冲止血，用参芪固经汤加减：党参15g、黄芪30g、当归12g、白芍15g、熟地15g、山药15g、山芋肉15g、丹皮15g、茜草15g、煅龙牡各30g、川续断15g、女贞子15g、旱莲草15g。

(2)手术治疗，目前仍是最常用的治疗方法。

①手术指征　肌瘤大于妊娠2.5个月的子宫大小，短期内迅速生长，有恶变可能，压迫症状明显，有明显症状及贫血，不孕，宫颈肌瘤，有蒂肌瘤突出于宫颈外口，肌瘤蒂扭转或合并感染控制后。

②手术时机及准备　有月经过多及阴道不规则流血者，应先行诊刮以排除子宫内膜恶性病变，术前检查宫颈，以排除癌前病变或癌；黏膜下肌瘤合并感染者，应控制感染后手术。

③手术方式：

黏膜下肌瘤摘除术。肌瘤脱出宫口者，将蒂扭断取下肌瘤，如蒂粗则划开黏膜进行剥离后，再将瘤拧下或切下，断端结扎或缝扎。

经腹肌瘤剔除术。适于年龄在35岁以下，要求生育，输卵管通畅，肿瘤无恶变者。手术要点即切口以在子宫前壁为好，在一个切口应尽量多剔除肌瘤，在子宫上应尽量少做切口；止血要彻底，注意不留死腔，缝合时勿穿透子宫内膜；避免损伤间质部输卵管，尽量做到子宫切口的腹膜化。

子宫全切或次全切术。子宫大于2.5个月妊娠大小，症状明显，已有子女者；肌瘤生长迅速有恶变可能者；压迫症状明显者；经保守治疗病情未控制而有继发贫血者；卵巢保留与否视患者年龄、卵巢情况而定。年龄在45岁以下者应保留卵巢，45~50岁以上者可切除一侧或双侧。次全切除手术简单，危险性小，但其宫颈残端仍有发生宫颈癌的可能，虽然机会不大，但一旦发生则处理较困难。

子宫动脉栓塞术。通过放射介入的方法，直接将动脉导管插至子宫动脉，注入永久性栓塞颗粒，阻断子宫肌瘤血供，以达肌瘤萎缩甚至消失。该项治疗禁忌症有盆腔炎症未控制者；希望保留生育功能者；动脉硬化患者；本身有血管造影禁忌症者。

【注意事项】

1.药物治疗子宫肌瘤普遍存在停药后复发的缺点，故尚不能完全替代手术治疗。

2.GnRHa 的副作用是由于低雌激素所引起的类绝经期综合征，如潮热、出汗、情绪不稳、骨质疏松、脂代谢异常、阴道干涩等，但均可耐受。用药 6 个月者骨质疏松一般不明显，药停后即可迅速恢复。

3.用达那唑时其副作用有体重增加、多毛、皮脂增加、痤疮、乳房缩小、声音改变、头痛、潮热、肌痛性痉挛等。但其症状多不严重，患者一般能耐受。已有肝功不全者，不宜服用。用药期间，转氨酶显著升高时应停药，药停后即可迅速恢复正常。

4.孕三烯酮与 GnRHa 相比可取得同样疗效但不引起因人工绝经带来的不良反应。其中不良反应主要是体重增加、痤疮、皮脂增加、潮热等，这些不良反应于停药后 2 个月内即可消失。

5. 50 岁以上全子宫、双侧卵巢切除者，可在随访下激素替代，以减少并发症的发生。

第二节 子宫内膜息肉

【诊断】

1.西医

(1)发病原因

发生于青春期以后的任何年龄，尤多见于 35 岁以上的妇女。是由子宫内膜局灶性增生过盛而成。可发生恶性变，但年轻妇女发生率为0.5%~1%,围绝经期为10%~15%。

(2)临床表现

①症状　因轻重程度不同而症状不一。较小的在宫腔内未破损时常无症状,往往于刮宫或切除子宫在检查标本时才发现。多发性弥漫型者常发生月经过多、经期延长或经前经后少量出血。大型、有长蒂脱出宫口或体外者,可发生继发感染、溃疡及变性时,常有大量的持续性出血或有恶臭的血性分泌物。

②体征　妇科检查有时可见脱出宫颈口外或阻塞在宫口的息肉,宫体正常大小或略增大。

(3)辅助检查

①阴道细胞涂片检查　无恶性细胞。

②病理检查　分段诊刮有助诊断。

③碘油造影　子宫碘油造影有助诊断。

④宫腔镜检查　可明确诊断。

2.中医

主要症候　白带增多,色黄、脓性或血性,有臭味,月经量多,经期延长或经前经后少量出血,接触出血。属血热者,伴经血多色深红质稠或鲜红,口渴烦热,小便色黄,苔黄,脉数有力;属气虚者,伴经血色淡红,神倦肢软,气短乏力,舌淡苔白,脉细缓无力;属血瘀者,伴经血色黯红,夹有血块,小腹胀痛,块下痛减,舌黯或紫,脉涩。

【鉴别诊断】

1.宫颈管息肉:蒂附着于宫颈管。

2.子宫黏膜下肌瘤:质较硬,色较息肉淡,不易出血。

3.子宫内膜腺癌:原发性良性子宫内膜息肉有时伴有腺癌变,与息肉样腺癌难于鉴别。

4.功能性子宫出血:各种检查未发现息肉。

【治疗】

1.治疗原则

以手术治疗为主。

2.手术方法

可根据息肉的大小、位置、形态和患者的年龄选择。

(1)息肉较大有蒂,位于子宫下段,可看到或摸到者,扩张宫颈摘除息肉。然后行宫腔搔刮术,将其余息肉刮出并送病检。

(2)小型局灶型或弥漫型者行刮宫术,注意全面搔刮,尤其宫底和宫角处。

(3)年龄在40岁以上,经常反复出血症状明显者,可行子宫全切术。

3.中医辨证施治

证属血热者,治当清热凉血,固冲止血,用清热固经汤加味:黄芩15g、焦栀子15g、生地15g、丹皮15g、生藕节15g、地榆15g、陈棕炭12g、阿胶15g(烊化)、小蓟15g、茜草15g。兼有肾虚证者,可加菟丝子15g、女贞子15g、旱莲草15g、续断15g,生地易熟地。

证属气虚者,治当健脾益气,固冲止血,用固本止崩汤合举元煎加味:人参15g、黄芪35g、焦白术15g、山药15g、熟地15g、升麻10g、乌贼骨15g、大枣5枚、女贞子15g、墨旱莲15g、川续断15g、煅龙牡各24g、茜草15g。

证属血瘀者,治当活血祛瘀,固冲止血,用失笑散合四物汤加味:蒲黄炭12g、五灵脂15g、当归15g、川芎15g、熟地15g、白芍15g、益母草15g、三七12g、茜草12g、阿胶15g(烊化)。兼小腹胀者,可加香附15g、乌药15g、川楝子15g;兼腹痛者,可加元胡15g、桃仁15g、三棱15g、莪术15g。

【注意事项】

将摘除的息肉和刮出的组织全部送病检,注意有无恶变。如有恶变和复发者,应及时行进一步治疗。

第三节　子宫肥大症

【诊断】

1.西医

(1)发病原因

多发病于年龄24~55岁之间,更多见于40岁前后的多产妇。多认为由以下因素所致:卵巢功能失调持续性雌激素过高;子宫长期持续性充血;分娩后慢性子宫复旧不全;慢性子宫肌层炎症,使子宫纤维化;原发性子宫肌层血管病变引起血管壁增厚及循环障碍。从而使子宫呈均匀性增大。

(2)临床表现

①症状　月经过多,经期延长或周期缩短,出血量多可致贫血,白带增多,经期下腹坠痛和腰骶酸痛。

②体征　妇科检查时子宫多呈后屈位,增大,一般如妊娠6~8周大小,质硬韧,常并发宫颈肥大。

(3)辅助检查

①B超检查　子宫呈均匀增大。

②病理检查　出血时子宫内膜活检常为分泌期或月经期内膜。

2.中医

主要症候　月经过多,经期延长,经期提前,白带量多,经行腹痛。属血热者,伴量多色鲜红或深红,质黏稠,尿黄便结,舌红苔黄,脉滑数;属气虚者,伴量多色淡红,质清稀,面色无华,倦怠乏力,腰骶酸痛,下腹坠痛,舌淡红苔少,脉虚细;属血瘀者,伴经血色黯红,夹有血块,小腹坠胀痛,块下痛减,舌黯或紫,脉涩。

【鉴别诊断】

1.功能性子宫出血:临床症状相似,但子宫内膜活检多为增生过长型。

2.子宫肌瘤：早期不易与子宫肥大症相鉴别，但随着肌瘤增大，通过超声检查可鉴别。

3.子宫腺肌症：早期与子宫肥大症相似，但子宫腺肌症常有继发性逐渐加重性痛经，有时合并外在性子宫内膜异位症。

4.子宫内膜癌：早期常被误诊为子宫肥大症，行诊刮术则可确诊。

5.子宫内膜息肉：月经过多与子宫增大症状和子宫肥大症相似，但子宫内膜息肉的子宫较软，宫颈肥大也不明显，超声检查、碘油造影和宫腔内窥镜均有助于鉴别诊断。

【治疗】

1.治疗原则

首先排除恶性肿瘤引起的子宫增大和月经过多，然后给予保守治疗。

2.治疗方法

(1)一般处理

注意改善全身情况，适当加强营养，避免精神过度紧张，劳逸结合。

(2)止血剂的应用

月经量多时可选择此类药物。

①安络血　口服，5~10mg/次，3次/日。

②宫血宁　口服，2粒/次，3次/日。

③云南白药　口服，2粒/次，3次/日。

④止血合剂　止血敏3g、止血芳酸300mg、维生素C 3g，加入5%葡萄糖250ml内静脉滴注，1次/日。

(3)月经过多的处理

①可肌肉注射缩宫素，10~20U/次，2次/日。

②育龄期者，可用避孕药周期治疗对减少月经出血量有较好疗效。

③对年龄较大者，可用甲基睾丸素，自月经第5天开始，含服，5~10mg/次，1次/日，连用21天，或丙酸睾丸酮，于月经来潮的当天肌注25mg，1次/日，连用3次或月经来潮的最后一天开始肌注25mg，1次/日，

连用5次。

(4)抗贫血剂的应用

①乳酸亚铁　口服,0.3g/次,2次/日。

②右旋糖酐铁　口服,100mg/次,3次/日。此药含铁量较高,胃肠道刺激小。

③富马酸铁　口服,0.2~0.4g/次,3次/日。

(5)中医辨证施治

证属血热者,治当清热凉血,固冲止血,用保阴煎加味:生地15g、熟地15g、黄芩15g、黄柏15g、白芍15g、山药15g、川续断15g、焦栀子15g、地榆炭12g、牡蛎粉24g、阿胶15g(烊化)、三七12g、生甘草6g。有血块者加益母草15g、红花10g。

证属气虚者,治当健脾益气,固冲止血,用人参养荣汤加减:人参10g、黄芪35g、焦白术15g、白芍15g、熟地15g、女贞子15g、墨旱莲15g、续断15g、菟丝子15g、茜草15g、益母草15g、蒲黄炭12g、甘草6g。

证属血瘀者,治当活血祛瘀,固冲止血,用失笑散合四物汤加味:蒲黄炭12g、五灵脂15g、当归15g、川芎15g、熟地15g、白芍15g、益母草15g、三七12g、茜草12g、阿胶15g(烊化)。兼小腹胀者,可加香附15g、乌药15g、川楝子15g;兼腹痛者,可加元胡15g、桃仁15g、三棱15g、莪术15g。

(6)手术治疗

经保守治疗无效,流血过多影响健康者或合并有其他手术指征者,可行子宫切除术。

【注意事项】

由于本病由多种病因所致,故文献中对此病有很多名称,如:子宫复旧不全、慢性子宫肌炎、子宫纤维化、弥漫性肌层硬化等,由于都不能全面概括此病的多种病因及病理变化,因而统称为子宫肥大症。

第四节 子宫血管瘤

【诊断】

1.西医

(1)发病原因

子宫血管瘤是一种罕见的子宫良性肿瘤，多见于30岁左右的妇女,其发病原因目前尚不清楚。可导致月经过多。位于宫腔的血管瘤发生溃破时,则出现阴道流血,出血量与破损的范围大小有关。

(2)临床表现

①症状 宫体血管瘤因有丰富的血管,所以月经来潮时出血量多,重者月经期易致血管破裂出现大量出血,甚至造成休克。宫颈血管瘤可出现接触性出血。

②体征 妇科检查时可触及子宫增大或子宫偏向一侧，重症者有囊性感如海绵样肿物,经前期更为明显,经后缩小。表浅的血管瘤常有捻发感或血管搏动。宫颈血管瘤可见界限清晰暗红色或紫色区域,压迫时退色,放松又恢复原状。

(3)辅助检查

①超声检查 彩超可明确诊断。

②血管造影 盆腔血管造影有助诊断。

③碘油造影 宫腔碘油造影有助诊断。

2.中医

主要症候 月经量多、突然暴下如注或接触性出血,色鲜红。属血热者,伴经色深红质稠或鲜红,面赤唇红,口渴心烦,小便色黄,苔黄,脉数有力;属气虚者,伴经色淡红,神倦肢软,气短乏力,面色无华,舌淡苔白,脉虚细无力;属血瘀者,伴经色黯红,夹有血块,小腹胀痛,块下痛减,舌黯或紫,脉细涩。

【鉴别诊断】

1.子宫肌瘤或肌瘤变性。

2.有蒂黏膜下血管瘤颇似黏膜下肌瘤和息肉。

3.附件囊性肿物。

【治疗】

1.治疗原则,以止血为主要目的。

2.治疗方法

(1)药物治疗,月经量多时可选择以下药物:

①安络血 口服,5~10mg/次,3 次/日。

②宫血宁 口服,2 粒/次,3 次/日。

③云南白药 口服,2 粒/次,3 次/日。

④止血合剂 止血敏 3g、止血芳酸 300mg、维生素 C 3g,加入 5%葡萄糖 250ml 内静脉滴注,1 次/日。

⑤中医辨证施治。

证属血热者,治当清热凉血,固冲止血,用清热固经汤加减:黄芩 15g、焦栀子 15g、生地 15g、丹皮 15g、生藕节 15g、地榆 15g、陈棕炭 12g、阿胶 15g(烊化)、大小蓟各 15g、茜草 15g、仙鹤草 15g、三七粉 6g(冲)、贯众炭 15g、川续断 15g。

证属气虚者,治当健脾益气,固冲止血,用固本止崩汤合举元煎加减:人参 15g、黄芪 30g、焦白术 15g、山药 15g、熟地 15g、升麻 10g、乌贼骨 15g、大枣 5 枚、女贞子 15g、墨旱莲 15g、川续断 15g、煅龙牡各 24g、三七粉 6g(冲)、茜草 15g。

证属血瘀者,治当活血祛瘀,固冲止血,用失笑散合四物汤加味:蒲黄炭 12g、五灵脂 15g、当归 15g、川芎 15g、熟地 15g、白芍 15g、益母草 15g、三七粉 6g(冲)、茜草 12g、阿胶 15g(烊化)、赤芍 15g、炮姜 10g。

(2)手术治疗

①有蒂黏膜下血管瘤突出于宫颈口者,在注意止血情况下,行阴式

血管瘤切除术。

②壁间血管瘤弥漫性侵入肌层，一般边界不清，行单纯血管瘤剔除术有一定困难。肿瘤较大，出血较多，经保守治疗无效者，宜行子宫切除术。

【注意事项】

如疑有宫腔血管瘤，诊断刮宫或合并不全流产清宫时，操作要慎重，以免损伤引起严重出血。

第五节　子宫内膜癌

【诊断】

1.西医

(1)发病原因

目前不十分清楚，可能与下列因素有关：

①长期持续的雌激素刺激　子宫内膜经雌激素长期持续的刺激，又无孕激素拮抗，可发生子宫内膜增生症甚至癌变。临床上大多数见于无排卵型疾病，如无排卵型功血、多囊卵巢综合征；分泌雌激素的肿瘤，如颗粒细胞瘤、卵泡膜细胞瘤；长期服用雌激素的绝经后妇女以及长期服用三苯氧胺的妇女均为子宫内膜样腺癌，肿瘤分化好，雌孕激素受体阳性率高，预后好。但另有与雌激素无明确关系者，如子宫内膜浆液性乳头状癌、透明细胞癌、腺鳞癌、黏液腺癌等，多见于年老体瘦妇女。癌灶周围可以是萎缩的子宫内膜，肿瘤分化差，恶性程度高，雌孕激素受体多呈阴性，预后不良。

②体质因素　肥胖、高血压、糖尿病、不孕及绝经延迟者易发生本病。

③遗传因素　约20%内膜癌患者有家族史。

(2)临床表现

①症状　极早期无明显症状，发展后出现症状则多表现为：阴道流血，多为绝经后，量一般不多，为持续性或为间歇性，尚未绝经者则经量

增多,经期延长或经间期出血;阴道排液,早期多为浆液性或浆液血性,晚期合并感染则为脓血性,并有恶臭;下腹及腰骶疼痛,晚期癌瘤浸润周围组织或压迫神经时多见下腹及腰骶部疼痛并向下肢及脚部放射,癌灶侵犯宫颈,堵塞宫颈管导致宫腔积脓时,见下腹胀痛及痉挛样疼痛;全身症状,晚期患者常伴贫血、消瘦、恶病质、发热及全身衰竭等。

②体征 早期时妇科检查无明显异常,当病情逐渐发展,可有子宫增大,稍软;晚期时偶见癌组织自宫口脱出,质脆易出血。合并宫腔积脓,子宫明显增大,极软,并有明显触痛。癌灶向周围浸润,子宫固定或在宫旁、盆腔扪及不规则结节状块物。

(3)辅助检查

①超声检查 B超检查可了解子宫大小、宫腔形状、宫腔内有无赘生物、子宫内膜厚度、肌层有无浸润及深度。早期见子宫正常大,仅见宫腔线紊乱、中断。典型内膜癌为子宫增大或绝经后子宫相对增大,宫腔内见实质不均回声区,形态不规则,宫腔线消失或见肌层内不规则回声紊乱区,边界不清,可作出肌层浸润程度的诊断。彩超显像可见混杂的斑点状或棒状血流信号,流速高,方向不定。频谱分析为低阻抗血流频谱。

②分段诊刮 是确诊内膜癌最常用最可靠的方法。能鉴别子宫内膜癌和宫颈管腺癌,也可明确子宫内膜癌是否累及宫颈管。先用小刮匙环刮宫颈管,刮出物装瓶标记,再进宫腔搔刮内膜,刮出物装瓶标记,送病理检查。

③细胞学检查 宫颈刮片、阴道后穹隆涂片、宫颈管吸片(用特制的宫腔吸管)取材作细胞学检查,阳性率分别为50%、65%、75%;宫腔刷放入宫腔吸取分泌物找癌细胞,阳性率达90%,但操作较复杂,此法作为筛查,最后确诊须根据病理检查。

④宫腔镜检查 能直接观察宫腔及宫颈管内有无癌灶及癌灶大小、生长部位、形态,并可取活组织送病检,减少对早期子宫内膜癌的漏诊。

⑤其他 如MRI、CT检查、血清CA_{125}测定及淋巴造影等可协助判

断病变范围，有子宫外癌肿播散者其血清 CA_{125} 值明显升高。

(4)临床分期

采用国际妇产科联盟(FIGO，1971)的临床分期：

0期　腺瘤样增生或原位癌(不列入治疗效果统计)。

Ⅰ期　病变局限于宫体。

Ⅰa　宫腔长度≤8cm。

Ⅰb　宫腔长度>8cm。

根据组织学分类Ⅰa及Ⅰb期又分为3个亚期即G1高分化腺癌；G2中分化腺癌；G3未分化癌。

Ⅱ期　癌已侵犯宫颈。

Ⅲ期　癌扩散至子宫以外盆腔内（阴道或宫旁组织可能受累)，但未超出真骨盆。

Ⅳ期　癌超出真骨盆或侵犯膀胱黏膜、直肠黏膜，或有盆腔以外的播散。

Ⅳa　癌侵犯附近器官，如直肠、膀胱。

Ⅳb　癌有远处转移。

(5)手术—病理分期(FIGO，2000)

Ⅰ期　癌局限于宫体。

Ⅰa　癌局限于子宫内膜。

Ⅰb　侵犯肌层≤1/2。

Ⅰc　侵犯肌层>1/2。

Ⅱ期　癌扩散至宫颈，但未超越子宫。

Ⅱa　仅累及宫颈管腺体。

Ⅱb　浸润宫颈间质。

Ⅲ期　癌局部和(或)区域转移。

Ⅲa　癌浸润至浆膜和(或)附件，或腹水含癌细胞，或腹腔冲洗液阳性。

Ⅲb　癌扩散至阴道。

Ⅲc　癌转移至盆腔和(或)腹主动脉旁淋巴结。

Ⅳ期　癌超出真骨盆或侵犯膀胱黏膜及直肠黏膜，或有盆腔以外的远处转移。

Ⅳa　癌浸润膀胱黏膜和(或)直肠黏膜。

Ⅳb　远处转移(不包括阴道、盆腔黏膜、附件以及腹主动脉旁淋巴结转移,但包括腹腔内其他淋巴结转移)。

2.中医

主要症候　绝经后腹中癥块或有下腹及腰骶部疼痛，并向下肢及脚部放射,带下量多,质清稀或为脓性,有恶臭,或阴道流血,为持续性或为间歇性,尚未绝经者则经量增多、经期延长或经间期出血,面色苍白,形体消瘦,发热等。属肝肾阴虚者,伴眩晕耳鸣,咽干颧红,舌黯苔薄白,脉细数;属湿毒壅结者,伴咽干口苦,烦热纳少,舌淡红,苔黄腻,脉弦数或弦细无力。

【鉴别诊断】

1.绝经过渡期功血:可见月经紊乱,经量增多,经期延长,经间期出血,不规则流血等。

2.老年性阴道炎:可见血性白带,检查时可见阴道黏膜变薄、充血或有出血点、分泌物增多等。

3.子宫黏膜下肌瘤或内膜息肉:可见月经过多,经期延长,可通过B超、宫腔镜、分段诊刮协助鉴别。

4.输卵管癌:可见间歇性阴道排液,阴道流血,下腹隐痛。也可有附件包块。B超有助诊断。

5.宫颈管癌、子宫肉瘤:均可有阴道排液增多或不规则阴道流血。宫颈管癌尚有宫颈管变粗、硬、呈桶状。

6.老年性子宫内膜炎合并宫腔积脓:阴道排液增多,浆液性、脓性或脓血性。

【治疗】

1.治疗原则

应根据子宫大小、肌层是否被浸润、宫颈管有无累及、癌细胞分化程度及患者全身情况等而定。

2.治疗方法

主要为手术、放疗及药物治疗,可单用或综合应用。

(1)手术治疗

首选的治疗方法,尤其对早期患者。

Ⅰ期应行筋膜外全子宫切除及双侧附件切除术。具有以下情况之一者,应行盆腔及腹主动脉旁淋巴结取样和(或)清扫术:病理类型为透明细胞癌、乳头状浆液性腺癌、鳞形细胞癌、未分化癌或 G_3 的内膜样癌;侵犯肌层深度不少于 1/2;肿瘤大于 2cm。

Ⅱ期应行广泛子宫切除术及双侧盆腔淋巴结及腹主动脉旁淋巴结清扫术。术中进入腹腔后,应立即取腹水,若无腹水则注入生理盐水 200ml 冲洗腹腔,离心沉淀后找癌细胞。Ⅲ、Ⅳ期的患者手术范围也与卵巢癌相同,应进行肿瘤细胞减灭术。

(2)手术加放射治疗

Ⅰ期患者腹水中找到癌细胞或深肌层已有癌浸润,淋巴结可疑或已有转移,手术后均需加用放射治疗。$^{60}C_0$ 或 $^{137}C_S$ 腔内照射;$^{60}C_0$ 或直接加速器体外照射。

术前放疗。Ⅱ、Ⅲ期患者根据病灶大小,可在术前加用腔内或腔外放射治疗,可缩小癌灶,创造手术条件,放疗后 1~2 周内进行手术。体外照射结束 4 周后进行手术。但自广泛采用 FIGO 的手术—病理分期以来,术前放疗已很少使用。

术后放疗。主要的术后辅助治疗,可明显降低局部复发,提高生存率。对已有深肌层浸润、淋巴结转移、盆腔及阴道残留病灶者术后均需加用放疗。

(3)放射治疗

多在手术前后加放疗，能阻止癌扩散，降低种植转移率，减少阴道复发。腺癌虽对放射线不敏感，但老年或有严重合并症不能耐受手术与Ⅲ、Ⅳ期患者不宜手术者均可考虑放射治疗，仍有一定效果。放疗应包括腔内照射及体外照射。

(4)孕激素治疗

对晚期、复发患者不能手术切除，或年轻、早期、要求保留生育功能者，均可考虑孕激素治疗。用药剂量要大，甲羟孕酮 200~400mg/d，口服，1次/日；乙酸孕酮 50mg，肌注，2次/周；甲地孕酮 160mg/d，口服，1次/日，至少用 10~12 周才能评价有无效果。但可引起水钠潴留、浮肿、药物性肝炎等，停药后可逐渐好转。

(5)抗雌激素制剂治疗

大剂量可抑制癌细胞有丝分裂，适应症与孕激素相同。他莫昔芬为非甾体类抗雌激素药，也有弱雌激素作用。先用他莫昔芬 2 周使孕激素受体含量上升后再用孕激素治疗或与孕激素同时应用。一般用他莫昔芬 10~20mg，口服，2次/日。

(6)化疗

孕激素无效时，可考虑化疗，是晚期、复发者综合治疗措施之一或用于术后有复发高危因素者。可与孕激素合并使用。乳头状浆液性腺癌术后应给予化疗，化疗方案目前多主张用的有：

①ADM+DDP 方案　阿霉素(ADM)60mg/m²，静脉滴注，早 6 点；顺铂(DDP)60mg/m²，静脉滴注，晚 6 点。4 周重复一疗程。共 6 个疗程。ADM 最大耐受量为 480mg/m² 或不超过 8 个疗程。

②CTX+ADM+DDP 方案　环磷酰胺(CTX)50mg/m²，静脉滴注；阿霉素(ADM)50mg/m²，静脉滴注；顺铂(DDP)50mg/m²，静脉滴注。4 周重复一疗程。

③动脉化疗　可提高肿瘤内的药物浓度，使肿瘤缩小，同时减少对

全身免疫系统的影响,因而可提高疗效。对有危险复发因素的临床Ⅰ、Ⅱ期患者或复发的子宫内膜癌患者,目前常采用动脉插管化疗。

经皮股动脉穿刺插管,将管端置入腹主动脉下端分叉处,注入造影剂,连续摄片后超选择至肿瘤供血动脉,向肿瘤血管区注入掺有明胶海绵颗粒及溶解于60%的泛影葡胺的水溶性抗癌药物。

动脉注射泵化疗,将动脉注射导管从股深动脉旋髂支逆行插入,先端达到第2腰椎上缘附近固定。导管通过皮下从右锁骨附近引出体外,末端与持续性动脉注射泵连接,在动脉注射盒内同时注入5-Fu 2 000mg 和尿激酶6 000U。全量为40ml,每天5ml(5-Fu 250mg/d)。如注射顺铂则为10mg/d,1次/日,10天为1疗程,间隔时间为2~3周。

④腹腔化疗　对腹膜细胞学阳性病例，采用腹腔化疗作为辅助化疗之一。常用药物为顺铂50~100mg或阿霉素20~40mg同时注入生理盐水1 000ml。

⑤系统的辅助化疗　对手术和放疗后的早期子宫内膜癌，如存在1个或以上危险复发因素的临床Ⅰ、Ⅱ期患者应行辅助化疗以控制复发。美国GOG协议书34号提出对具有高危因素的早期患者的系统辅助化疗模式,见表4-1。

表4-1　系统辅助化疗治疗早期子宫内膜癌的程序

全子宫切除术、双侧附件切除和选择性盆腔和腹主动脉旁淋巴结切除术： (1)肌层浸润深度>1/2； (2)全盆腔淋巴结和(或)腹主动脉旁淋巴结阳性； (3)镜检累及宫颈； (4)附件转移。
放射治疗： 腹主动脉旁淋巴结阴性者,全盆腔体外照射50Gy/5~6周； 腹主动脉旁淋巴结阳性者,腹主动脉区45Gy,盆腔体外照射50Gy/5~6周。 每3个月随访1次。

(7)中医辨证施治

证属肝肾阴虚者,治当养肝益肾,清热解毒,用知柏地黄丸加减:知母15g、黄柏 15g、生地 15g、山药 15g、山芋肉 15g、土茯苓 30g、枸杞子 15g、丹皮 12g、白花蛇舌草 30g、半枝莲 24g、荆芥炭 15g、女贞子 15g、旱莲草 15g、甘草 6g。

证属湿毒壅结者,治当清热利湿,解毒散结,用黄连解毒汤加减:黄连15g、黄芩 15g、黄柏 15g、大黄 6g、栀子 15g、土茯苓 30g、薏苡仁 30g、赤芍 15g、丹皮 15g、半枝莲 30g、白花蛇舌草 30g、黄芪 30g、当归 15g、丹参 15g。

【注意事项】

1.患者的治疗方案应根据其子宫大小、有无肌层浸润、是否累及宫颈管、癌细胞分化程度及全身情况等确定。

2.化疗前及化疗中应适当用止吐药、抗过敏药、镇静药。

3.用顺铂时应同时水化利尿,平均每日补液 3 000~4 000ml,保持尿量>2 500ml/d,警惕肾毒性致急性肾功衰竭。

4.他莫昔芬副反应有潮热、畏寒、急躁等类围绝经期表现,骨髓抑制可见白细胞、血小板计数下降,此外尚有头晕、恶心、呕吐、不规则阴道出血、闭经等。

5.孕激素治疗效果与患者的病理分级及雌、孕激素受体情况有密切关系。病理为高分化者效果好,反之则差;雌、孕激素受体阳性者效果好,反之则差。

6.本病的预后与 3 方面因素有关:癌瘤恶性程度及病变范围包括病理类型、组织学分肌层浸润深度、淋巴转移及子宫外病灶等;患者全身情况;治疗方案的选择。

7.治疗后应定期随访,一般术后 2~3 年内每 3 个月 1 次,3 年后每 6 个月 1 次,5 年后每年 1 次。大多数复发在术后 2~3 年内。随访内容包括病史,新的症状,盆腔三合诊,阴道细胞学涂片,X 线胸片,血清 CA_{125}

检测等，必要时可做 CT、MRI 检查。

8.本病的预防应做到：普及防癌知识，定期体检；重视绝经后妇女阴道流血和围绝经期妇女阴道异常流血的诊治；正确掌握雌激素应用指征及方法；对有高危因素的人群应密切随访或检测。

第六节 子宫腺肌病

【诊断】

1.西医

(1)发病原因

一般认为多次妊娠和分娩时造成子宫壁创伤和慢性子宫内膜炎可能是导致本病的主要原因。另外，过量雌激素的刺激促进内膜向肌层生长，或内膜碎片经血管、淋巴管扩散导致深肌层内孤立病灶，也有学者认为是基底层子宫内膜增生、侵入肌层间质的结果。目前关于引起内膜基底层和间质增生的因素有 4 种理论：与遗传有关；剖宫产、刮宫等损伤；高雌激素血症；病毒感染。其中高雌激素血症与子宫腺肌病的关系更重要。

(2)临床表现

①症状 本病多发生于 30~50 岁经产妇。临床主要表现是月经不调，如经量增多、经期延长和继发性痛经并逐渐加剧。痛经常在月经来潮的前一周就开始至月经结束。部分患者可有不明原因的月经中期阴道流血、性欲减退等。年轻患者可伴不孕。约 30%患者无任何临床症状，所以有时与子宫肌瘤症状相似，不易鉴别。

②体征 妇科检查子宫呈均匀性增大，一般不超过孕 8 周子宫大小，或有局限性结节隆起，质硬有压痛，经期压痛尤为明显。经期子宫增大，质软，经后缩小。

(3)辅助检查

①B 超检查　见子宫均匀增大,肌壁回声不匀,可见蚯蚓状或条索状低回声区,但特异性不强,子宫壁包块与正常肌肉界限不清,内可见小囊样低回声反射,与子宫肌瘤的声象不易区别。

②子宫碘油造影　见子宫腔增大,碘油溢入肌层形成憩室样球形隆起,有助于诊断,但阴性时也不能排除本病。

③病理检查　子宫壁增厚而硬,后壁常明显,切面上肌壁间夹杂有粗厚的肌纤维带和小囊腔,其中偶见陈旧血液。子宫腺肌瘤时病变局部呈结节状,与周围组织分界不清。镜检病变区可见子宫内膜腺体及间质从而确诊。

④CT 检查　有一定帮助。

⑤MRI 检查　见在正常的子宫内膜强回声外,环绕一低强带信号,厚度大于 5mm 的不均匀的回声带为子宫腺肌病的典型影像,月经前后对比,图像发生变化,病灶内有出血时可见大小不等的强回声信号。

2.中医

主要症候　月经量多,经期延长,经前、经期小腹疼痛,呈进行性加重。属寒凝血瘀者,伴小腹冷痛,遇热痛有所减轻,舌紫黯苔白,脉沉弦或沉紧;属气滞血瘀者,伴经前心烦易怒,胸胁乳房胀痛,舌紫黯或有瘀斑瘀点,苔白,脉弦涩;属气虚血瘀者,伴小腹空坠,倦怠乏力,舌淡黯,脉虚弦。

【鉴别诊断】

1.子宫肌瘤:月经量增多,但多无痛经;子宫增大或有不规则突出;B 超检查,肌瘤结节为边界清晰的局限性低回声区,但与子宫腺肌瘤难以区别。子宫肌瘤常与子宫腺肌症并存。

2.子宫肥大症:月经量多,但无痛经;子宫均匀性增大,一般相当妊娠 6 周的子宫大小,很少超过 8 周妊娠大小;B 超检查,子宫增大,肌壁回声均匀。

【治疗】

1.治疗原则

根据患者年龄、生育要求和症状,给予缓解症状,消除病灶。

2.治疗方法

药物或手术治疗。

(1)药物治疗

目前尚无根治本病的有效药物。对症状较轻者可用非甾体类抗炎药、口服避孕药等对症治疗,对病变轻,要求生育的年轻女性,可调节卵巢功能,治疗不孕症。妊娠可使症状缓解或用于保守性手术后有残留者。

①消炎痛　口服,25mg/次,2~3次/日。

②消痛灵　口服,200~300mg/次,2~3次/日。

③达那唑　口服,200mg/次,2~3次/日,从月经第一天开始,持续用药6个月。若痛经不缓解或不出现闭经时,可加大剂量至200mg/次,4次/日,也可用达那唑栓含175mg放于子宫内。

④促性腺激素释放激素激动剂(GnRHa)　对年轻、有要求生育和近绝经期患者可试用该药治疗,可使疼痛缓解或消失,子宫缩小,但停药后症状复现,子宫增大。常用药有亮丙瑞林缓释剂3.75mg,皮下注射,或戈舍瑞林3.6mg,皮下注射,以后每隔28天再注射一次,共3~6次。

⑤米非司酮　口服,12.5~25mg/d,3~6个月为1疗程。

⑥左炔诺孕酮皮下埋置缓释剂　为一种长效缓释高效孕激素避孕剂,含左炔诺孕酮216mg,有效期5年。

⑦含左炔诺孕酮的宫内节育器　宫内放置含左炔诺孕酮的宫内节育器,对月经过多有明显疗效。有效期5年。

⑧中医辨证施治。

证属寒凝血瘀者,治当温经散寒,活血化瘀,用少腹逐瘀汤加减:炮干姜12g、肉桂12g、小茴香12g、蒲黄15g、五灵脂15g、元胡15g、乳香15g、没药15g、三棱15g、莪术15g、炙鳖甲24g、甘草6g。

证属气滞血瘀者，治当理气行滞，化瘀止痛，用血府逐瘀汤加减：柴胡 15g、川芎 15g、香附 15g、桃仁 15g、红花 10g、赤芍 15g、丹参 15g、三棱 15g、莪术 15g、枳壳 15g、炙鳖甲 24g。

证属气虚血瘀者，治当益气化瘀，活血止痛，用益气化瘀汤加减：党参 15g、黄芪 30g、当归 12g、川芎 15g、赤芍 15g、三棱 15g、莪术 15g、没药 15g、香附 15g、炙鳖甲 24g、昆布 15g。

(2)手术治疗

适用于药物治疗后症状不缓解，局部病变加剧或生育功能仍未恢复者；卵巢子宫内膜异位囊肿直径大于 5~6cm，尤其是迫切希望生育者。手术方式有：

①保留生育功能手术 子宫动脉栓塞术，月经干净 7 天内进行，经右侧股动脉穿刺成功后，以 Sledinger 技术将直径 5.0F 的 CobraC2 导管置入腹主动脉左右髂总动脉分叉上 2cm 处造影，在数字减影造影系统(DSA)显像下摄取盆腔 DSA 影像，显示盆腔血管情况，在导丝或同轴微导管引导下超选择插管至一侧子宫动脉，用混有抗生素、造影剂的新鲜明胶海绵颗粒(直径 1~3mm)栓塞至出现反流现象，同法栓塞对侧子宫动脉，并经造影证实栓塞完全，拔出导管，加压包扎穿刺点；病灶切除术，该术后复发率约 40%。

②保留卵巢功能手术 将盆腔内病灶及子宫予以切除，保留至少一侧卵巢或部分卵巢以维持患者的卵巢功能。适于年龄在 45 岁以下无生育要求的重症患者。该术后复发率很少。

③根治性手术 将子宫、双侧附件及盆腔内所有异位子宫内膜病灶切除和清理。

(3)药物和手术联合治疗

手术治疗前先用药物治疗 3 个月以使异位病灶缩小、软化，这样能使手术时缩小范围，有利于手术操作。对手术不彻底或疼痛不能缓解者，术后给予 3~6 个月的药物治疗。对本病合并不孕者，手术治疗能提高术后妊娠率，治疗效果取决于病变的程度。术后不应用药物巩固治疗而应行促排卵等治疗。

【注意事项】

1.有胃、十二指肠溃疡、肝肾功能不全，或孕妇及哺乳期妇女，血液病患者，不宜用消炎痛、消痛灵、达那唑、促性腺激素释放激素激动剂等药物。可用米非司酮。

2.子宫动脉栓塞术，近期效果好，远期效果仍在观察中，并可引起相应组织坏死，故只有在其他方法治疗无效时方才采用。

第七节　子宫肉瘤

【诊断】

1.西医

(1)发病原因

病因不明，多见于40~60岁妇女。来源于子宫肌层和肌层内的结缔组织、血管或子宫内膜的结缔组织，是一种中胚叶肿瘤；亦可来自中胚层各种衍生成分如骨、软骨、脂肪、横纹肌或继发于子宫平滑肌瘤等。根据不同的组织发生来源，子宫肉瘤有：平滑肌肉瘤、内膜间质肉瘤（低度恶性、高度恶性）、恶性中胚叶混合瘤。

①平滑肌肉瘤　约占子宫肉瘤的半数，有原发性和继发性两种。原发性发生自子宫肌壁或肌壁间血管壁的平滑肌组织，呈弥漫性生长，与子宫壁之间无明显界限，无包膜；继发性为原已存在的平滑肌瘤恶变，常自肌瘤中心部分开始向周围扩展，往往侵及包膜。

②内膜间质肉瘤　低度恶性有宫旁组织转移倾向，较少发生淋巴结及肺转移，子宫有颗粒或小团块状突起，质如橡皮，富有弹性；高度恶性肉瘤多发生在子宫底部的内膜，呈息肉状向宫腔突起，质软而脆，常伴有出血坏死，预后差。

③恶性中胚叶混合瘤　含癌和肉瘤两种成分，恶性程度很高，多见于绝经后妇女。晚期可侵入肌层和周围组织，肿瘤质软，表面光滑呈息肉状生长，常为多发性或分叶状。

(2)临床表现

本病多发生于50岁左右的女性。

①症状　早期症状不明显。常见症状是不规则阴道流血，量或多或少；肉瘤生长快，子宫迅速增大或瘤内出血、坏死，子宫肌壁破裂常突然发作下腹部、腰痛、盆腔疼痛或持续性胀痛；白带异常，早期呈稀水样，逐渐发展呈洗肉水样，合并感染坏死则呈脓血性，恶臭，并有腐烂的组织物排出；下腹部肿块迅速长大，若压迫膀胱和直肠可出现尿频、尿急、尿潴留、大便困难等症状；晚期出现恶病质，伴腹水，低热，贫血及全身衰竭。

②体征　妇科检查时子宫呈不同程度增大，质软，平滑肌肉瘤子宫呈均匀性增大，如为肌瘤肉瘤样变可形态不规则，呈多个结节状；如为息肉状或葡萄状肉瘤，可突出于宫颈口外或阴道内，呈紫红色，质脆而软，易出血。晚期盆腔可触及浸润性肿块与周围脏器粘连并固定，可转移至肠管及腹腔，但腹水少见。

(3)辅助检查

①超声检查　B超及彩色超声检查可协助诊断。

②病理检查　分段诊刮是有效的辅助诊断方法。最后确诊还要根据病理切片检查结果协助诊断。

③X线胸部拍片　检查肺部有无转移。

④CT检查　可协助诊断。

(4)临床分期

常用国际抗癌协会(UICC)分期法：

Ⅰ期　癌肿局限于宫体。

Ⅱ期　癌肿已浸润至宫颈。

Ⅲ期 癌肿已超出子宫范围，侵犯盆腔其他脏器及组织，但仍局限于盆腔。

Ⅳ期 癌肿超出盆腔范围，侵犯上腹腔或已有远处转移。

2.中医

主要症候 阴道流血，量或多或少，突发下腹部、腰痛或持续胀痛，白带增多，稀水样渐血水样，甚者脓血性，气味臭秽，或有腐烂物排出。下腹部癥块迅速长大，或见尿频、尿急、尿潴留、大便困难，继则身体消瘦，腹部胀大。属肝肾阴虚者，伴眩晕耳鸣，咽干颧红，手足心热，舌黯苔薄白，脉细数；属湿毒壅结者，伴咽干口苦，烦热纳少，舌淡红，苔黄腻，脉弦数或弦细无力；属气阴两虚者，伴头晕目眩，面色苍白，神疲乏力，心悸气短，口燥咽干，舌淡红苔少，脉虚细而数。

【鉴别诊断】

1.子宫肌瘤：月经量多，但多无疼痛；子宫增大或有不规则突出；B超检查，肌瘤结节为边界清晰的局限性低回声区。

2.子宫腺肌病：经量增多，经期延长，逐渐加剧的进行性痛经，痛经常在月经来潮的前一周就开始，至月经结束。

3.子宫内膜癌：月经过多，经期延长或周期缩短，出血量多可致贫血，白带增多，经期下腹坠痛和腰骶酸痛。

4.子宫内膜息肉：月经过多、经期延长或经前经后少量出血。大型有长蒂脱出宫口或体外者，可发生继发感染、溃疡及变性时常有大量的持续性出血，或有恶臭的血性分泌物。

5.老年性阴道炎和子宫内膜炎：可见血性白带，阴道排液增多，浆液性、脓性或脓血性。

【治疗】

1.治疗原则

以手术为主。根据病情分期，术后加用化疗或放疗有可能提高疗效。

2.治疗方法

(1)手术治疗

Ⅰ期行全子宫及双侧附件切除术。因子宫肉瘤易向宫旁直接蔓延形成血管肉瘤栓，故应做较广泛的子宫切除术。早期行全子宫切除是最好的治疗时机。

宫颈肉瘤、子宫肉瘤Ⅱ期、癌肉瘤，应行广泛性子宫切除及双侧盆腔淋巴结清扫术，必要时行腹主动脉旁淋巴结活检。

(2)化疗

目前对肉瘤化疗效果较好的药物有顺铂、阿霉素、环磷酰胺、长春新碱、更生霉素等，常用二药或三药联合方案，均5天为一疗程，静脉注射。二药联合方案为每3周重复一疗程；三药联合方案为每4周重复一疗程。平滑肌肉瘤以含有阿霉素方案疗效为佳，恶性中胚叶混合瘤以含有环磷酰胺、顺铂的方案疗效为佳。化疗方案有：

①阿霉素+顺铂(AP方案) 第1天，阿霉素(ADM)50mg/m²，静脉滴注；第1~5天，顺铂(DDP)20mg/m²，静脉滴注。3周重复一疗程。

②顺铂+氮烯咪胺(PDIC方案) 第1~5天，顺铂(DDP)20mg/m²，静脉滴注；第1~5天，氮烯咪胺(DTIC)250mg/m²，静脉滴注。3周重复一疗程。

③阿霉素+顺铂+氮烯咪胺(APDIC方案) 第1天，阿霉素(ADM)50mg/m²，静脉滴注；第1~2天，顺铂(DDP)50mg/m²，静脉滴注；第1~5天，氮烯咪胺(DTIC)200mg/m²，静脉滴注。4周重复一疗程。

④长春新碱+阿霉素+氮烯咪胺(VADIC方案) 第1天，长春新碱(VCR)1.5~2mg/m²，静脉滴注；第1天，阿霉素(ADM)50mg/m²，静脉滴注；第1~5天，氮烯咪胺(DTIC)250mg/m²，静脉滴注。4周重复一疗程。

⑤长春新碱+更生霉素+环磷酰胺(VKC方案) 第1天，长春新碱(VCR)1.5~2mg/m²，静脉滴注；第1~5天，更生霉素(KSM)300mg/m²，静脉滴注4~6小时；第1~5天，环磷酰胺(CTX)5~7mg/(kg·d)，静脉滴注。3~4周重复一疗程。

(3)放疗

恶性中胚叶混合瘤和高度恶性子宫内膜间质肉瘤对放疗较敏感，故在术前或术后加用放疗可提高疗效。

(4)孕激素治疗

低度恶性子宫内膜间质肉瘤及一部分高度恶性内膜间质肉瘤细胞含雌、孕激素受体，为性激素依赖肿瘤，孕激素治疗有一定疗效，常用甲羟孕酮或甲地孕酮，以大计量为宜，并应长期服用。甲羟孕酮，400mg，口服，1次/日，7天后改400mg，3次/周，至显效后改为400~1 000mg，1次/月，长期持续；甲地孕酮，160mg，1次/日，至显效后改为160~400mg，1次/月，长期持续，也可用乙酸孕酮，500mg，肌肉注射，1次/日，1月后改为500mg，2次/周，维持，或用上述口服药长期维持。

(5)中医辨证施治

证属肝肾阴虚者，治当养肝益肾，清热解毒，用知柏地黄丸加减：知母15g、黄柏15g、熟地15g、山药15g、山芋肉15g、土茯苓30g、泽泻12g、丹皮12g、白花蛇舌草30g、半枝莲24g、荆芥炭15g、甘草6g。

证属湿毒壅结者，治当清热利湿，解毒散结，用黄连解毒汤加减：黄连15g、黄芩15g、黄柏15g、大黄6g、栀子15g、土茯苓30g、薏苡仁30g、赤芍15g、丹皮15g、半枝莲30g、白花蛇舌草30g。

证属气阴两虚者，治当益气养阴，固冲止血，用参芪固经汤加减：党参15g、黄芪30g、当归12g、白芍15g、熟地15g、半枝莲30g、白花蛇舌草30g、丹皮15g、茜草15g、土茯苓30g、川续断15g、女贞子15g、旱莲草15g。

【注意事项】

1.诊刮有一定局限性。由于子宫肉瘤组织复杂，分段诊刮物送病检可因刮出物太少而易被误诊为腺癌，有时可因取材不当及刮出坏死组织而致误诊或漏诊。若病灶位于肌层内，尚未侵犯子宫内膜，单靠刮宫无法诊断。

2.多数复发患者已失去手术治疗的机会,故多以放疗、化疗或孕激素治疗为主。以争取最佳疗效为宜。

3.术后放疗能有效降低局部复发率,术后化疗可减少远处转移。早期患者术后预防性化疗或与放疗并用,有可能减少复发及提高疗效。

4.化疗前及化疗中适当用止吐药、抗过敏药、镇静药。用顺铂时应同时水化利尿,平均每日补液 3 000~4 000ml,保持尿量>2 500ml/d,警惕肾毒性。化疗后应注意检测白细胞及血小板。

5.本病复发率高,预后差,5 年生存率约 20%~30%。预后与肉瘤类型、恶性程度、肿瘤分期、有无血管、淋巴转移及治疗方法的选用有关。子宫平滑肌肉瘤的恶性程度低,预后较好。恶性中胚叶混合瘤和高度恶性子宫内膜间质肉瘤恶性程度高,预后差。

第五章 卵巢与输卵管出血性疾病

第一节 附件炎

【诊断】

1.西医

(1)发病原因

分娩、流产、经期不洁、邻近器官发生炎症(如阑尾炎、结肠憩室炎等直接蔓延)、放置宫内节育器、未经严格消毒而进行的宫腔操作(输卵管通液、刮宫手术、碘油造影)、宫颈管治疗、消毒不严的产科手术、月经期不卫生等均可导致附件被感染而引起炎症。由于炎症可引起盆腔瘀血,因此急性期也常并发子宫内膜炎。

(2)临床表现

①症状 急性炎症时常有下腹剧痛,多为双侧或一侧,腹痛可放射到大腿,发热,体温在 38°C 以上,寒战,头痛,可有腹胀、腹泻,尿频、尿急,阴道有脓性或脓血性分泌物流出;慢性炎症时有下腹坠胀、疼痛、腰骶部酸痛,在劳累、性交、排便及经期前后加剧,月经量多,经期延长,或不规则出血,或月经失调,白带增多。

②体征 妇科检查急性炎症时可见宫颈红肿,阴道内有脓性或血性分泌物,双合诊因有宫颈触痛,附件区压痛及反跳痛而拒检;慢性炎症时子宫常呈后位,活动受限或粘连固定,一侧或双侧附件有片状增厚,或触及增粗的输卵管,或摸到囊性包块,多不规则,有压痛并与周围组织粘连,推动宫颈触痛更明显;有时可见宫颈口有脓性分泌物排出,

子宫有压痛。

(3)辅助检查

①实验室检查　血象中白细胞明显增多，每升血液可达 2.0×10^9~2.5×10^9,中性粒细胞增高,血沉加快达 20~30mm/h。即使白细胞增加不多,体温也不太高,但血沉明显增快时也应考虑有急性炎症存在。

②后穹隆穿刺　腹腔液中白细胞计数远高于正常值。同时可做细菌培养及药敏。

③B 超检查　基本可分辨炎症或肿瘤。

④X 线检查　对慢性附件炎可行输卵管通液、碘油造影以排除外生殖器结核。

⑤腹腔镜检查　既可诊断也可治疗。

2.中医

主要症候　白带增多,下腹坠胀、疼痛、腰骶部酸痛,在劳累、性交、排便及经期前后加剧,月经量增多或月经失调。属热毒壅结者,伴发热、寒战、头痛、下腹疼痛拒按,白带多呈脓性或脓血性,秽臭,舌红苔黄腻,脉滑数;属湿热壅阻者,伴低热起伏,小腹隐痛,缠绵日久,大便秘结,小便黄赤,舌红苔黄,脉濡数;属脾虚湿盛者,伴小腹隐痛,缠绵不休,带下量多质清稀,舌淡红苔薄,脉缓弱;属气滞血瘀者,伴小腹胀痛或刺痛,经色黯有血块,经行腹痛,块下痛减,经前乳胀或痛,白带量多,色白或黄,舌紫黯边有瘀点,脉弦弱而涩;属肾气虚损者,伴小腹疼痛,日久不愈,反复发作,带下量多,质稀清冷,腰痛酸楚,头晕耳鸣,神疲气短,舌淡黯苔薄白,脉沉细。

【鉴别诊断】

1.急腹症:急性阑尾炎、卵巢囊肿蒂扭转、异位妊娠与黄体破裂、子宫内膜异位症等(见表 5–1)。可通过询问病史,妇科检查,化验,B 超检查,后穹隆穿刺,腹腔镜检查等进行鉴别。

表 5-1 急性附件炎与常见妇科急腹症的鉴别诊断

病　　名	急性附件炎	急性阑尾炎	卵巢囊肿蒂扭转	异位妊娠与黄体破裂	子宫内膜异位症
病　　史	逐渐发生，有反复发作史	可有转移性右下腹痛	突然发生或有腹部肿块史	突然发作，有停经史	痛经、经量多或经期延长，原发不孕或继发不孕
腹痛部位	下腹两侧，偶有一侧	右下腹	下腹一侧	先在一侧下腹，后发展到全腹，仍以下腹为主	经期全下腹痛或剧痛
腹痛性质	持续性腹痛	持续性腹痛逐渐加重	阵发性剧烈绞痛	持续性腹痛或阵发性加重	持续在月经期，月经过后腹痛消失
腹痛特征	压痛可轻可重，多为两侧	右下腹压痛、反跳痛、腹肌紧张	有压痛、腹肌紧张、可摸到有压痛的肿块	下腹压痛、反跳痛、腹肌紧张较轻	无明显压痛及反跳痛
其他症状	发热一般较高，有时畏寒	体温轻度升高	恶心、呕吐，早期不发热	恶心，内出血症状或休克	可伴腰痛、性交痛、肛门坠痛、肛门坠胀或稀便
妇科检查	两侧附件压痛或增厚	—	肿块与附件有关系	宫颈举痛，后穹隆穿刺有血，附件有包块	盆腔可及结节，有触痛，可触及包块
化　　验	白细胞计数升高	白细胞计数升高	白细胞计数升高	贫血	白细胞计数可升高，CA_{125}可升高

2.卵巢囊肿：卵巢囊肿肿块一般多为卵圆形或圆球形，与周围组织无粘连。

3.输卵管及卵巢癌：早期无症状，一旦出现症状则局部和全身均较明显。

【治疗】

1.治疗原则

急性期应卧床休息,给予充分的营养和水分;用足量抗生素彻底治疗,避免形成慢性炎症。

2.治疗方法

(1)抗生素的应用

宜根据药敏结果选用抗生素，在药敏结果出来之前选用广谱抗生素,结合病情的轻重决定用药剂量和途径。

①青霉素与氨基糖甙类及甲硝唑(或替硝唑)联合:青霉素640万~960万U/d,静脉滴注;阿米卡星400mg/d,静脉滴注;甲硝唑注射液500mg/d或替硝唑800mg/d,静脉滴注。7~10天为一疗程。

②头孢拉啶2~3g/次,2次/日,静脉滴注,或头孢唑林钠4~5g/次,1次/日,静脉滴注,或头孢夫辛钠1.5~3.0g/次,2次/日,静脉滴注,或头孢曲松钠2g/次,1次/日,静脉滴注,或凯福隆2g/次,1~2次/日,静脉滴注,或头孢噻肟钠2g/次,2次/日,静脉滴注。7~10天为一疗程。

③克林霉素900mg/次,1次/日,静脉滴注;庆大霉素24万U/次,1次/日,静脉滴注。

④氧氟沙星400mg/次,1次/日或环丙沙星400mg/次,1次/日,静脉滴注;甲硝唑500mg/次,2次/日或替硝唑800mg/次,1次/日,静脉滴注。7~10天为一疗程。

(2)中成药的应用

①妇炎康或妇科千金片　口服,6片/次,3次/日,10天一疗程。

②桂枝茯苓胶囊　口服,3粒/次,3次/日,经期停服。

③金刚藤胶囊　口服,4片/次,3次/日,14天一疗程。

(3)中医辨证施治

证属热毒壅结者,治当清热解毒,利湿化瘀,用银翘解毒汤加减:银花15g、连翘15g、红藤24g、薏苡仁30g、蒲公英15g、败酱草15g、丹皮

15g、生栀子 15g、乳香 15g、没药 15g、赤芍 15g、元胡 15g、川楝子 15g、桃仁 15g。

证属湿热壅阻者，治当清热利湿，活血止痛，用银甲汤加减：银花 15g、鳖甲 24g、连翘 15g、蒲公英 30g、红藤 30g、茵陈 15g、紫花地丁 15g、乳香 15g、没药 15g、赤芍 15g、丹参 15g、当归 15g、大黄 6g(后下)、竹叶 6g。

证属脾虚湿盛者，治当健脾益气，除湿止痛，用完带汤加减：党参 15g、白芍 15g、山药 15g、苍术 15g、白术 15g、陈皮 15g、柴胡 12g、车前子 15g(另包)、白芥子 12g、苡仁 30g、椿根皮 15g、甘草 6g。

证属气滞血瘀者，治当疏肝理气，化瘀止痛，用隔下逐瘀汤加减：当归 15g、川芎 15g、赤芍 15g、丹皮 15g、乳香 15g、没药 15g、乌药 15g、桃仁 10g、红花 6g、枳壳 15g、柴胡 15g、香附 15g、小茴香 10g、甘草 6g。

证属肾气虚损者，治当补肾益阳，化湿止带，用二仙汤加味：仙茅 15g、仙灵脾 15g、巴戟天 15g、当归 15g、白芍 15g、黄柏 12g、知母 12g、牛膝 15g、桑寄生 15g、川续断 15g、菟丝子 15g　芡实 15g、薏苡仁 30g、甘草 6g。

(4)物理疗法

常用微波、超短波、蜡疗、离子导入等。

(5)手术治疗

①附件肿块明显，如输卵管积水或附件囊肿，同时又不能排除肿瘤，对年龄较大已有子女者，则行双侧附件及全子宫切除手术治疗；年轻者应尽量保留部分附件。只有输卵管积水者，只切除输卵管，保留卵巢。

②仅有输卵管粘连，但未形成包块，有生育要求者，可行输卵管复通手术，并分离周围粘连。

③症状反复发作，经保守治疗无效，可行手术切除病灶。

【注意事项】

1.手术前后应用抗生素控制炎症。

2.手术范围以能获得彻底清除病灶,达到治愈为目的。

第二节 卵巢非赘生性囊肿

一、卵泡囊肿

【诊断】

1.西医

(1)发病原因

卵泡囊肿形成的原因有:

①卵泡排卵后,卵泡腔内液体仍不断增加,使卵泡增大而形成。

②慢性盆腔炎和卵巢下垂等,使卵巢血运障碍,造成排卵期后仍继续存在有过度成熟卵泡不能排卵而形成。

(2)临床表现

①症状 第一种原因所致者,因此类囊肿无内分泌功能,液体吸收或囊壁破裂往往可自行消失,故临床可无任何症状;第二种原因所致者,可发生子宫内膜增生或增生过长,临床上表现为无排卵型功血,偶可发生囊肿破裂或蒂扭转引起急腹症。

②体征 妇科检查时可在附件区触及壁薄的囊性肿物,一般直径多不超过 4cm,偶可达 7~8cm。多为单发。

(3)辅助检查

①超声检查 B 超可诊断,阴式 B 超更有利于明确诊断。

②病理检查 囊肿小者清楚可见退变的卵泡膜细胞,较大者因囊壁变薄,细胞扁平,与浆液性囊瘤瘤壁的被覆上皮相似,组织学上常诊断为单纯型囊肿。

2.中医

主要症候　经量增多、经期延长，或经血非时而下，量或多或少，或突发剧烈下腹痛，多为一侧。属脾虚湿盛者，伴小腹隐痛，缠绵不休，带下量多质清稀，舌淡红苔薄，脉缓弱；属气滞血瘀者，伴小腹胀痛或刺痛，经色黯有血块，经行腹痛，块下痛减，经前乳胀或痛，白带量多，色白或黄，舌紫黯边有瘀点，脉弦弱而涩；属脾气虚弱者，伴经血色淡红，神倦肢软，气短乏力，舌淡苔白，脉细缓无力。

【鉴别诊断】

1.黄体囊肿：黄体囊肿为月经前的卵巢持续增大，常伴阴道流血或急腹症。而卵泡囊肿为排卵前至排卵后卵巢持续增大，若发生破裂时，一般不伴阴道流血。

2.异位妊娠：急腹症临床症状与发生卵泡破裂相似，但异位妊娠HCG阳性，而卵泡破裂HCG阴性。

3.卵巢肿瘤：肿瘤直径>5cm，肿瘤迅速增大和（或）转变为实质性者。

【治疗】

1.治疗原则

无症状者可不予处理，但须定期随诊；有症状者应根据情况采取相应治疗。

2.治疗方法

（1）无排卵型功血的药物治疗

①孕激素　可使子宫内膜变为分泌期而止血。但对有贫血，血红蛋白在6克以下者不宜用。

黄体酮。肌注，20mg，1次/日，连用5天。

复方黄体酮（黄体酮20mg，雌二醇2mg）。1次/日，连用5天，一般能止血。

甲羟孕酮（安宫黄体酮）。口服，10mg/次，2次/日，连用5天。用于月经过多者，自月经第5天开始，口服，2~4mg/次，3次/日，连用21天。

炔诺酮。口服，2.5~8mg/次，1次/6时，血止后连用21天，用法：每

3 日递减原剂量的 1/3 量至维持量 5mg/d。

②雄激素　多用于围绝经期者。可减少出血量，常与其他药配合使用。

丙酸睾丸酮。当用雌激素时，用药的最后 5 天加用黄体酮外，用本品 25mg，肌注，1 次/隔日，连用 3 次。

甲基睾丸素。自月经第 5 天开始，含服，5~10mg/次，1 次/日，连用 21 天。

③联合用药　止血效果优于单一用药。

妈富隆或敏定偶(复方孕二烯酮)。口服，1 片/次，1 次/6 时，血止后连用 20 天，用法：每 3 日递减原剂量的 1/3 量至维持量 1 片/日。

三合激素(黄体酮 12.5mg，雌二醇 1.25mg，睾酮 25mg)。多用于围绝经期功血，肌注，2ml/次，1 次/12 时，血止后递减原剂量的 1/3 量至 1 次/3 日，共用 20 天。

④调整月经周期。

雌、孕激素序贯疗法(人工周期)。适于青春期、育龄期者。可用妊马雌酮、已烯雌酚或诺坤复，于出血第 5 天起，口服每晚 1 次，连服 20 天。于服药第 11 天起，每天加用黄体酮 10mg，肌注，或甲羟孕酮 10mg，口服，两药同时用完。一般连续用药 3~6 个周期。

雌、孕激素合并应用。适于育龄期功血内源性雌激素水平较高者或止血周期撤退性出血量较多者及绝经过渡期功血。常用口服避孕药，如复方炔诺酮(口服避孕药 1 号)或妈富隆或敏定偶，于出血第 5 天起，每晚 1 次，连服 21 天。连用 3 个周期。此法开始即用孕激素以限制雌激素的促内膜生长作用，使撤药性出血血量减少，其中雌激素可预防治疗过程中孕激素的突破性出血。

⑤促排卵　适于青春期、育龄期功血。

氯米芬(CC)。适于体内有一定雌激素水平者。于出血第 5 天起，50mg/晚，连服 5 天。若无排卵，可逐月自 100mg/d，150mg/d 递增。一般连用 3 个周期，不宜长期应用，以免引起多胎妊娠或发生卵巢过度刺激综合征(由于雌激素过量引起卵巢极度增大,出现胸腹水、电解质紊乱、少尿、休克等,甚至危及生命)。

绒促性素(HCG)。适于体内 FSH 有一定水平、雌激素中等水平者。B 超监测卵泡发育接近成熟时,以本品 5 000~10 000U 肌注,以诱发排卵。亦可与其它促排卵药联用。

尿促性素(HMG)。于出血干净后,以本品 1~2 支(每支含 FSH、LH 各 75U),肌注,1 次/日,至卵泡发育成熟则停用,加用绒促性素 5 000~10 000U 肌注。

⑥中医辨证施治。

证属脾虚湿盛者,治当健脾益气,除湿止痛,用完带汤加减:党参 15g、白芍 15g、山药 15g、苍术 15g、白术 15g、陈皮 15g、柴胡 12g、车前子 15g(另包)、白芥子 12g、苡仁 30g、椿根皮 15g、甘草 6g。

证属气滞血瘀者,治当疏肝理气,化瘀止痛,用隔下逐瘀汤加减:当归 15g、川芎 15g、赤芍 15g、丹皮 15g、乳香 15g、没药 15g、乌药 15g、桃仁 10g、红花 6g、枳壳 15g、柴胡 15g、香附 15g、小茴香 10g、甘草 6g。

证属脾气虚弱者,治当健脾益气,固冲止血,用固本止崩汤合举元煎加减:人参 15g、黄芪 35g、焦白术 15g、山药 15g、熟地 15g、升麻 10g、乌贼骨 15g、大枣 5 枚、女贞子 15g、墨旱莲 15g、川续断 15g、煅龙牡各 24g、茜草 15g。

(2)手术治疗

有下列情况者应行剖腹探查术:

①突然发生一侧下腹痛,和(或)有腹腔内较多内出血;

②囊肿逐渐增大或转变为实质性者;

③绝经后一年以上的妇女发生卵泡囊肿者;

④年龄较大伴有腹痛、月经不调及不规则出血,经对症治疗无效者。

【注意事项】

1.因其他指征行剖腹手术时发现卵泡囊肿,应检查对侧卵巢是否正常,如对侧卵巢正常可将患侧切除并切开检查,必要时做冰冻切片明确性质。

2.需要保留卵巢时,对较大的囊肿可行剜除术,如囊肿较小可用针刺囊壁放出囊液即可。

二、黄体囊肿

【诊断】

1.西医

(1)发病原因

正常黄体是囊性结构,在垂体促黄体生成激素的影响下,囊性黄体持续存在,使囊腔不断增大或由于黄体血肿形成初期,腔内出血量增多,形成较大血肿,后血液被部分或完全吸收,而形成黄体囊肿。此类囊肿由于持续分泌孕激素,常使月经延迟。若囊肿破裂可出现腹痛及阴道流血。

(2)临床表现

①症状 月经延迟,继而出现不规则阴道流血,偶尔囊肿破裂出血引起急腹症并伴阴道流血。

②体征 妇科检查时可在患侧扪到小型压痛的包块,直径一般多不超过 4cm,偶可达 10cm。

(3)辅助检查

①超声检查 B 超可诊断,阴式 B 超更有利于明确诊断。

②病理检查 囊肿形成的早期,见附于囊壁上的黄色膜层为黄体细胞组成,后期囊壁纤维化并有不同程度的玻璃样变性。

2.中医

主要症候 经量增多、经期延长,或经血非时而下,量或多或少,或突发剧烈下腹痛,多为一侧。属脾虚湿盛者,伴小腹隐痛,缠绵不休,带下量多质清稀,舌淡红苔薄,脉缓弱;属气滞血瘀者,伴小腹胀痛或刺痛,经色黯有血块,经行腹痛,块下痛减,经前乳胀或痛,白带量多,色白或黄，舌紫黯边有瘀点，脉弦弱而涩；属脾气虚弱者，伴经血色淡红，神倦肢软，气短乏力，舌淡苔白，脉细缓无力。

【鉴别诊断】

1.卵泡囊肿：排卵前至排卵后卵巢持续增大，若发生破裂时，一般不伴阴道流血。而黄体囊肿为月经前的卵巢持续增大，常伴阴道流血或急腹症。

2.异位妊娠：急腹症临床症状与黄体破裂极为相似，但异位妊娠HCG阳性，而黄体破裂HCG阴性。

3.卵巢肿瘤：肿瘤直径>5cm，肿瘤增长迅速，和(或)转变为实质性者。

【治疗】

1.治疗原则

妊娠早期合并黄体囊肿，一般不需处理，因多数可自行消失，但应严密观察。有月经延迟、不规则阴道流血或发生破裂急性出血时应根据情况采取相应治疗措施。

2.治疗方法

(1)药物治疗

对月经延迟，继而出现不规则阴道流血者可按功血处理。

①调整月经周期。

雌、孕激素序贯疗法(人工周期)。适于青春期、育龄期者。可用妊马雌酮、已烯雌酚或诺坤复，于出血第5天起，口服，每晚1次，连服20天。于服药第11天起，每天加用黄体酮10mg，肌注，或甲羟孕酮10mg，口服，两药同时用完。一般连续用药3~6个周期。

雌、孕激素合并应用。适于育龄期功血内源性雌激素水平较高者或止血周期撤退性出血量较多者及绝经过渡期功血。常用口服避孕药，如复方炔诺酮(口服避孕药1号)或妈富隆，或敏定偶，于出血第5天起，每晚1次，连服21天。连用3个周期。此法开始即用孕激素以限制雌激素的促内膜生长作用，使撤药性出血血量减少，其中雌激素可预防治疗过程中孕激素的突破性出血。

②雄激素的应用　用雄激素抑制垂体促黄体生成激素，以期黄体囊肿逐渐消失。常用甲基睾丸素，含服，5~10mg/次，1次/日。

(2)中医辨证施治

证属脾虚湿盛者，治当健脾益气，除湿止痛，用完带汤加减：党参15g、白芍15g、山药15g、苍术15g、白术15g、陈皮15g、柴胡12g、车前子15g(另包)、白芥子12g、苡仁30g、椿根皮15g、甘草6g。

证属气滞血瘀者，治当疏肝理气，化瘀止痛，用隔下逐瘀汤加减：当归15g、川芎15g、赤芍15g、丹皮15g、乳香15g、没药15g、乌药15g、桃仁10g、红花6g、枳壳15g、柴胡15g、香附15g、小茴香10g、甘草6g。

证属脾气虚弱者，治当健脾益气，固冲止血，用固本止崩汤合举元煎加减：人参15g、黄芪35g、焦白术15g、山药15g、熟地15g、升麻10g、乌贼骨15g、大枣5枚、女贞子15g、墨旱莲15g、川续断15g、煅龙牡各24g、茜草15g。

(3)手术治疗

对发生急腹症者应行剖腹探查术。

【注意事项】

1.妊娠早期合并黄体囊肿，应严密观察，一般不需处理，因多数可自行消失。

2.本病在确定手术治疗前应进行短期随访，复查应于月经干净后进行，如囊肿4~6周内缩小或无增大，则可继续随访2~4个月；如囊肿继续增大，肿瘤直径>5cm时则应剖腹探查。

3.服用避孕药者，如近期发现卵巢增大，应高度怀疑肿瘤的可能。

三、黄素囊肿

【诊断】

1.西医

(1)发病原因

临床上常并见于葡萄胎及妊娠滋养细胞病变(侵蚀性葡萄胎、绒毛膜癌)。由于大量 HCG 刺激卵巢卵泡内膜细胞发生黄素化而形成囊肿。此外,可见于多胎妊娠或应用促性腺激素(克罗米芬)诱发排卵等原因。

(2)临床表现

①症状　一般无临床症状,偶可发生破裂或蒂扭转而表现为急腹症。

②体征　囊肿常为双侧,也可为单侧,一般直径 8~10cm,大小不等,范围可在 3~25cm,多为囊性,内含透明或褐色液体。

(3)辅助检查

①B 超检查　常见双侧卵巢囊性肿块,大小在 3~25cm,一般直径 8~10cm。

②巨检　壁薄透亮,表面分叶状,光滑,呈淡黄色;囊腔常充满清色、淡黄或褐黄色液体。

③病理检查　囊肿为多房性,囊壁由粒层细胞和卵泡膜细胞组成。光镜下见囊壁为内衬 2~3 层黄素化卵泡膜细胞。囊壁上常附有一层黄色胶冻样物质。

2.中医

主要症候　妊娠后较早出现恶心呕吐且严重,腹部异常胀大,时有腹痛,腹痛常伴阴道流血,或可见全身水肿或突发剧烈下腹痛,多为一侧。属气滞血瘀者,伴小腹胀痛或刺痛,色黯或有血块,白带量少,色白或黄,舌紫黯边有瘀点,脉弦弱而涩;属脾气虚弱者,伴血色淡红,神倦肢软,气短乏力,面色苍白,舌淡苔白,脉细缓无力。

【鉴别诊断】

卵巢肿瘤:肿瘤直径>5cm,肿瘤增长迅速,和(或)转变为实质性,不一定可见葡萄胎及妊娠滋养细胞病变。

【治疗】

1.治疗原则

此类囊肿一般在分娩后或水泡状胎块清除后 2~4 个月可自行消

失，或囊肿受压破裂液体流出后可被吸收。个别病例仍不能消失者，可用雄激素或中药治疗。极少需手术治疗。

2.治疗方法

(1)雄激素的应用

甲基睾丸素10mg，舌下含服，1次/日，一般10天左右可消失。

(2)中医辨证施治

证属气滞血瘀者，治当疏肝理气，化瘀止痛，用隔下逐瘀汤加减：当归15g、川芎15g、赤芍15g、丹皮15g、乳香15g、没药15g、乌药15g、茜草15g、三七粉6g(冲)、香附15g、仙鹤草15g、甘草6g。

证属脾气虚弱者，治当健脾益气，固冲止血，用固本止崩汤合举元煎加减：人参15g、黄芪30g、焦白术15g、山药15g、熟地15g、升麻10g、乌贼骨15g、阿胶15g(烊化)、大枣5枚、女贞子15g、墨旱莲15g、川续断15g、煅龙牡各24g、茜草15g。

(3)手术治疗

发生破裂或蒂扭转者，可行囊肿摘除术。

【注意事项】

由于子宫异常增大，在葡萄胎排空前一般较难通过妇科检查发现，多由B超检查作出诊断。

第三节　卵巢子宫内膜异位症

【诊断】

1.西医

(1)发病原因

该病为子宫内膜异位症中最常见者，其发病原因至今尚未完全阐明，以生育年龄妇女多见。而且该病发病率近年来有明显增高趋势。目前关于卵巢子宫内膜异位症主要有以下学说：

①种植学说里有经血倒流说　使子宫内膜腺上皮和间质细胞经输卵管进入腹腔，种植于卵巢，并在卵巢生长和蔓延，形成卵巢子宫内膜异位症。

②体腔上皮化生学说　认为异位内膜细胞来源于盆腔腹膜的体腔上皮化生。由具有高度化生潜能的体腔上皮在受到卵巢激素、经血以及慢性炎症刺激后，被激活而转化成内膜组织。

③诱导学说　遗传因素即本病有一定的家族倾向；免疫因素即由于患者免疫力低下，清除盆腔活性子宫内膜细胞能力减低，从而导致本病的发生发展，也可能与免疫耐受有关，就是机体把异位内膜当成自体组织而不进行清除；炎症即与临床腹膜炎有关，表现在患者的腹液中白细胞特别是巨噬细胞、细胞分裂活动、生长因子和血管生成提升物质均增加。

(2)临床表现

①症状　常见痛经、腹痛持续整个经期，常于经前1~2天出现，月经第一天最剧烈，以后逐渐减轻，月经干净后疼痛消失；有的持续慢性下腹疼痛，经期加剧；有的月经失调和不孕，可能与卵巢无排卵或黄体功能不足等有关；急性下腹痛，常于经期前后、经期、排卵期囊肿破裂，囊内容物流入腹腔所致，并伴恶心、呕吐、肛门坠胀等。但也有约1/4患者无任何症状。

②体征　较大的卵巢子宫内膜异位囊肿在腹部可扪及囊性包块，囊肿破裂时可出现腹膜刺激征。妇科检查可发现一侧或双侧卵巢增大，质较硬，有触痛，与子宫粘连，活动受限，由于常有月经样反复周期性出血，致卵巢胀大，形成内含陈旧性积血的囊肿。也称为巧克力囊肿。

(3)辅助检查

①超声检查　阴道和腹部B超是诊断卵巢子宫内膜异位囊肿的重要手段。超声检查可确定囊肿的位置、大小和形状，显示较厚的囊肿壁，粗糙不平，与周围脏器特别是子宫粘连，囊肿呈囊性、混合性，但以囊性最多见。但囊肿的回声图像无特异性，故不能确诊。

②CA_{125}值测定　中、重度患者血清CA_{125}值可能会升高，但一般均为轻度升高，多低于100IU/ml。

③腹腔镜检查　是目前诊断该病的最佳方法。

④抗子宫内膜抗体　卵巢子宫内膜异位症患者60%以上呈阳性。说明体内有异位内膜刺激及其体内免疫内环境改变。

2.中医

主要症候　下腹癥块，经前或经期腹痛，月经不调，不孕。属气滞血瘀者，伴经前或经期小腹胀痛，拒按，胸胁乳房胀痛，经行不畅，色紫黯有血块，块下痛减，舌淡紫或有瘀点，脉弦涩；属寒凝血瘀者，伴经前或经期小腹冷痛，拒按，得温痛减，经行量少，色黯有块，舌紫黯或有瘀点瘀斑，脉沉紧；属湿热壅结者，伴经前或经期小腹灼痛，拒按，痛连腰骶或平时小腹疼痛，至经前加重，月经量多或经期延长，白带量多，色黄臭秽，舌红苔黄腻，脉濡数；属气虚血瘀者，伴经期或经后小腹隐痛，喜揉喜按，月经量少，色黯淡质稀，神疲乏力，头晕心悸，面色少华，舌淡苔薄，脉细弱；属肾虚血瘀者，伴经行量少，色黯淡质稀，头晕耳鸣，腰膝酸软，舌黯苔薄白，脉沉细而涩。

【鉴别诊断】

1.子宫腺肌病：痛经症状与本病相似，甚至更剧烈，但子宫呈对称性增大，质较硬，经期检查时子宫压痛明显。

2.卵巢癌：有盆腔粘连性肿块及腹痛，但疼痛多为持续性，而非周期性。

3.慢性盆腔炎：有盆腔粘连性包块及有压痛和不孕症，腹痛为经常性而非周期性，经抗炎可以达到有效治疗。

4.卵巢非赘生性囊肿：如卵泡囊肿、黄体囊肿、黄素囊肿等，尤其囊腔内有陈旧性出血者。

【治疗】

1.治疗原则

缓解症状，改善生育功能及防止复发。

2.治疗方法

轻度患者先行药物治疗；重度患者有生育要求者行保留生育功能手术，无生育要求的年轻患者行保留卵巢功能手术，术后用性激素巩固疗效，无生育要求的年长患者考虑行根治性手术。

(1)药物治疗

①对症治疗　常选用氟灭酸，口服，0.2g/次，3次/日；布洛芬300mg/次，口服，2次/日。均可缓解症状，经期前使用至症状消失。

②性激素疗法　常选用下列疗法：

短效避孕药。18-甲基炔诺酮0.3mg/d和炔诺酮0.03mg/d，口服，连续6~12个月。出现突破性出血时，18-甲基炔诺酮可增至0.6~0.9mg/d和炔诺酮增至0.06~0.09mg/d，口服。

高效孕激素。甲羟孕酮20~50mg/d，口服，连续服用6个月，或醋酸炔诺酮5mg/d，连续6个月，口服，或羟孕酮250mg/次，肌注，2次/周，共3个月，随后每月肌注250mg，共3~6个月。单一孕激素疗法副反应较小，妊娠率亦较高。

达那唑。400~800mg/d，口服，从月经第1天开始，连续服用6个月。停药4~6周月经恢复，受孕率为50%~70%。肝功能不全者不宜服用。

孕三烯酮(内美通)。2.5mg/次，口服，2次/周，从月经第1天开始，连续服用6个月。该药副反应较达那唑小，停药后受孕率可达60%。

促性腺激素释放激素激动剂(GnRHa)。此法又称“药物性卵巢切除”。用GnRHa已酰胺0.2~0.4mg鼻腔喷雾，3次/日，或GnRHa皮下注射，1次/日，均自月经第1天开始，连续用药6个月。此法可明显改善症状和体征，但受孕率不理想。

(2)手术治疗

手术可在腹腔镜下或剖腹直视下进行。

①保留生育功能手术　手术中尽量切除或灼除内膜异位灶，但保留子宫及双侧、一侧或至少部分卵巢。

②保留卵巢功能手术　手术中切除盆腔内病灶及子宫，以杜绝子宫内膜再经输卵管逆流和蔓延,但保留至少一侧或部分卵巢。

③根治性手术　手术中切除子宫、双侧附件及盆腔内所有异位病灶。

(3)中医辨证施治

证属气滞血瘀者,治当行气活血,祛瘀止痛,用隔下逐瘀汤加减:当归15g、赤芍15g、川芎15g、丹皮12g、桃仁15g、红花12g、三棱15g、莪术15g、香附15g、乌药15g、元胡15g、川楝子15g、枳壳15g、甘草6g。

证属寒凝血瘀者,治当温经散寒,祛瘀止痛,用少腹逐瘀汤加减:小茴香12g、干姜12g、肉桂12g、吴茱萸15g、当归15g、赤芍15g、川芎15g、乳香15g、没药15g、三棱15g、莪术15g、蒲黄15g、五灵脂15g、水蛭15g。

证属湿热壅结者,治当清热除湿,化瘀止痛,用清热调血汤加减:生地15g、丹皮15g、赤芍15g、川芎15g、黄连12g、黄柏15g、三棱15g、莪术15g、桃仁12g、红花10g、红藤15g、薏苡仁30g、甘草6g。

证属气虚血瘀者,治当益气活血,祛瘀止痛,用黄芪健中汤加减:黄芪30g、党参15g、白芍15g、桂枝10g、三棱15g、莪术15g、炮姜10g、焦白术15g、鸡血藤30g、益母草30g、焦艾叶10g、川芎15g、甘草6g。

证属肾虚血瘀者,治当益肾调经,祛瘀止痛,用归肾丸合桃红四物汤加减:生地15g、熟地15g、山药15g、山芋肉15g、茯苓15g、仙茅15g、肉桂12g、枸杞子15g、菟丝子15g、杜仲15g、桃仁15g、红花15g、当归15g、赤芍15g、川芎15g、甘草6g。

【注意事项】

1.对先天性生殖道畸形如阴道横隔、无孔处女膜、宫颈闭锁或后天性炎症阴道狭窄、宫颈管粘连等引起的经血潴留,均应及时手术治疗,以免经血逆流入腹腔。

2.经期一般不做盆腔检查,若有必要,应尽量避免重压子宫。

3.凡进入宫腔的经腹手术,均应用纱布垫保护好子宫切口周围术野,以防宫腔内容物溢入腹腔,缝合子宫壁时应避免缝针穿透子宫内膜层。

4.人工流产负压吸宫时,吸管应缓慢拔出,否则腔内外压差过大,宫腔内血液和子宫内膜有随负压被吸入腹腔的可能。

第四节　多囊卵巢综合征

【诊断】

1.西医

(1)发病原因

目前病因尚未完全明了,但总由下丘脑—垂体系统的调节功能失调而导致持续无排卵。可能与下述因素有关:

①垂体促性腺激素的分泌失调　由于垂体对 GnRH 敏感性增加,分泌过量的 LH 及卵巢中作为雄激素形成酶的细胞色素的功能失调,导致卵巢间质、卵泡膜细胞产生过量雄激素,过高水平的雄激素间接影响促性腺激素的分泌。

②高胰岛素血症和胰岛素抵抗　胰岛素促进器官、组织和细胞吸收、利用葡萄糖的效能下降时称胰岛素抵抗。为维持正常的血糖水平,机体代偿性分泌更多的胰岛素,形成高胰岛素血症。约有一半本病患者(特别是肥胖患者)存在胰岛素抵抗,是由于胰岛素受体基因突变、受体底物-Ⅰ或受体后葡萄糖转运的缺陷。高水平的胰岛素与卵巢内的胰岛素样生长因子系统协同作用,导致卵泡膜细胞和间质细胞的过度增殖,生成的雄激素更加增多,更加重了高雄激素血症。

③肾上腺内分泌功能异常　一般认为本病雄激素的增多主要来自卵巢,但也有些病例则主要来自肾上腺,是与促肾上腺皮质激素的靶细胞敏感性增加或功能亢进有关。也有是卵巢和肾上腺皮质的共同参与

下，两者都发生障碍使雄激素增加。

④遗传因素　部分多囊卵巢综合征患者存在明显的家族聚集性，主要以常染色体显性方式遗传。

(2)临床表现

①症状　月经失调，常表现为月经稀发、经量少或闭经。临床上可见先是月经稀发(周期逐渐延长)或过少，继则出现闭经的发展过程，也有少数患者表现为月经过多或不规则出血；不孕，因持续排卵障碍及月经失调，异常的激素环境可影响卵子的质量、子宫内膜的容受性甚至胚胎的早期发育，即使妊娠也易发生流产；多毛、痤疮，因高雄激素所致，表现为体毛丰盛，尤其是阴毛和腋毛，分布呈男性型，痤疮与体内雄激素积聚刺激皮脂腺分泌过盛有关；肥胖，由于雄激素过多，长期的雌激素刺激或其他内分泌、代谢紊乱和遗传特征，引起脂肪的堆积，不但腹壁，而且腹腔内脏器官间也出现脂肪堆积，后者的危害更大，更易导致代谢异常、心血管疾病等远期合并症。另外，肥胖的发生与多囊卵巢综合征的发生发展存在相互促进的作用，肥胖患者的胰岛素抵抗及高胰岛素血症促进多囊卵巢综合征的发展；黑棘皮症，与胰岛素抵抗及高胰岛素血症有关。局部皮肤出现或大或小的天鹅绒样、片状，角化过度，呈灰棕色色素沉着的病变，常分布在颈后、腋下、乳房下、外阴、腹股沟等皮肤皱褶处，呈对称性，皮肤增厚，质地柔软。

②体征　双侧卵巢对称性增大，约为正常的2~5倍。光滑，与周围组织无粘连，无压痛。

③远期合并症　肿瘤(如子宫内膜癌、乳腺癌等)，心血管疾病(如冠心病、高血压等)，糖尿病。

(3)辅助检查

①内分泌检查：

血清FSH、LH测定。FSH值偏低，LH值升高，LH/FSH大于2~3。LH无周期性排卵前峰值出现。

血清睾酮、双氢睾酮、雄烯二酮浓度测定。睾酮水平通常不超过正常范围上限2倍，双氢睾酮、雄烯二酮浓度正常或轻度升高。

尿17-酮类固醇测定。正常或轻度升高。正常时提示雄激素来源于卵巢，升高时提示肾上腺功能亢进。

血清雌激素测定。E_2 为正常值或稍增高，其水平恒定，缺乏周期性变化，E_1/E_2 高于正常周期。

血清PRL测定。部分患者PRL轻度增高。

其他。应测定空腹血糖及口服葡萄糖耐量试验（OGTT），有条件时测定空腹胰岛素水平（正常值<20μg/ml）及葡萄糖负荷后血清胰岛素最高浓度（正常值<150μg/ml）。

②B超检查　子宫小于正常，双侧卵巢增大，包膜回声增强，间质丰富。可见多个2~8mm直径的无回声区围绕卵巢边缘，称为项链征。连续检测未见主导卵泡发育及排卵迹象。

③基础体温测定　多表现为单相型。

④孕激素试验　因有一定的雌激素水平，故本试验为阳性。

⑤诊断性刮宫　于月经来潮前数日或来潮6小时内刮出的子宫内膜呈增生或增殖改变，无分泌变化。年龄大于35岁者应常规诊刮，可及早发现子宫内膜不典型增生或子宫内膜癌。

⑥腹腔镜检查　见卵巢增大，包膜增厚，表面光滑，呈灰白色，有新生血管。包膜下显露多个卵泡，但无排卵迹象（排卵孔、血体和黄体）。取卵巢组织送病检可明确诊断。

⑦代谢的变化　糖耐量试验异常，高密度脂蛋白水平降低，低密度脂蛋白水平升高。

2.中医

主要症候　月经稀少甚至闭经，毛发增多，体态肥胖，不孕，阴唇、颈背部、腋下、乳房下等处皮肤出现灰褐色变化，对称，患处皮肤增厚，但柔软。属肾气虚损者，伴月经量少，色淡质稀，头晕耳鸣，腰膝酸软，舌淡苔白，脉细无力；属痰湿阻滞者，伴带下量多，头晕头重，四肢倦怠，舌胖大苔白腻，脉滑或濡；属气滞血瘀者，伴经行腹痛，精神抑郁，胸胁胀满，舌紫黯边尖有瘀点，脉弦涩。

【鉴别诊断】

1.卵巢的多囊样改变：青春期或生育期妇女的卵巢也可以出现类似 PCOS 患者卵巢的多囊样改变，临床超声显像下多见，卵巢体积不一定增大，小卵泡数目也不如多囊卵巢综合征的卵巢可见成熟卵泡，但临床上缺乏 PCOS 的表现，各项检查指标没有 PCOS 的改变，所以，不一定是病理情况。

2.卵泡膜细胞增殖症：临床表现及内分泌检查与 PCOS 的相仿，但更为严重。两者临床较难鉴别，常需卵巢组织活检确诊。

3.卵巢雄激素肿瘤：如睾丸母细胞瘤、门细胞瘤或癌等，可分泌大量雄激素。肿瘤一般是单侧、实性，逐渐增大。患者男性化征象更为明显，可表现为进行性。超声检查、CT 或 MRI 有助诊断。

4.肾上腺皮质增生或肿瘤：患者也有肥胖、多毛、月经紊乱等表现，超声检查卵巢呈多囊样改变，但患者有肾上腺皮质功能紊乱的临床表现，肾上腺皮质增生者尿 17-酮、17-羟明显增高，对 ACTH 兴奋试验反应亢进，过夜地塞米松抑制试验抑制率≤0.70，而肾上腺皮质肿瘤患者则对这两项试验反应不明显。

【治疗】

1.治疗原则

加强锻炼，控制饮食，维持正常月经以预防子宫内膜癌等并发症，对抗雄激素增多症，促进生育，对症处理。

2.药物治疗

(1)降低 LH 水平

①口服避孕药　适用于月经稀发者，防止子宫内膜增生。常用药物：达因-35，1 片/日，连服 21 片，服用方法同月经周期疗法；妈富隆，1

片/日，连服21片，服用方法同月经周期疗法；偶定片，1片/日，连服28片。

②促性腺激素释放激素类似物(GnRH-a) 可用曲普瑞林(达必佳)3.75mg，月经周期第2天皮下注射，1次/月，共用6个月。治疗期间可出现潮热、盗汗等绝经期综合征症状，停药后可恢复。

③孕激素 安宫黄体酮10mg/d，口服，每月应用10天，或黄体酮10mg/d，肌注，用3天。停药后月经来潮。

(2)降低血雄激素水平

①糖皮质类固醇 适用于PCOS雄激素过多为肾上腺来源或混合性来源者。常用药物：地塞米松，每晚0.25mg，口服。剂量一般不超过0.5mg/d，以免过度抑制垂体—肾上腺轴功能。

②酮康唑 可降低睾酮、游离睾酮及雄烯二酮水平。用法：20mg/次，1次/日。

(3)诱发排卵

克罗米芬可诱发排卵，使子宫内膜不至于长期受单一雌激素刺激。间断应用。

(4)改善PCOS的胰岛素抵抗

甲福明，1 000~1 500mg/d。

(5)中医辨证施治

证属肾气虚损者，治当补肾益精，调理冲任，用右归丸加减：熟地15g、山药15g、山芋肉15g、枸杞子15g、菟丝子15g、杜仲15g、肉桂12g、鹿角胶15g(烊化)、仙茅15g、仙灵脾15g、紫河车15g。

证属痰湿阻滞者，治当燥湿化痰，调理冲任，用苍附导痰丸合佛手散加减：苍术15g、香附15g、陈皮15g、半夏15g、茯苓15g、胆南星15g、枳壳15g、生姜6g、当归15g、川芎15g、夏枯草15g、石菖蒲15g、神曲15g。

证属气滞血瘀者，治当疏肝理气，活血化瘀，用隔下逐瘀汤加减：当归15g、赤芍15g、川芎15g、丹皮12g、桃仁15g、红花12g、香附15g、五灵脂 15g、三棱 15g、莪术 15g、青皮 15g、木香 15g、元胡 15g、川楝子 15g、枳壳 15g、甘草 6g。

3.手术治疗

(1)腹腔镜手术

适用于严重 PCOS 对促排卵药物治疗无效者。在腹腔镜下对多囊卵巢应用电凝或激光技术穿刺打孔,每侧卵巢打孔 4 个为宜,直径 2~4mm,穿透皮质 3~5mm,可获得 90%的排卵率和 70%的妊娠率,同时又可减少粘连形成。

(2)卵巢楔形切除术

剖腹探查后先确定诊断,然后将双侧卵巢楔形切除 1/3,以降低雄激素水平,减少多毛症状,提高妊娠率。

【注意事项】

1.对于长期无排卵的该病患者应坚持口服避孕药,周期性孕酮撤退性出血,定期做 B 超,检查子宫内膜厚度,预防因子宫内膜增生而发生癌变。

2.促排卵药物不能应用过多,以防反复的卵巢刺激,引发卵巢过度刺激综合征或卵巢癌的可能。

3.调节饮食,防止热量过剩和肥胖。对肥胖患者,应检测血糖和尿糖,预防糖尿病的发生。也要注意饮食的搭配和多样化,防止饮食失调引起的营养不良。

第五节　卵巢肿瘤

【诊断】

1.西医

(1)发病原因

卵巢虽小,但组织复杂,是全身各脏器肿瘤类型最多的器官。各年龄段均可发病,其发病原因目前尚不十分清楚,大致与以下因素有关:环境因素,在高度发达的工业国,妇女发生卵巢恶性肿瘤率最高;内分泌因素,围绝经期和绝经期中卵巢恶性肿瘤发病率高,而且乳腺癌、子宫内膜癌与卵巢癌的发病有关,说明卵巢恶性肿瘤的发生与体内激素影响有关;遗传因素,卵巢癌的发生似与染色体有关,且大多数由常染色体显性遗传所致,也与染色体中的"致癌基因"受刺激或"抗癌基因"消失有关。还有与不婚不育,排卵频多,使用促排卵剂等因素有关。

卵巢恶性肿瘤的组织学分类及分级仍采用最常用的世界卫生组织(WHO,1973)制定的卵巢肿瘤组织学分类法。

①组织学分类:

上皮性肿瘤。来源于卵巢表面的生发上皮,有良性、临界恶性和恶性之分。恶性多由前两者演变而来。临界恶性是低度潜在恶性肿瘤,其生长缓慢,无间质浸润,转移率低,复发也慢。卵巢表面的生发上皮向输卵管上皮分化,则形成浆液性肿瘤(有良性、临界恶性、恶性);向宫颈黏膜分化,则形成黏液性肿瘤(有良性、临界恶性、恶性);向子宫内膜分化,则形成子宫内膜样肿瘤(良性较少见,临界恶性很少见,恶性约占卵巢恶性肿瘤的10%~24%)。

生殖细胞肿瘤。来源于原始生殖细胞,发病率仅次于上皮性肿瘤,好发于青少年及儿童,占60%~90%,绝经后仅占4%。原始生殖细胞来源于生殖腺以外的内胚叶组织,在其发生、移行和发育过程中,均可发生变异而形成肿瘤。未分化者为无性细胞瘤,胚胎多能者为胚胎癌,向胚胎结构分化则为畸胎瘤,向胚外结构分化为内胚窦瘤、绒毛膜癌。生殖细胞肿瘤中,仅成熟畸胎瘤为良性,其它类型均为恶性。恶性程度除单纯性无性细胞瘤外,其他恶性程度均高,预后差。

性索间质肿瘤。来源于原始体腔的间叶组织,约占卵巢肿瘤5%。性索向上皮分化形成颗粒细胞瘤或支持细胞瘤,向间质分化形成卵泡膜细胞瘤或间质细胞瘤,此类肿瘤常有内分泌功能,故又称功能性卵巢肿瘤。多为良性,具有男性化作用,少数无内分泌功能,则呈现女性化。此类肿瘤中的10%~30%呈恶性变。

转移性肿瘤。来源于身体其它器官的恶性肿瘤,如胃肠道、乳腺及生殖器官,约占卵巢肿瘤5%~10%。

②分级标准主要依据组织结构,并参照细胞分化程度分为3级:

分化1级为高度分化;

分化2级为中度分化;

分化3级为低度分化。

组织学分级对预后的影响较组织学类型更重要,低度分化预后最差。

(2)临床表现

①卵巢良性肿瘤:

症状。早期多无症状,常在妇科检查或因其他症状行B超检查或手术时发现。肿瘤增至中等大时,常感腹胀,腹部能扪及肿块,边界清楚,或出现腹痛(瘤蒂扭转或破裂),或月经改变及异常阴道流血。若肿瘤大至占满盆腔、腹腔出现压迫症状,如尿频、便秘、气急、心悸等,腹部隆起。

体征。较大肿瘤可使腹部膨隆,肿瘤边界清楚,可活动,子宫正常,双合诊时子宫一侧或双侧触及球形肿块,肿块为囊性或实性,表面光滑,与子宫无粘连,蒂长者活动良好。若肿瘤大至占满盆腔、腹腔,块物活动度差,叩诊呈实音,无移动性浊音。

②卵巢恶性肿瘤:

症状。早期常无症状,仅因其他原因作妇科检查偶然发现。一旦出现症状常表现为腹胀、腹部肿块及腹水等。腹部包块迅速长大,或有腹部增大、消瘦等症状,晚期伴疼痛、发热、贫血、乏力及恶病质。症状轻重取决于肿瘤的大小、位置、侵犯邻近器官的程度;肿瘤的组织学分类;有无并发症。肿瘤若向周围组织浸润或压迫神经,可引起腹痛、腰痛或下肢疼痛;若压迫盆腔静脉,可出现下肢浮肿;若为功能性肿瘤,可产生相应的雌或雄激素过多症状。晚期时表现消瘦、严重贫血等恶病质征象。

体征。三合诊检查在阴道后穹隆触及盆腔内散在质硬结节，肿块多为双侧，实性或半实性，表面高低不平，固定不动，常伴有腹水。有时在腹股沟、腋下或锁骨上可触及肿大的淋巴结。

③并发症：蒂扭转，破裂，感染及恶变。

(3)辅助检查

①影像学检查：

B 超检查。了解肿块部位、大小、形态及性质（囊性、实性，良性、恶性），并能鉴别卵巢肿瘤、腹水和结核性、包裹性积液。临床符合率大于90%，但直径小于 1cm 的实性肿瘤不易检出。通过彩色超声扫描，能测定其新生组织血流变化，有助于诊断。

腹部平片。卵巢畸胎瘤，可显示牙齿及骨片，囊壁为密度增高的钙化层，可协助诊断。

CT 检查。可清晰显示肿块，良性肿瘤多呈均匀性吸收，囊壁薄，光滑；恶性肿瘤轮廓不规则，向周围浸润或伴腹水；还可显示有无肝、肺及腹膜后淋巴结转移。

②肿瘤标记物：

CA_{125}。80%卵巢上皮性癌患者 CA_{125} 水平高于正常值（正常值<35IU/ml）；90%以上患者 CA_{125} 水平的高低与病情缓解或恶化相一致，尤其对浆液性腺癌更具有特异性。

AFP。对卵巢内胚窦瘤有特异性。未成熟型畸胎瘤、混合性无性细胞瘤中含卵黄囊成分者有协助诊断意义。

HCG。对原发性卵巢绒癌有特异性。

性激素。颗粒细胞瘤、卵泡膜细胞瘤可产生较高水平的雌激素。浆液性、黏液性或纤维上皮瘤有时也分泌一定量雌激素。

③腹腔镜检查 通过腹腔镜，可直接观察肿块状况，对整个盆腔、腹腔及横隔部位进行窥视，并在可疑部位进行多点活检，并抽吸腹腔液进行细胞学检查。

④细胞学检查　阴道脱落细胞涂片阳性率不高，诊断价值不大。在腹水或腹腔冲洗液中找癌细胞对Ⅰ期患者进一步确定临床分期及选择治疗方法有意义，并可用随访观察疗效。

(4)临床分期

采用国际妇产科协会(FIGO,2000)手术—病理分期：

Ⅰ期　病变局限于卵巢。

Ⅰa期　病变局限于一侧卵巢，包膜完整，表面无肿瘤，无腹水。

Ⅰb期　病变局限于双侧卵巢，包膜完整，表面无肿瘤，无腹水。

Ⅰc期　Ⅰa期或Ⅰb期病变已穿出卵巢表面或包膜破裂，或在腹水或腹腔冲洗液中找到恶性细胞。

Ⅱ期　病变累及一侧或双侧卵巢，伴盆腔转移。

Ⅱa期　病变扩展或转移至子宫或输卵管。

Ⅱb期　病变扩展或转移至其他盆腔组织。

Ⅱc期　Ⅱa期或Ⅱb期病变，肿瘤已穿出卵巢表面或包膜破裂，可在腹水或腹腔冲洗液中找到恶性细胞。

Ⅲ期　病变累及一侧或双侧卵巢，伴盆腔以外转移，腹膜后淋巴结或腹股沟淋巴结转移，肝表面转移。

Ⅲa期　病变大体所见局限于盆腔，淋巴结阴性，但腹腔腹膜面有镜下种植。

Ⅲb期　腹腔腹膜种植瘤直径<2cm，淋巴结阴性，

Ⅲc期　腹腔腹膜种植瘤直径>2cm或伴有腹膜后或腹股沟淋巴结转移。

Ⅳ期　远处转移，胸水存在时须找到恶性细胞，肝转移须累及实质。

2.中医

主要症候　小腹胀满或癥块，或疼痛，或阴道流血且量少，淋漓不断，小便次数增多，大便秘结。属气滞血瘀者，伴下腹疼痛，口苦咽干，烦躁易怒，形瘦体弱，面色晦暗，舌紫黯或有瘀点，脉沉细而涩；属痰湿瘀

阻者，伴形体肥胖，胸腹满闷，身困乏力，月经失调，白带量多质稀，舌胖大，苔白腻，脉沉缓；属寒湿滞脾者，伴胸闷，胃痛如针扎，恶心呕吐，舌淡苔白，脉沉细；属湿热阻中者，伴发热，腹满胀痛，胸中烦热，小便量少色黄，舌红苔薄黄，脉弦滑数大；属气阴两虚者，伴气短，神疲乏力，口干喜饮，舌红苔少，脉细数。

【鉴别诊断】

1.卵巢良性肿瘤与恶性肿瘤鉴别：见表 5-2。

表 5-2　卵巢良性肿瘤与恶性肿瘤的鉴别

鉴别内容	良性肿瘤	恶性肿瘤
病　　史	病程长，逐渐增大	病程短，迅速增大
体　　征	单侧多，活动，囊性，表面光滑，通常无腹水	双侧多，固定，实性或囊实性，不规则，后穹隆实性结节或包块，常伴血性腹水，可查到癌细胞
一般情况	良好	可有消瘦，恶病质
B 超检查	为液性暗区，有间隔光带，界限清晰	液性暗区内有杂乱光团、光点，肿块界限不清
CA_{125}（年龄>50 岁）	<35IU/ml	>35IU/ml

2.转移性卵巢肿瘤：有时不易与原发性卵巢肿瘤进行鉴别。检查时如在附件区触及双侧性、中等大小活动的实性肿瘤，首先应怀疑为转移性卵巢肿瘤，如果患者有消化道癌、乳腺癌等疾病或病史，则诊断基本上可成立。

3.盆腔结缔组织炎：炎性包块往往与恶性肿瘤不易区分。前者常有流产或产后感染史，表现为发热，下腹痛，子宫旁片状肿块可达盆壁，用抗生素后肿块逐渐缩小。如治疗后不消失甚至增大，应考虑为卵巢恶性肿瘤。

4.结核性腹膜炎：常合并腹水，出现粘连，极似有恶变的卵巢肿瘤。

但常有结核病病史，病情进展缓慢，腹部触诊有揉面感，无明显肿块。

5.生殖道以外肿瘤：与腹膜后肿瘤、乙状结肠癌等的鉴别易混淆。其中腹膜后肿瘤固定不变，位置低者使子宫或直肠移位。肠癌多有典型的消化道症状。

【治疗】

1.治疗原则

一旦发现卵巢肿瘤，应综合治疗，以手术为主。

2.治疗方法

(1)手术治疗

为首选的治疗方法。手术目的：明确诊断，切除肿瘤，恶性肿瘤进行手术—病理分期。术中不能明确诊断者，应将切下的卵巢肿瘤送快速冰冻检查进行确诊。卵巢良性肿瘤常采用腹腔镜手术，卵巢恶性肿瘤多行剖腹手术。根据患者年龄、对生育的要求、肿瘤的性质、临床分期以及患者全身状况等综合分析而确定手术范围。术后应根据肿瘤的性质，组织学类型，手术—病理分期等因素来决定是否进行辅助治疗。

①良性肿瘤者，肿瘤直径<5cm 时可服用中药，定期观察，如持续存在或增大者，应行手术切除；肿瘤直径>5cm 时宜及早手术切除。少女及年轻患者多行患侧附件切除或肿瘤剥离即可，尽量保留卵巢和子宫。绝经期或绝经后者多做全子宫及双侧附件切除。

②实质性肿瘤者，肿瘤直径<5cm 其恶性可能性也较大，应手术切除并送病理检查。

③恶性肿瘤者，依据术中冰冻检查确定的病理类型，决定手术范围。尽可能彻底切除原发灶和所有的转移灶，即满意的卵巢恶性肿瘤细胞减灭术，术后辅以针对性、多疗程、多途径的联合化疗。用药途径包括全身化疗及腹腔、动脉内化疗。选择性应用放射治疗、性激素、生物治疗及中医药治疗。

对有大量腹水及因肿瘤固定暂时不能手术者可先行 2~3 个疗程诱

导化疗，待腹水基本吸收或肿瘤缩小到可手术时再行肿瘤细胞减灭术，术后再加用化疗。

(2)化疗

除Ⅰa期外均应进行化疗，并根据不同的组织学类型选择不同的化疗方案。

①上皮性肿瘤常用化疗方案：

CTX+BLM+CBP/DDP方案。第1天，环磷酰胺(CTX)650~750mg/m²，静脉滴注；平阳霉素(BLM)40mg，1天或分2天静脉滴注，也可分5天肌肉注射；第1天，卡铂(CBP)300mg/m²或顺铂(DDP)70mg/m²，静脉滴注或腹腔灌注。每3周重复。

CTX+CBP/DDP方案。第1天，环磷酰胺(CTX)750mg/m²，静脉滴注；第1天，卡铂(CBP)300mg/m²或顺铂(DDP)80mg/m²，腹腔灌注。每3周重复。

CTX+ADM+CBP/DDP方案。第1天，环磷酰胺(CTX)650~750mg/m²，静脉滴注；第1天，阿霉素(ADM)50mg/m²，静脉滴注；第1天，卡铂(CBP)300mg/m²或顺铂(DDP)70mg/m²，静脉滴注或腹腔灌注。每3周重复。

CTX+ADM+DDP+HMM方案。第1天，环磷酰胺(CTX)300mg/m²，静脉滴注；第1天，阿霉素(ADM)40mg/m²，静脉滴注；第1天，顺铂(DDP)50mg/m²，静脉滴注或腹腔灌注；第1~14天，六甲嘧啶(HMM)150mg/m²，口服。每4周重复。

PTX+DDP/CBP方案。第1天，紫杉醇(PTX)135mg/m²，静脉滴注；第1天，顺铂(DDP)80mg/m²或卡铂(CBP)300mg/m²，静脉滴注或腹腔灌注。每3周重复。

PTX+ADM方案。第1天，紫杉醇(PTX)135mg/m²，静脉滴注；第1天，阿霉素(ADM)50mg/m²，静脉推注。每3周重复。

DOC+DDP方案。第1天，紫杉特尔(DOC)75mg/m²，静脉滴注；第1天，顺铂(DDP)75mg/m²，静脉滴注。每3周重复。

②生殖细胞肿瘤常用化疗方案：

VCR+BLM+CBP/DDP 方案。第 1 天，长春新碱（VCR）1~2mg/m²，静脉滴注；平阳霉素（BLM）40mg，1 天或分 2 天静脉滴注，也可 1 天腹腔灌注或分 5 天肌肉注射；第 1 天，卡铂（CBP）300mg/m² 或顺铂（DDP）80mg/m²，静脉滴注或腹腔灌注。每 3 周重复。

VP16+BLM+CBP/DDP 方案。第 1~5 天，足叶已甙（VP16）100mg，静脉滴注；平阳霉素（BLM）40mg，1 天或分 2 天静脉滴注，也可 1 天腹腔灌注或分 5 天肌肉注射；第 1 天，卡铂（CBP）300mg/m² 或顺铂（DDP）80mg/m²，静脉滴注或腹腔灌注。每 3 周重复。

VCR+ACD+CTX 方案。第 1 天，长春新碱（VCR）1.4mg/m²，静脉滴注；第 1~5 天，更生霉素（ACD）0.5mg/m²，静脉滴注；第 1~5 天，环磷酰胺（CTX）5~7mg/（kg·d），静脉滴注。每 3 周重复。

③性索间质肿瘤常用化疗方案 上述上皮性肿瘤常用化疗方案适用，另外，颗粒细胞目前首选 VCR+BLM+CBP/DDP 方案。

④复发或耐药病例化疗方案：

PTX+DDP/CBP 方案。第 1 天，紫杉醇（PTX）135mg/m²，静脉滴注；第 1 天，顺铂（DDP）80mg/m² 或卡铂（CBP）300mg/m²，静脉滴注或腹腔灌注。每 3 周重复。

PTX+EADM 方案。第 1 天，紫杉醇（PTX）135mg/m²，静脉滴注；第 1 天，表阿霉素（EADM）60mg/m²，静脉滴注。每 3 周重复。

HMM+IFO 方案。第 1~14 天，六甲嘧啶（HMM）100mg，口服，3 次/日；第 1~2 天，异环磷酰胺（IFO）3g/（m²·d），静脉滴注。每 3 周重复。

（3）中医辨证施治

证属气滞血瘀者，治当行气活血，软坚散结，用柴胡疏肝散合桃红四物汤加减：柴胡 15g、川芎 15g、赤芍 15g、香附 15g、陈皮 15g、枳壳 15g、桃仁 15g、红花 12g、当归 15g、青皮 15g、三棱 15g、莪术 15g、水蛭 6g、穿山甲 30g、甘草 6g。

证属痰湿瘀阻者，治当化痰行湿，散结消癥，用温经汤加减：当归15g、赤芍15g、川芎15g、桂枝10g、丹皮15g、莪术15g、牛膝15g、党参15g、陈皮15g、制半夏15g、茯苓15g、白术15g、苍术15g、三棱15g、莪术15g。

证属寒湿滞脾者，治当健脾除湿，理气化滞，用安胃饮加减：半夏10g、陈皮15g、白术15g、茯苓15g、藿香15g、砂仁15g、厚朴15g、苏梗12g、竹茹12g、莱菔子15g、当归15g、赤芍15g、干姜6g、白芍15g、山药15g。

证属湿热阻中者，治当清热祛湿，消导和胃，用黄芩芍药汤加减：黄芩15g、白芍15g、黄连15g、制大黄10g、石斛15g、沙参15g、鸡内金15g、瓜蒌24g、竹茹12g、枳壳15g、郁金15g、甘草6g。

证属气阴两虚者，治当益气养阴，清热和血，用增液汤合二至丸加减：生地15g、麦冬15g、玄参15g、人参15g、黄芪30g、五味子15g、芦根15g、女贞子15g、旱莲草15g、地骨皮15g、制大黄10g、银柴胡15g、炙鳖甲24g。

【注意事项】

1.化疗前和化疗中适当应用止吐药、抗过敏药、镇静药。

2.用铂类药时，特别是顺铂，应同时水化利尿，平均补液3 000~4 000ml/d，保持尿量大于2 500ml/d，警惕肾毒性致急性肾功能衰竭。

3.用表阿霉素应注意其累及剂量≤450mg/m²。

4.紫杉醇治疗前1天至应用后3天，需服用地塞米松10mg，2次/日。另外，用紫杉醇时应注意预防过敏反应，需用专用输液管，并进行心电监护，推荐的预防处理方案为：用紫杉醇前12.5小时口服地塞米松20mg；用紫杉醇前30~60min静脉注射苯海拉明50mg及西米替丁300mg。如经上述处理后，仍有严重的过敏反应，如喉头痉挛等，则不宜再用紫杉醇。

5.复发患者用IFO时要用解毒剂美斯钠750mg/m²，分两次于用前即刻及用后第5小时静脉注射。

6.腹腔化疗目前在卵巢癌化疗中仍属较常用的方法,与静脉用药相比,一般认为对腹腔残留较小病灶的患者用腹腔化疗效果比较确切。还有腹腔化疗用顺铂,消化道反应和骨髓毒性比较轻。

7.应实行治疗个体化,即根据疗效或副作用更换方案、治疗措施或加减剂量。

8.治疗中注意监测肿瘤标记物。

9.一般术后化疗Ⅰ期患者4~6个疗程,Ⅱ、Ⅲ期患者1年内8~10个疗程。

第六节　原发性输卵管癌

【诊断】

1.西医

(1)发病原因

至今尚未阐明。约70%患者有慢性输卵管炎,推断慢性炎症与输卵管癌发病有关,但并非是唯一因素,不孕与生育少可能是其主要的发病因素。

(2)临床表现

①症状　早期多无症状,易被忽视或延误诊断。出现症状则常表现为阴道排液、腹痛、盆腔肿块,称输卵管癌"三联征"。但不足15%的患者有此典型的"三联征"。

阴道排液。是输卵管癌的常见症状,约一半以上的患者有阴道排液,排液为浆液性黄水,量或多或少,呈间歇性,有时为血性,多无臭味,阴道排液后下腹疼痛减轻,盆腔肿块缩小或消失。

腹痛。多为患侧下腹不适或钝痛,患侧输卵管排出内容物后引起痉挛性绞痛,之后疼痛常随之缓解。

腹水。较少见，呈淡黄色，有时呈血性。

阴道流血。出现率约60%。当癌灶坏死或浸润血管时，可出现少量阴道流血。若高龄女性出现不规则阴道流血而诊断性刮宫阴性者，应考虑有输卵管癌的可能。

其他症状。有肿瘤压迫或累及周围器官可出现腹胀、尿频等，晚期病例伴贫血、乏力及恶病质表现。

②体征　一半以上患者下腹可扪及肿块，大小不一。妇科检查双合诊时，肿块位于子宫一侧或后方，活动受限或固定不动，表面光滑。

(3)辅助检查

①影像学检查　B型超声、CT、MRI等可确定肿块部位、大小、形状、性质及有无腹水等。

②阴道细胞学检查　涂片找到不典型上皮纤毛细胞，提示有输卵管癌的可能。

③分段诊刮　排除宫颈癌、子宫内膜癌后，应高度怀疑为输卵管癌。

④病理检查　包括术中冰冻切片和术后标本病检。镜下见肿瘤为腺癌，根据癌细胞的分化程度及组织结构可分为三级：Ⅰ级为乳头型，恶性程度低；Ⅱ级为乳头腺泡型，恶性程度高；Ⅲ级为腺泡髓样型，恶性程度最高。

⑤腹腔镜检查　见输卵管增粗，外观如输卵管积水呈茄子形态，有时可见到赘生物，同时可吸取腹腔液进行细胞学检查。

⑥血清CA_{125}测定　可作为输卵管诊断及判断预后的重要参考指标，但无特异性。

(4)临床分期

可按国际妇产科协会(FIGO 2000)制定的输卵管癌手术—病理分期标准分期：

0期　原位癌(浸润前期)。

Ⅰ期　癌局限于输卵管。

Ⅰa　癌局限于一侧输卵管，未穿破浆膜，无腹水。

Ⅰb　癌局限于双侧输卵管，未穿破浆膜，无腹水。

Ⅰc　Ⅰa或Ⅰb伴癌达到或穿破浆膜面，或腹水或腹腔冲洗液含癌细胞。

Ⅱ期　一侧或双侧输卵管癌伴盆腔内扩散。

Ⅱa　癌扩散和(或)转移至子宫和(或)卵巢。

Ⅱb　癌扩散至盆腔其他组织。

Ⅱc　盆腔内扩散(Ⅱa或Ⅱb)伴腹水或腹腔冲洗液含癌细胞。

Ⅲ期　一侧或双侧输卵管癌伴盆腔外转移和(或)区域转移，或癌局限于盆腔但镜下见小肠或大网膜转移。

Ⅲa　显微镜下见腹腔转移。

Ⅲb　肉眼可见腹腔转移病灶最大直径≤2cm。

Ⅲc　腹腔病灶直径>2cm和(或)区域淋巴结转移。

Ⅳ期　远处转移其中不包括腹腔转移。

【注】肝表面转移、腹股沟与淋巴结转移均为Ⅲ期。

2.中医

主要症候　阴道流水，量多少不定，清水样或色淡黄，无臭味，或阴道流血，量少，淋漓不断，下腹隐痛、胀满或癥块，神疲乏力，形体消瘦，小便频数。属痰湿瘀阻者，伴形体肥胖，胸腹满闷，身困乏力，月经失调，白带量多质稀，舌胖大，苔白腻，脉沉缓；属寒湿滞脾者，伴胸闷，胃痛如针扎，恶心呕吐，舌淡苔白，脉沉细；属气滞血瘀者，伴下腹疼痛，口苦咽干，烦躁易怒，形瘦体弱，面色晦暗，舌紫黯或有瘀点，脉沉细而涩；属气阴两虚者，伴气短，神疲乏力，口干喜饮，舌红苔少，脉细数。

【鉴别诊断】

输卵管癌与卵巢肿瘤、输卵管囊肿、卵巢囊肿不易鉴别。若不能排除输卵管癌，宜及早剖腹探查确诊。

【治疗】

1.治疗原则

以手术为主，辅以化疗、放疗的综合治疗，强调首次治疗的彻底性和计划性。

2.治疗方法

(1)手术治疗

早期应行全面分期手术，晚期行肿瘤细胞减灭术。手术范围应包括全子宫、双侧附件及大网膜切除。若癌肿已扩散至盆腔或腹腔，则应按卵巢上皮性癌的处理原则，仍应争取大块切除肿瘤，行肿瘤减灭术及盆腔淋巴结清扫术。术后辅以化疗和放疗。

(2)化疗

因输卵管癌的生物学性状与卵巢癌相似，故常用药物及化疗方案同卵巢癌相近。多采用以铂类和紫杉醇为主的联合化疗方案。除Ⅰa期外均应进行化疗，并根据不同的组织学类型选择不同的化疗方案。

①上皮性肿瘤常用化疗方案：

PTX+DDP/CBP 方案。第 1 天，紫杉醇(PTX)135mg/m^2，静脉滴注；顺铂(DDP)80mg/m^2 或卡铂(CBP)300mg/m^2，静脉滴注或腹腔灌注。每 3 周重复。

PTX+ADM 方案。第 1 天，紫杉醇(PTX)135mg/m^2，静脉滴注；阿霉素(ADM)50mg/m^2，静脉推注。每 3 周重复。

DOC+DDP 方案。第 1 天，紫杉特尔(DOC)75mg/m^2，静脉滴注；顺铂(DDP)75mg/m^2，静脉滴注。每 3 周重复。

CTX+BLM+CBP/DDP 方案。第 1 天，环磷酰胺(CTX)650~750mg/m^2，静脉滴注；平阳霉素(BLM)40mg，1 天或分 2 天静脉滴注，也可分 5 天肌肉注射；卡铂(CBP)300mg/m^2 或顺铂(DDP)70mg/m^2，静脉滴注或腹腔灌注。每 3 周重复。

CTX+CBP/DDP 方案。第 1 天，环磷酰胺(CTX)750mg/m^2，静脉滴

注；卡铂（CBP）300mg/m² 或顺铂（DDP）80mg/m²，腹腔灌注。每 3 周重复。

CTX+ADM+CBP/DDP 方案。第 1 天，环磷酰胺（CTX）650~750mg/m²，静脉滴注；阿霉素（ADM）50mg/m²，静脉滴注；卡铂（CBP）300mg/m² 或顺铂（DDP）70mg/m²，静脉滴注或腹腔灌注。每 3 周重复。

②生殖细胞肿瘤常用化疗方案：

VCR+BLM+CBP/DDP 方案。第 1 天，长春新碱（VCR）1~2mg/m²，静脉滴注；平阳霉素（BLM）40mg，1 天或分 2 天静脉滴注，也可 1 天腹腔灌注或分 5 天肌肉注射；卡铂（CBP）300mg/m² 或顺铂（DDP）80mg/m²，静脉滴注或腹腔灌注。每 3 周重复。

VP16+BLM+CBP/DDP 方案。第 1~5 天，足叶已甙（VP16）100mg，静脉滴注；平阳霉素（BLM）40mg，1 天或分 2 天静脉滴注，也可 1 天腹腔灌注或分 5 天肌肉注射；第 1 天，卡铂（CBP）300mg/m² 或顺铂（DDP）80mg/m²，静脉滴注或腹腔灌注。每 3 周重复。

VCR+ACD+CTX 方案。第 1 天，长春新碱（VCR）1.4mg/m²，静脉滴注；第 1~5 天，更生霉素（ACD）0.5mg/（m²·d），静脉滴注；环磷酰胺（CTX）5~7mg/（kg·d），静脉滴注。每 3 周重复。

③性索间质肿瘤常用化疗方案：上述上皮性肿瘤常用化疗方案均适用，另外，颗粒细胞目前首选 VCR+BLM+CBP/DDP 方案。

④复发或耐药病例化疗方案：

PTX+DDP/CBP 方案。第 1 天，紫杉醇（PTX）135mg/m²，静脉滴注；顺铂（DDP）80mg/m² 或卡铂（CBP）300mg/m²，静脉滴注或腹腔灌注。每 3 周重复。

PTX+EADM 方案。第 1 天，紫杉醇（PTX）135mg/m²，静脉滴注；表阿霉素（EADM）60mg/m²，静脉滴注。每 3 周重复。

（3）放疗

由于以铂类和紫杉醇为主的联合化疗疗效显著，目前较少应用放疗。

（4）中医辨证施治

证属痰湿瘀阻者，治当化痰行湿，散结消癥，用温经汤加减：当归15g、赤芍 15g、川芎 15g、桂枝 10g、丹皮 15g、莪术 15g、牛膝 15g、党参15g、陈皮 15g、制半夏 15g、茯苓 15g、白术 15g、苍术 15g、三棱 15g、莪术 15g。

证属寒湿滞脾者，治当健脾除湿，理气化滞，用安胃饮加减：半夏10g、陈皮 15g、白术 15g、茯苓 15g、藿香 15g、砂仁 15g、厚朴 15g、苏梗12g、竹茹 12g、莱菔子 15g、当归 15g、赤芍 15g、干姜 6g、白芍 15g、山药15g。

证属气滞血瘀者，治当行气活血，软坚散结，用柴胡疏肝散合桃红四物汤加减：柴胡 15g、川芎 15g、赤芍 15g、香附 15g、陈皮 15g、枳壳15g、桃仁 15g、红花 12g、当归 15g、青皮 15g、三棱 15g、莪术 15g、水蛭6g、穿山甲 30g、甘草 6g。

证属气阴两虚者，治当益气养阴，清热和血，用增液汤合二至丸加减：生地 15g、麦冬 15g、玄参 15g、人参 15g、黄芪 30g、五味子 15g、芦根15g、女贞子 15g、旱莲草 15g、地骨皮 15g、制大黄 10g、银柴胡 15g、炙鳖甲 24g。

【预后】

预后与临床期别、首次手术后残留肿瘤直径相关。5 年生存率Ⅰ期100%，Ⅱ期 65%，晚期病例预后差。

【注意事项】

1.化疗前及化疗中适当应用止吐药、抗过敏药、镇静药。

2.用顺铂时，应同时水化利尿，平均补液 3 000~4 000ml/d，保持尿量大于 2 500ml/d，警惕肾毒性致急性肾功衰。

3.用表阿霉素应注意其累及剂量≤450mg/m^2。

4.紫杉醇治疗前 1 天至用后 3 天，需服用地塞米松 10mg，2 次/日。在用紫杉醇时还应注意预防过敏反应，需用专用输液管，进行心电监护，推荐的预防处理方案为：用紫杉醇前 12.5h 口服地塞米松 20mg；用紫杉醇前30~60min静脉注射苯海拉明50mg及西米替丁300mg。如经上述处理后,仍有严重的过敏反应,如喉头痉挛等,则不宜再用紫杉醇。

5.腹腔化疗在输卵管癌化疗中也属较常用的方法,与静脉用药相比,一般认为对腹腔残留较小病灶的患者用腹腔化疗效果比较确切。另外,腹腔化疗用顺铂,消化道反应和骨髓毒性比较轻。

6.实行治疗个体化,即根据疗效或副作用更换方案、治疗措施或加减剂量。

第六章 阴道与外阴出血性疾病

第一节 阴道炎

【诊断】

1.西医

(1)发病原因

正常健康女性在生理情况下,阴道上皮受雌激素作用而含有糖元,糖元被乳酸杆菌分解而产生乳酸,所以阴道呈酸性,pH≤4.5,多在3.8~4.4,酸性环境能抑制病原菌生长,所以阴道有自洁作用,形成自然防御能力。而一旦生理状态遭到破坏,则病原菌可趁机而入,导致阴道炎症。绝经后妇女,因缺乏雌激素作用,阴道抵抗力弱,因此容易受细菌感染而发生阴道炎;生育期妇女由于分娩、流产及月经期卫生注意不够,可增加感染的机会。临床常见的病原体有大肠杆菌、葡萄球菌、链球菌、淋病双球菌、阴道毛滴虫、白色念珠菌等。

(2)临床表现

①症状 根据病因和病原菌的不同,有滴虫性、霉菌性、非特异性(细菌性)、老年性等。主要表现为阴道分泌物增多,呈浆液性、黏液性、脓性、脓血性、血性或偶有点滴阴道出血。滴虫性阴道炎白带呈稀薄脓性、黄绿色或泡沫状,有臭味,若尿道口感染,可有尿频、尿痛或可见血尿;霉菌性阴道炎常伴外阴奇痒灼痛,白带呈白色乳酪样或豆腐渣样;非特异性阴道炎(细菌性阴道炎)见阴道坠胀,有灼痛感,白带增多,呈脓性或稀薄浆液性,严重者呈脓血性,有鱼腥臭味,性交后加重,外阴和

阴道口瘙痒,有尿频、尿痛等;老年性阴道炎见外阴瘙痒或灼痛感,阴道分泌物增多,淡黄色、带血丝或有点滴出血。

②体征 妇科检查滴虫所致者见阴道充血潮红, 可见散在斑点或草莓状突起,后穹隆有多量白带,呈灰黄色、黄白色稀薄液体,黄绿色脓性分泌物或泡沫状。霉菌所致者见阴道壁覆盖一层白膜状分泌物,擦去可见黏膜充血;细菌性者可见阴道黏膜充血,有触痛;老年性者见阴道呈老年性改变,阴道黏膜萎缩,皱襞少,常有小充血点或小溃疡。

(3)辅助检查

①滴虫性阴道炎常采用:生理盐水悬滴法,在阴道分泌物中可找到滴虫;细菌培养法,对多次悬滴法未能发现滴虫者,可送培养,准确性达90%左右;聚合酶链反应(PCR),敏感性90%,特异性99.8%。

②霉菌性阴道炎若在阴道分泌物中找到白假丝酵母菌即可确诊。常采用:取少许分泌物置于玻片上,加1滴10%KOH或生理盐水,镜检可找到芽孢及假菌丝,可靠性为60%,如涂片后用革兰氏染色后镜检,其可靠性可提高到80%;霉菌培养最可靠;pH值测定,具有重要鉴别意义,若pH<4.5,可能为单纯假丝酵母菌感染,若pH>4.5,并且涂片中有多量白细胞,可能存在混合感染。

③细菌性阴道炎常采用:阴道pH>4.5,多为5.0~5.5;胺臭味试验阳性,取少许阴道分泌物放在玻片上,加1~2滴10%氢氧化钾,产生一种烂鱼肉样腥臭味即为阳性;线索细胞阳性,取少许阴道侧壁分泌物放在玻片上,加一滴生理盐水混合,置于高倍光镜下,见到多于20%的线索细胞。线索细胞即阴道脱落的表层细胞,于细胞边缘附有大量颗粒即加德那氏菌,细胞边缘不清,可参考革兰染色的诊断标准,即每个高倍光镜视野下,形态典型的乳酸杆菌不大于5,两种或两种以上其他形态杆菌如小的革兰阴性杆菌、弧形杆菌、阳性杆菌不小于6。

④老年性阴道炎采用:在阴道分泌物镜下检查见大量基底层细胞及白细胞而无滴虫及假丝酵母菌。

2.中医

主要症候 白带增多,色黄或白,呈泡沫状或脓性,甚或夹有赤带,有臭气,或色白如凝乳状、豆渣样,外阴瘙痒,白带带血或有点滴出血。属脾虚湿困者,伴带下量多,色白或淡黄,质稀,无臭气,持续不断,四肢不温,舌苔薄腻或薄白,脉弦或细濡;属湿热下注者,伴带下量多,色黄如脓,有臭气,或阴部瘙痒,小腹疼痛,月经先至、量多或淋漓不断,或发热,口苦咽干,尿黄便结,舌红苔黄腻,脉弦数;属肾气不足者,伴带下量多,清稀如水,色白清冷,淋漓不断,腰痛如折,小腹冷感,小便频数,舌淡苔白,脉沉细;属肾阴亏损者,伴带下量或多或少,色白或黄,外阴干涩或痒,腰膝酸软,头晕心悸,口干尿赤,舌红苔少,脉细数。

【鉴别诊断】

1.滴虫性阴道炎:白带呈稀薄脓性或黄绿色,泡沫状,有臭味;妇科检查见阴道充血潮红,可见散在斑点或草莓状突起,后穹隆有多量白带,呈灰黄色、黄白色稀薄液体或黄绿色脓性分泌物,常呈泡沫状。

2.霉菌性阴道炎:白带呈白色乳酪样或豆腐渣样,外阴奇痒灼痛;妇科检查时见阴道壁覆盖一层白膜状分泌物,擦去可见黏膜充血;白带镜检可见芽孢和假菌丝或白色念珠菌。

3.细菌性阴道炎:白带呈脓性或浆液性,阴道坠胀,灼热疼痛;妇科检查时见阴道黏膜充血,触痛明显;白带镜检可找到一些病原菌,无滴虫、霉菌。

4.老年性阴道炎:见于绝经后妇女,白带呈脓性、黄色水样或血性,阴道有烧灼感;妇科检查见阴道黏膜萎缩,皱襞少,常有小充血点或小溃疡;白带镜检无滴虫、霉菌。

【治疗】

根据不同类型进行分别治疗。

滴虫性阴道炎

1.治疗原则。病原菌治疗和对症治疗、局部治疗和全身治疗相结合。

2.治疗方法

(1)全身用药

甲硝唑 0.4g,口服,3 次/日,7 天为 1 疗程,或替硝唑 0.5g,口服,2 次/日,也可用替硝唑 1g,口服,1 次/日,共 7 天,或奥硝唑 0.5g,口服,2 次/日,共 7 天。

(2)局部用药

甲硝唑 0.2g,放阴道深处,1 次/晚,10 次为 1 疗程,或甲硝唑泡藤片 0.2g,放阴道深处,1 次/晚,10 次为 1 疗程。同时选用 1:5 000 高锰酸钾液、1%乳酸液、0.5%酰酸、醋酸洗必泰溶液其中一种冲洗阴道,可降低阴道 pH 值,抑制滴虫生长,1 次/日。

(3)中草药煎汤外洗

清热解毒,杀虫止痒,可明显缓解症状。尤其对急性滴虫阴道炎,中西医结合治疗有很好疗效。一剂药可用 2 次。

①1 号外洗方:蛇床子 30g、百部 30g、苦参 50g、明矾 15g、花椒 10g。将上药装入纱布袋中,以水 1 500ml 煎 30min 后取出药袋,用药汤先薰患处,待温坐浴 5~10min,早、晚各 1 次/日,晚上熏洗完后将甲硝唑 0.4g,放阴道深处,7 天为 1 疗程。

②2 号外洗方:狼毒 30g、苦参 30g、蛇床子 30g、黄柏 15g、地肤子 30g、艾叶 30g、土槿皮 30g、连翘 20g。以水 2 000ml 煎 30min 后,用药汤先薰患处,待温冲洗阴道并坐浴 5~10min,2 次/日,7 天为 1 疗程。

③3 号外洗方:蛇床子 30g、苦参 30g、白藓皮 30g、黄柏 20g、花椒 10g、冰片 3g。将上药装入纱布袋中,以水 1 500ml 煎 30min 后取出药袋,用药汤先薰患处,待温自用纱布蘸药擦洗阴道,并坐浴 5~10min,然后将甲硝唑 0.4g,放阴道深处,1 次/晚,每次月经干净后用 7~10 天,连用 3 个月。

【注意事项】

1.本病容易复发，故在症状、体征消失后，仍在每次月经干净后复诊，做白带的滴虫检查，连续3个月。如为阴性，方为治愈。

2.有性生活者，同时要治疗性伴侣，并且在治疗期间禁止性生活。

3.用甲硝唑等药要注意白细胞减少等副作用。

4.甲硝唑可进入乳汁，故哺乳期慎用。

霉菌性阴道炎

1.治疗原则。消除诱因，治疗相关疾病，停用其他抗生素。

2.治疗方法

(1)全身用药

氟康唑(大扶康)150mg，顿服；或伊曲康唑(斯皮仁诺)200mg，口服，1次/日，连用3~5天，亦可200mg，口服，2次/日，共1天；或制霉菌素50万U，口服，3次/日，共10天；或酮康唑0.2~0.4g，1次/日，共5天，肝炎及孕妇禁用。

(2)局部用药

①改变阴道酸碱度，用2%~4%的苏打液冲洗外阴及阴道，1~2次/日，连用7~10天。

②克霉唑软膏涂外阴，2~3次/日。

③制霉菌素栓或片剂，每晚1粒放阴道深部，连用7~10天。

④达克宁栓，每晚1粒放阴道深部，连用7~10天。

⑤凯妮汀栓，副作用小，适于孕妇使用，1粒/周，放至阴道深部，连用2次。

(3)中草药煎汤外洗

清热解毒，杀虫止痒，可明显缓解症状；亦可进行阴道上药。一剂药可用2次。

①外洗方：蛇床子30g、苦参30g、白藓皮30g、黄柏20g、冰片3g。将上药装入纱布袋中，每晚以水2 000ml煎30min后取出药袋，趁热先熏

患处，待温坐浴 15~20min，并用纱布蘸药擦洗阴道，熏擦洗后纳入制霉菌素栓 1 粒或片剂 2 片（去糖衣皮），也可用达克宁栓 1 粒至阴道深部，连续 7~10 天。

②外用方：蛇床子 30g、苦参 30g、白鲜皮 30g、黄柏 20g、黄连 20g、花椒 10g、枯矾 10g、冰片 3g。将上药研为细末，消毒装瓶备用。先用 2%~4%的苏打液冲洗外阴及阴道，然后取上药末适量放至阴道深部并撒于外阴，1~2 次/日，连用 7~10 天。

应用上述方法治愈后，还应每月月经干净后复查 1 次，连续 3 次阴性，方为治愈。

【注意事项】

1.有性生活者要同时治疗性伴侣。

2.对反复发作者需作药敏培养，寻找敏感药物进行治疗。

3.内裤及洗具应煮沸消毒。

细菌性阴道炎

1.治疗原则。局部治疗与全身治疗相结合。

2.治疗方法

(1)局部用药

每晚用 1%或 0.5%醋酸液冲洗阴道，以纠正阴道酸碱度；灭滴灵栓 1 枚和复方新诺明 1 片，放阴道深部，每晚一次，或氯霉素和复方新诺明各 1 片，放阴道深部，每晚一次。7~10 天为一疗程，连用 3 个疗程。

(2)全身用药

首选甲硝唑，400mg，2~3 次/日，或 2g，1 次/日，或克林霉素 300mg，2 次/日，或头孢拉啶 500mg，4 次/日，或氯林可霉素 300mg，3 次/日。7 天为一疗程，连用 3 个疗程。

(3)中医辨证施治

证属脾虚湿困者，治当健脾益气，除湿止带，用完带汤加减：党参 15g、白芍 15g、山药 15g、苍术 15g、白术 15g、陈皮 15g、柴胡 12g、车前子15g(另包)、白芥子12g、薏苡仁30g、椿根皮15g、甘草6g。

证属湿热下注者,治当清热利湿,化浊止带,用止带汤加减:猪苓15g、茯苓15g、车前子15g(另包)、泽泻15g、茵陈30g、栀子15g、丹皮15g、牛膝15g、赤芍15g、薏苡仁30g、黄柏15g、苍术15g、黄芩15g、甘草6g。

证属气滞血瘀者,治当疏肝理气,化瘀止痛,用隔下逐瘀汤加减:当归15g、川芎15g、赤芍15g、丹皮15g、乳香15g、没药15g、乌药15g、桃仁10g、红花6g、枳壳15g、柴胡15g、香附15g、小茴香10g、甘草6g。

证属肾气不足者,治当补肾益阳,化湿止带,用二仙汤加味:仙茅15g、仙灵脾15g、巴戟天15g、当归15g、白芍15g、黄柏12g、知母12g、牛膝15g、桑寄生15g、川续断15g、菟丝子15g、芡实15g、薏苡仁30g、甘草6g。

【注意事项】

1.有性生活者要同时治疗性伴侣。

2.诊断上要排除淋病或支原体、衣原体等感染。

3.口服甲硝唑要注意白细胞低下和恶心呕吐等副反应。

老年性阴道炎

1.治疗原则。增强阴道抵抗力,抑制细菌生长。

2.治疗方法

(1)抑制细菌生长

用1%乳酸、0.5%醋酸或1:5 000高锰酸钾液冲洗阴道,1次/日,增加阴道酸度,抑制细菌生长。阴道冲洗后,用抗生素如甲硝唑200mg或复方新诺明0.5g,放于阴道深部,1次/日,7~10天为1疗程。

(2)增强阴道抵抗力

①局部用药　乙烯雌酚0.125~0.25mg,1次/晚,7次为1疗程,或0.5%乙烯雌酚软膏,或妊马雌酮软膏局部涂抹,2次/日。

②全身用药　尼尔雌醇,每2~4周1次,首次4mg,以后每次2mg,

用 2~3 个月。对同时需要性激素替代治疗的患者，可每日给予妊马雌酮 0.625mg 和甲羟孕酮 2mg。

(3)中医辨证施治

证属肾阴亏损者，治当滋肾益阴，化湿止带，用知柏地黄汤加味：知母 15g、黄柏 15g、熟地 15g、山药 15g、山芋肉 15g、茯苓 15g、泽泻 15g、丹皮 15g、柴胡 15g、黄芩 15g、金樱子 15g、煅龙骨 30g、煅牡蛎各 30g。

证属湿热下注者，治当清热利湿，化浊止带，用易黄汤合知柏地黄汤：山药 15g、白果 15g、芡实 15g、车前子 15g(另包)、黄柏 15g、知母 15g、熟地 15g、山芋肉 15g、茯苓 15g、泽泻 15g、丹皮 15g。

【注意事项】

1.乳腺癌或子宫内膜癌的患者禁用雌激素制剂。

2.有肝炎者也要禁用雌激素制剂。

3.过久或大量使用雌激素会引起撤退性出血。

第二节　阴道平滑肌瘤、纤维肌瘤和神经纤维瘤

【诊断】

1.西医

(1)发病原因

目前尚不明了。可发生于任何年龄的妇女，可能与慢性炎症的刺激、结缔组织增生、阴道壁内肌组织或血管壁内肌组织的平滑肌细胞增生有关。

(2)临床表现

①症状　阴道任何部位均可发生，常见于阴道前壁，多为单个，大小不等，肿瘤较小时可无症状，随着肿瘤逐渐长大，可出现白带增多，下坠或异物感，阴道肿块，性交困难，肿瘤大则会有压迫症状如尿频、尿急、大小便困难。当肿瘤有溃疡、坏死时，可出现阴道异常分泌物及阴道

出血。

②体征　妇科检查可见阴道壁有实性、质硬、边界清楚的肿块，可向阴道内或外阴部突出。

(3)辅助检查

①阴道细胞学检查　阴道细胞学涂片检查以和恶性病变鉴别。

②阴道镜检查　可见到溃疡、坏死状物。

③局部活组织检查　主要诊断依据。镜下，平滑肌瘤可见增生的平滑肌纤维及纤维结缔组织；纤维肌瘤可见增生的纤维结缔组织，伴以少量肌纤维，属良性；神经纤维瘤可见神经鞘细胞和胶原纤维。

2.中医

主要症候　白带增多，下坠或异物感，阴道肿块，性交困难，或有尿频、尿急、大小便困难，若可出现脓性或脓血性白带及阴道出血。属痰湿内结者，伴小腹阴户坠胀，带下量多，色白质黏稠，身倦体困，纳食不香，脘痞呕恶，舌淡苔白腻，脉濡滑；属湿热郁结者，伴带下色黄，或赤白相兼，阴户疼痛，口苦咽干，尿黄便结，舌红苔黄腻，脉弦数；属气滞血瘀者，伴阴户坠胀，面色晦暗，口干不欲饮，舌黯苔少，脉细涩。

【鉴别诊断】

1.尖锐湿疣：常伴外阴处病变，瘙痒，局部涂片或活检，可见空泡细胞。

2.原发性阴道癌：局部活组织病理检查可鉴别。

【治疗】

1.治疗原则。早诊断、早治疗，手术治疗为主。配合中药治疗。

2.治疗方法

(1)手术治疗

①摘除肿瘤，术中注意尽量贴紧肿瘤表面剥离，若肿瘤有蒂，切除时不要过度牵拉，以免损伤膀胱或直肠。术时应做冰冻切片，若证实有恶变，切除范围应更广泛。

②肿瘤合并感染时,术前应用抗生素 3~7 天,待感染基本控制后再行手术。根据情况选择静脉滴注或口服。局部可用红霉素软膏、四环素软膏、金霉素软膏其中一种涂擦,每日 2~4 次。

③肿瘤合并溃疡时,术前应用尿素软膏或假单孢酸 A 软膏,局部涂擦,每日 2~4 次。待溃疡好转后再行手术。

(2)中医辨证施治

证属痰湿内结者,治当除湿化痰,行气散结,用散聚汤加减:陈皮 15g、制半夏 12g、茯苓 15g、当归 15g、槟榔 15g、焦白术 15g、青皮 15g、党参 15g、麦芽 15g、神曲 15g、三棱 15g、夏枯草 30g、甘草 6g。

证属湿热郁结者,治当清热利湿,化瘀散结,用银花解毒汤加减:银花 15g、连翘 15g、赤芍 15g、丹皮 15g、丹参 15g、三棱 15g、莪术 15g、红藤 30g、皂刺 15g、穿心莲 30g、蒲公英 15g、青皮 15g、黄芩 15g、甘草 6g。

证属气滞血瘀者,治当理气行滞,散结消癥,用香棱丸合桃红四物汤加减:木香 15g、丁香 10g、青皮 15g、枳壳 15g、川楝子 15g、三棱 15g、莪术 15g、桃仁 15g、红花 15g、赤芍 15g、当归 15g、川芎 15g、丹皮 15g、水蛭 6g、鳖甲 30g、甘草 6g。

【注意事项】

1.术后应用抗生素,预防伤口感染。

2.注意外阴及阴道卫生。

3.术后禁房事 3 个月。

第三节 阴道血管瘤

【诊断】

1.西医

(1)发病原因

目前尚不明了。临床上少见,可发生于任何年龄的妇女。分为单纯性血管瘤及海绵状血管瘤。

(2)临床表现

①症状　主要表现为阴道出血,阴道下坠感。血管瘤破裂时可突发大出血,甚至可导致面色苍白、血压下降、心慌气短等休克症状。

②体征　妇科检查可见突出于阴道黏膜的单个结节状且暗紫色,或呈弥漫海绵状改变,按压后可变小,触之软。

(3)辅助检查

①阴道细胞学检查　阴道细胞学涂片检查,和恶性病变相鉴别。

②阴道镜检查　黏膜除色紫蓝外,别无异常改变。

2.中医

主要症候　阴道不时流血,量或多或小。属气滞血瘀者,伴阴户坠胀,面色晦暗,血量少,色黯红或有血块,口干不欲饮,舌黯苔少,脉细涩;属阳盛血热者,伴血量多,色鲜红,质黏稠,面赤唇红,口干喜冷饮,尿黄便结,舌红苔黄,脉滑数;属气虚失约者,伴血量多,甚或暴下如注,色红质稀,面色苍白,出冷汗,四肢厥冷,神疲乏力,头晕目眩,气短懒言,舌淡红苔少,脉细弱或脉微欲绝;属气阴两虚者,伴气短,神疲乏力,口干喜饮,面色少华,舌红苔少,脉细数。

【鉴别诊断】

一般通过妇科检查即可确诊,无须鉴别。

【治疗】

1.治疗原则

可按单纯性血管瘤及海绵状血管瘤分别治疗。

2.治疗方法

(1)单纯性血管瘤以局部手术切除为主,应将病变全部切除,否则,可继续长大。病灶较小的可行局部物理治疗。

(2)海绵状血管瘤可采用局部放疗。用放射性同位素或镭照射均可取得较好效果。

(3)中医辨证施治

证属气滞血瘀者，治当理气行滞，散结消癥，用失笑散合四物汤加减：蒲黄炭 15g、五灵脂 15g、阿胶 15g(烊化)、枳壳 15g、乌贼骨 15g、三七粉 6g(冲)、没药 15g、赤芍 15g、当归 10g、川芎 15g、丹皮炭 15g、煅龙骨 30g、煅牡蛎 30g、甘草 6g。

证属阳盛血热者，治当清热凉血，固冲止血，用清热固经汤加味：黄芩 15g、焦栀子 15g、生地 15g、地骨皮 15g、生藕节 15g、地榆 15g、陈棕炭 12g、阿胶 15g(烊化)、炙龟板 15g、生牡蛎 30g、生甘草 6g、小蓟 15g、茜草 15g。

证属气虚失约者，治当健脾益气，固冲止血，用固本止崩汤合举元煎加减：人参 15g、黄芪 30g、焦白术 15g、山药 15g、熟地 15g、升麻 10g、乌贼骨 15g、海螵蛸 15g、女贞子 15g、墨旱莲 15g、川续断 15g、煅龙牡各 24g、茜草 15g。

证属气阴两虚者，治当益气养阴，清热和血，用增液汤合二至丸加减：生地 15g、麦冬 15g、玄参 15g、人参 15g、黄芪 30g、五味子 15g、芦根 15g、女贞子 15g、旱莲草 15g、丹皮炭 15g、制大黄 10g、银柴胡 15g、紫河车 24g。

【注意事项】

阴道血运丰富，手术时可出血很多，故局部行手术切除时，为防止术中出血，可于病灶周围先行缝扎阻断血供，然后再行切除。

第四节　阴道癌

【诊断】

1.西医

(1)发病原因

目前尚不明了。原发性阴道鳞状上皮细胞癌，多见于绝经后妇女，可能与阴道内某些局部病变所引起的分泌物刺激有关，如子宫脱垂及长期摩擦、阴道慢性溃疡、病毒感染、免疫抑制、雌激素缺乏等；阴道腺癌，可出现在任何年龄，大多为阴道邻近组织器官的转移性癌，可来自残留的中肾管、副中肾管和异位的子宫内膜组织，现代研究认为，残留副中肾管发病的可能性较大，并与妊娠有关。

(2)临床表现

①症状　早期无症状，以后出现症状则常为阴道流血和分泌物异常，或阴道不规则出血及性交后出血，或阴道排液呈浆液血性，继发感染后出现恶臭，脓性分泌物，常有血块；后期可见阴道疼痛，肿瘤侵犯膀胱时，可出现尿频、尿急、血尿和排尿困难，累及直肠可出现排便困难或里急后重，累及阴道旁、主韧带、宫底韧带可出现腰骶部疼痛。

②体征　妇科检查时，原发性阴道鳞状上皮细胞癌多位于阴道前、后壁，以阴道上 1/3 的后壁(后穹隆)更为多见；阴道腺癌以阴道上 1/3 的后壁及阴道下 1/3 的前壁为常见部位。外生型可见结节状、扁平状或表浅溃疡状肿块，后增大为息肉状、菜花状或乳头状增生物，可伴有坏死、溃疡；内生型者在阴道壁上可扪及黏膜下结节状的硬块。

(3)辅助检查

①阴道细胞学检查　阴道细胞学涂片检查呈阳性。

②阴道镜检查　可见到异型血管及坏死状物。

③局部活组织检查　是主要诊断依据。原发性阴道鳞状上皮细胞癌镜下可见原位癌，阴道上皮不典型增生累及整个上皮层；早期浸润癌，上皮层的癌瘤突破基底膜，浸润间质，浸润深度小于 3mm，间质内血管和淋巴管未受侵犯；浸润癌，多为中度分化，可有角化珠、细胞角化不良和存在细胞间桥。阴道腺癌镜下可分为子宫内膜样癌、黏液性腺癌、透明细胞癌和中肾管腺癌。

(4)临床分期

根据国际妇产科协会(FIGO，2000)分期：

0期　原位癌即上皮内癌，指阴道上皮不典型增生累及整个上皮层，但未穿透基底膜。

Ⅰ期　病灶局限于阴道壁。

Ⅱ期　病灶浸润到阴道旁组织，但未达盆壁。

Ⅲ期　病灶浸润到盆壁、耻骨联合，有腹股沟或髂淋巴结转移。

Ⅳ期　病灶扩散超过真骨盆或侵犯膀胱、直肠。

Ⅳa期　邻近器官被侵犯。

Ⅳb期　远处器官被侵犯。

临床分期有助于制定治疗方案和预后的估计。

2.中医

主要症候　阴道流血，淋漓不断，白带增多，质清稀或洗肉水样，或色黄如脓，或赤带并常有血块，气味臭秽，或尿频、尿急、血尿和排尿困难，有时排便困难，里急后重或腰骶部疼痛。属湿热瘀毒者，伴阴道灼热疼痛，小便黄赤，大便秘结，舌红苔黄腻，脉弦滑略数；属正虚毒盛者，伴神倦乏力，不思饮食，形体消瘦，舌淡苔腻，脉虚弱无力。

【鉴别诊断】

1.阿米巴性阴道炎：有肠道阿米巴病史，溃疡分泌物涂片或培养，可见到阿米巴滋养体。

2.结核性阴道炎：病理切片可见结核结节。

3.尖锐湿疣：常有外阴尖锐湿疣，局部涂片或活检可找到空泡细胞。

4.阴道乳头状瘤：镜下活组织检查，鳞状上皮呈良性改变。

5.子宫内膜腺癌阴道转移：部位多在阴道下段左右两侧或尿道下段，孤立结节，位于黏膜或黏膜下，肿瘤结节可破溃形成溃疡、出血或感染。伴有子宫增大。病理诊断可确诊。

6.尿道旁腺癌：多累及阴道前庭，伴有尿频、尿痛和排尿困难。

7.阴道腺病：分布在阴道上段的前、后壁和两侧壁穹隆，可蔓延至宫颈，也可累及阴道下1/3段。如上中1/3段受累，则下1/3段可出现。

【治疗】

1.治疗原则

早期诊断，早期治疗；以放疗和手术治疗为主，化疗作为综合治疗的一种辅助手段。

2.治疗方法

(1)放射治疗

鳞癌对放疗较敏感。方法包括阴道腔内放射治疗、阴道病灶及其周围的组织内插植放射治疗和体外放射治疗。腔内和组织内插植放射治疗是对原发灶的治疗；体外放射治疗是对继发灶的治疗。凡阴道癌灶位于中上段者，除髂、盆区的体外放疗外，还应做腹股沟区淋巴结的体外治疗。透明细胞腺癌，Ⅰ期患者做组织内插植放射或阴道腺线筒照射(需包括病灶周围1~2cm正常组织)；Ⅱ期患者除做以上处理外，加全盆外照射。晚期和复发的阴道腺癌常采用放射治疗。

(2)手术治疗

根据病灶位置的不同，所选手术方法也不同：

0期可行局部病灶切除，部分阴道切除或全阴道切除术。

Ⅰ~Ⅲ期行根治术。Ⅰ期，经腹全子宫切除术，卵巢正常者应予保留也可行宫颈锥切术。Ⅰ~Ⅱ期，癌灶位于阴道上段，行广泛子宫切除、大部分阴道切除加盆腔淋巴结清扫术，年轻患者卵巢正常者应予保留。术中冰冻切片检查髂总淋巴结有转移者，应作腹主动脉旁淋巴清扫或取样，进一步明确病变累及范围，选用术后治疗。Ⅱ~Ⅲ期，癌灶位于阴道1/3段，行外阴、阴道下段切除及双侧腹股沟淋巴结清扫术。癌灶位于阴道中段或多中心者，行全子宫、全阴道及腹股沟、髂盆腔淋巴结清扫术。癌灶侵犯尿道、膀胱或直肠，可行前盆或后盆器官切除术和盆腔或加腹股沟淋巴结清扫术。

(3)化学治疗

①全身用药　争光霉素15~30mg，静脉注射，每日或隔日1次，10

次为1疗程。

②腹壁下动脉插管区域性化疗　争光霉素15mg，动脉注入，1次/日，10次为1疗程，或联合用药：环磷酰胺200mg，1次/日；5-氟尿嘧啶500mg，1次/日。共7~10天。

③局部用药　争光霉素15mg，加生理盐水5ml，局部注射，10次为1疗程，或用5%的5-氟尿嘧啶软膏局部贴敷。

(4)中医辨证施治

证属湿热瘀毒者，治当清热利湿，解毒化瘀，用利湿败毒汤加减：莪术15g、白术15g、白花蛇舌草30g、败酱草30g、仙鹤草15g、蒲公英30g、半枝莲15g、土茯苓20g、三棱15g、当归15g、黄芪30g、木通15g、甘草10g。

证属正虚毒盛者，治当益气扶正，化瘀解毒，用扶正解毒汤加减：人参15g、黄芪30g、女贞子15g、墨旱莲15g、白术15g、陈皮15g、升麻15g、当归15g、半枝莲15g、夏枯草30g、土茯苓20g、阿胶15g(烊化)、紫河车15g、甘草10g。

【注意事项】

1.放疗的并发症有阴道狭窄、阴道黏膜溃疡、膀胱阴道瘘、直肠阴道瘘和小肠粘连或瘘管及卵巢功能丧失合并症等。

2.手术治疗适于年龄较大、无生育要求者，或以前有盆腔放疗史者和晚期累及直肠和膀胱者。

3.化疗时须及时预防和治疗化疗反应。

4.本病预后较差，临床分期越早，肿瘤细胞分化程度越好者预后较好。

5.对较晚期的病例应采用综合疗法，包括放疗、手术和盆腔动脉灌注抗癌药，可提高疗效。

6.腺癌(透明细胞癌)治疗后有远期复发，需注意随访。

第五节 阴道肉瘤

【诊断】

1.西医

(1)发病原因

阴道肉瘤罕见,发病原因目前尚不明了。可能与下列因素有关:病毒感染(人乳头状病毒)、盆腔放射治疗、长期刺激和损伤等。临床上常见的阴道肉瘤有平滑肌肉瘤、葡萄状肉瘤、阴道内胚窦瘤,约占成人妇科恶性肿瘤的10%。阴道内胚窦瘤多见于40岁以上成年人。其恶性程度高,发展快,转移快,还可经血行转移远方器官,如肺、肝、骨等,预后不良。

(2)临床表现

①症状 早期常无症状。发展后平滑肌肉瘤多见阴道、直肠疼痛,阴道流液和流血,或有尿频,排尿中断,偶可见下腹疼痛;葡萄状肉瘤可见血性白带或阴道出血,晚期可侵犯膀胱、直肠,引起相应受累器官的症状,也可发生区域淋巴结及肺转移;阴道内胚窦瘤可见阴道流液或阴道出血。阴道肉瘤发生表面溃疡和组织坏死时,则出现白带增多,在性交或用力时少量阴道出血,后期可有多量如洗鱼水样带恶臭的分泌物或阴道流血,偶可发生阴道大量出血,并常见疼痛。

②体征 妇科检查时,可见阴道壁肿物,伴感染时可见肿物糜烂、溃疡、出血。阴道平滑肌肉瘤,常见部位为阴道后壁上段,其次为后壁下段,呈弥漫性或实性结节状浸润并逐渐扩散;葡萄状肉瘤可见阴道顶部或上部前壁淡红色息肉状或白色半透明葡萄状肿块,形成串珠,生长速度甚快,可充满阴道,并从阴道口突出,也可侵犯宫颈、尿道或膀胱等;阴道内胚窦瘤,常见部位为阴道上段,肿瘤呈息肉状、质脆的脑瘤样或葡萄胎状肿物。

(3)辅助检查

①阴道细胞学检查　阴道细胞学涂片检查呈阳性。

②阴道镜检查　可见到异型血管及坏死状物。

③B 超检查　可见到各种形状的肿瘤大小不等或邻近脏器的转移瘤。

④病理检查　是确诊的依据。平滑肌肉瘤，镜下呈编织状排列，细胞呈圆形或梭形，核大，染色质多而深染，每 10 个高倍视野有 50 个以上核分裂；葡萄状肉瘤镜下见大量稀松的黏液性间质表面有良性上皮覆盖，间质中有成群深染的梭形或星形的未分化细胞，细胞呈带状或蝌蚪状，胞浆红染，用磷钨酸—苏木素染色显示横纹；内胚窦瘤镜下形态具有典型的 S-D 小体、网状结构、透明球、抗淀粉酶 PAS 阳性及具嗜酸性基底膜样结构。

(4)临床分期

目前主要采用 FIGO 分期：

0 期　原位癌(浸润前癌)。

Ⅰ期　肿瘤局限于阴道。

Ⅱ期　肿瘤侵入阴道旁组织但未达盆壁。

Ⅲ期　肿瘤侵入骨盆壁。

Ⅳ期　肿瘤超出真骨盆。

Ⅳa　肿瘤侵入膀胱及直肠黏膜，和(或)超出真骨盆。

Ⅳb　肿瘤远处转移。

2.中医

主要症候　白带增多，质清稀呈水样或呈赤带，腥臭，或见少量阴道出血或有多量带恶臭如洗鱼水样物，偶可发生阴道大量出血并见疼痛。属湿热瘀毒者，伴阴道灼热疼痛，小便黄赤，大便秘结，舌红苔黄腻，脉弦滑略数；属正虚毒盛者，伴神倦乏力，不思饮食，形体消瘦，舌淡苔腻，脉虚弱无力。

【鉴别诊断】

根据临床表现及活检，一般诊断准确，但仍需与阴道中肾管乳头状瘤、腺瘤或腺癌相鉴别。可通过病理组织学检查加以区别。

【治疗】

1.治疗原则

手术治疗是主要的治疗手段,辅以化疗和放疗可提高疗效。

2.治疗方法

(1)手术治疗

一经确诊,应及时做手术。阴道平滑肌肉瘤必须做局部广泛切除或有时需做后盆、前盆器官切除。对病变严重(Ⅳa)者,尤其是有膀胱、直肠阴道瘘的患者应行全盆器官清除术。在切口边缘与肿瘤间要有一定距离。葡萄状肉瘤采用根治术式,即全子宫、全阴道、部分外阴切除和盆腔淋巴结切除。病变累及阴道下 1/3 段时,也应行腹股沟淋巴结清扫术。

(2)化学治疗

疗效较好的化疗方案:

AD 方案。第 1 天,阿霉素(A)60mg/m^2,静脉注射;第 1~5 天,达卡巴嗪(DTIC)250mg/m^2,静脉注射。每疗程相隔 3 周。

CVAD 方案。第 2 天,环磷酰胺(C)500mg/m^2,静脉注射;第 2 天,长春新碱(V)1.5mg/m^2, 静脉注射; 第 2 天,阿霉素(A)50mg/m^2,静脉注射;第 1~5 天,达卡巴嗪(DTIC)250mg/m^2,静脉注射。每疗程相隔 3 周。

MeCA 方案。第 1 天,甲环亚硝脲(Me-CCNU)150mg/m^2,口服;第 1 天,阿霉素(A)60mg/m^2,静脉注射。第 6 周重复 1 次。

CAD 方案。第 2 天,环磷酰胺(C)50mg/m^2,静脉注射;第 2 天,阿霉素(A)45mg/m^2,静脉注射;第 1~2 天,达卡巴嗪(DTIC)400mg/m^2,静脉注射。每疗程相隔 3 周。

还可采用盆腔动脉灌注化疗,可提高局部组织的药物浓度和提高疗效,并且全身毒性较低。

(3)放射治疗

表浅且小的病灶采用腔内放疗即可。阴道后壁平滑肌肉瘤局部发展较晚期时，在行后盆内脏切除后，盆底区域加用剂量约 5 000cGy 的体外放射，然后行腔内或组织内插植放疗，疗效较好。组织内插植放疗可以使剂量分布较好。其实放疗是本病的最好治疗方式。

(4)中医辨证施治

证属湿热瘀毒者，治当清热利湿，解毒化瘀，用利湿败毒汤加减：莪术 15g、白术 15g、白花蛇舌草 30g、败酱草 30g、仙鹤草 15g、蒲公英 30g、半枝莲 15g、土茯苓 20g、三棱 15g、当归 15g、黄芪 30g、木通 15g、甘草 10g。

证属正虚毒盛者，治当益气扶正，化瘀解毒，用扶正解毒汤加减：人参 15g、黄芪 30g、女贞子 15g、墨旱莲 15g、白术 15g、陈皮 15g、升麻 15g、当归 15g、半枝莲 15g、夏枯草 30g、土茯苓 20g、阿胶 15g(烊化)、紫河车 15g、甘草 10g。

【注意事项】

1.手术切除肉瘤时，切口边缘与肿瘤要有一定距离，才能认为已将肿瘤切除。

2.采用动脉灌注给药(经股动脉或腹壁下动脉插管介入化疗)能提高疗效，减少盆腔复发。

3.本病重在早发现、早诊断、早治疗，以提高手术后生存率。

4.采用综合治疗者预后较好。

第六节　外阴癌

【诊断】

1.西医

(1)发病原因

常见的外阴癌是外阴鳞状细胞癌，其他有恶性黑色素瘤、基底细胞瘤、外阴肉瘤等。外阴鳞状细胞癌的发病可能与外阴皮肤营养障碍、慢性刺激、人乳头瘤病毒感染、淋巴肉芽肿、梅毒、湿疣及性卫生不良等有关；外阴恶性黑色素瘤多与色素痣经常受摩擦刺激有关；外阴基底细胞瘤原因不明；外阴肉瘤（纤维肉瘤、平滑肌肉瘤、横纹肌肉瘤、脂肪肉瘤）由外阴纤维瘤恶变而来。外阴癌在发病之前，往往有前驱病变，主要为外阴白斑，其次为外阴瘙痒症、外阴尖锐湿疣和外阴肉芽肿等。也有说，可能与外阴上皮重度不典型增生有关，病程长达20~30年。

(2)临床表现

①症状　外阴瘙痒：持续时间长，药物治疗不易治愈，如外阴癌是在外阴白斑的基础上发生者，则外阴瘙痒常是外阴白斑的前驱症状。外阴硬结及溃疡：发病初期患者常发现外阴硬结，黄豆大或花生大，多数不痛不痒，开始生长较慢，但经久不愈，也有硬结伴瘙痒，因抓破而溃烂形成溃疡或肿瘤发展而自行溃烂，并常伴血性分泌物。疼痛：为外阴癌症状之一，多由于继发性感染所致，并可见渗液和出血，或因病变浸润到深部压迫神经而发生，如癌瘤浸润到尿道口而出现尿痛。外阴癌并发其他部位癌：较多见的为宫颈癌、宫体癌、乳腺癌、食道癌及肺癌等。

②体征　外阴部可见丘疹、斑点、糜烂，单个或多个，融合或分散，灰白或粉红色，局部隆起、痂皮或溃疡等，少数则为略高出表面的色素沉着或呈灰色半透明状，帕杰氏病的痂皮除去后有渗液，呈湿疹样。

外阴鳞状细胞癌。癌灶可在外阴的任何部位，最多见于大阴唇，其次为小阴唇、阴蒂、会阴、尿道口、肛门周围等。早期时局部见丘疹、结节或小溃疡，晚期则见不规则肿块，有时伴破溃，或呈乳头样肿瘤，有时可见"相吻病灶"。若已转移至腹股沟淋巴结，则可扪及一侧或双侧腹股沟淋巴结肿大，质硬，固定。

外阴恶性黑色素瘤。好发部位为小阴唇、阴蒂，特征是病灶稍隆起，有色素沉着（棕褐色或蓝黑色），呈平坦状或结节状可伴溃疡，为单个或多发。

外阴基底细胞瘤。多见于大阴唇,其次为小阴唇、阴蒂或阴唇系带出现,早期呈灰色,有些半透明,位于变薄的上皮下,小结节直径常小于2cm。

(3)辅助检查

①细胞学检查　病灶有糜烂、溃疡或色素沉着者可作细胞学涂片或印片,但其阳性率仅50%左右。

②阴道镜检查　鳞癌可见到异型血管和坏死组织。

③甲苯胺蓝检查　用1%甲苯胺蓝涂于外阴,待干后以1%醋酸脱色,如有不典型增生、原位癌或浸润癌,则甲苯胺蓝被活跃的细胞所保留,而使病变区不脱色。可在此处取活体组织检查,辅助发现早期癌或发现中心病灶。

④病理组织学检查　是主要方法。对一切外阴赘生物,如菜花灶、溃疡灶、结节灶、白色病灶等均需作活体组织检查,对合并有坏死的病灶取材应有足够的深度,避免误取坏死组织。取活检时,对无明显病灶(如广泛糜烂灶),为避免取材不准而发生误诊,可用1%甲苯胺蓝涂抹病变皮肤,待干后用1%醋酸液擦洗脱色,在蓝染部位做活检,或用阴道镜观察外阴皮肤定出可疑灶,也有助于定位活检,以提高活检阳性率。也可用荧光诊断仪放大观察等协助取材做活组织检查。但若疑为恶性黑色素瘤,则不宜采取活检,因该瘤受激惹后容易出现迅速和广泛扩散的倾向,应做好手术准备,先作肿块切除,冰冻切片检查,确诊后立即手术。

⑤其他检查　如B超检查,CT,MRI,膀胱检查,直肠检查有助诊断。

(4)临床分期

外阴癌目前采用国际妇产科联盟(FIGO,2000)分期法:

0期　原位癌(上皮内癌,浸润前期)。

Ⅰ期　肿瘤局限于外阴和(或)会阴,肿瘤最大直径≤2cm,无淋巴结转移。

Ⅰa　肿瘤直径≤2cm 伴间质浸润≤1cm。

Ⅰb　肿瘤直径≤2cm 伴间质浸润>1cm。

Ⅱ期　肿瘤局限于外阴和(或)会阴,肿瘤直径>2cm,无淋巴结转移。

Ⅲ期　肿瘤浸润下尿道和(或)阴道,或肛门和(或)有单侧区域淋巴结转移(腹股沟淋巴结阳性)。

Ⅳa 期　肿瘤浸润膀胱黏膜、直肠黏膜或尿道上段黏膜;或固定于骨盆,盆腔淋巴结和(或)双侧区域淋巴结转移。

Ⅳb 期　任何远处转移,包括盆腔淋巴结转移。

2.中医

主要症候　外阴瘙痒、白斑或硬结,皮肤破溃,烧灼,有脓性、血性分泌物或点滴出血,疼痛,或阴道脓性排液,或局部腐烂,臭水淋漓,面色萎黄,形体消瘦,舌淡红苔少,脉细或细数。

【鉴别诊断】

早期外阴癌的症状和体征缺乏特异性,因此,应注意与外阴白色病变、急慢性炎症、溃疡、良性肿瘤、硬化性萎缩性苔癣、尖锐湿疣、乳头瘤、肉芽肿、外阴结核及外阴白斑等相鉴别。尤其是经久保守治疗难于奏效或经久不愈的溃疡、丘疹样疣或白色病变,均应及时作细胞学检查和取组织检查,必要时多取材和重复活检,以明确诊断。

【治疗】

1.治疗原则

以手术治疗为主,晚期可辅以放射治疗与化学药物综合治疗。

2.治疗方法

(1)手术治疗

适宜年龄较大、无生育要求或以前有盆腔放射治疗史者和晚期累及直肠和膀胱者。手术范围趋向个体化,根据病灶的大小、浸润的深度、有无转移而定。

0 期　单侧外阴切除(距病变区 0.5~1.0cm)。

Ⅰa 期　外阴局部或单侧广泛切除。

Ⅰb 期　外阴广泛切除及病灶同侧或双侧腹股沟淋巴结清扫。

Ⅱ期　外阴广泛切除及双侧腹股沟、盆腔淋巴结清扫。

Ⅲ期　外阴广泛切除及双侧腹股沟、盆腔淋巴结清扫或加尿道前部切除与肛门皮肤切除。

Ⅳ期　外阴广泛切除、直肠下段和肛门切除、人工肛门形成术及双侧腹股沟、盆腔淋巴结清扫。病灶浸润尿道上段与膀胱黏膜，则需做相应切除。

(2)放射治疗

对年老体弱或合并严重内科疾病不能耐受手术者可行放射治疗。包括阴道腔内放射治疗、阴道病灶及其周围组织内插植放射治疗和体外放射治疗。

(3)化学治疗

目前认为有效的有：

①动脉化疗　常用方案有 PAB 方案，包括顺铂、阿霉素、平阳霉素和 MF 方案，包括氮芥、5-氟尿嘧啶。

②静脉化疗　PAC 方案，包括顺铂、阿霉素、环磷酰胺。静注使用为 1 日疗法。若静滴使用为 4 日疗法则为第 1 日静脉滴注顺铂，第 4 日静脉滴注阿霉素、环磷酰胺。

(4)中医辨证施治

早期不主张中药治疗，应积极手术。术前、术后或晚期、年龄较大不适宜手术者，可结合中医治疗，以扶正祛邪为主。常用药物如党参、黄芪、白花蛇舌草、仙鹤草、金银花、蒲公英、紫花地丁、瓜篓、当归、土茯苓、甘草等。

【注意事项】

1.早期仅有外阴痒、结节或赘生物，易被忽视或因治疗不当延误病情。

2.手术切除标本边缘无癌细胞才认为是切除完全。

3.手术并发症主要为伤口感染(特别是绿脓杆菌感染)、坏死或裂开,腿肿和泌尿系感染,个别病例可发生静脉炎,股动脉破裂,肺栓塞及心血管意外等。

4.放射治疗的并发症有阴道狭窄、阴道黏膜溃疡、膀胱阴道瘘、直肠阴道瘘和小肠粘连或瘘管等。外阴皮肤对放射线耐受性差,放疗时容易出现外阴放射性炎症、溃疡和疼痛。

5.本病的预后与病灶大小、部位、临床分期、组织学分化、有无淋巴结转移及治疗措施等有关,而以淋巴结转移的因素最为明显。一般预后较差,临床分期越早、肿瘤组织细胞分化程度好、癌灶位于阴道上 1/3 者预后较好。

6.对晚期的病例应采用综合疗法,包括放疗、手术和盆腔动脉灌注抗癌药,可提高疗效。

7.治疗后随访,术后第 1 年内每 1~2 个月 1 次,第 2 年每 3 个月 1 次,3~5 年每半年 1 次。

第七章　妊娠期出血性疾病

第一节　妊娠早期出血性疾病

流产

【诊断】

1.西医

(1)发病原因

流产(妊娠28周以前终止)的病因很多,主要有以下几个方面:

①胚胎因素　胚胎染色体异常是自然流产最常见病因，早期流产染色体异常者占50%~60%,此类流产,多发生在早期妊娠、母体年龄过小或过大者。夫妇任何一方染色体异常均可传及子代,造成流产。染色体异常有数目异常,如三体、单体X(45X)、三倍体及多倍体;结构异常,如染色体易位、断裂、缺失。染色体异常的胚胎多数会发生流产,既使极少数发育成胎儿，出生的也都出现某些功能异常或合并畸形。此外,感染、药物等亦可引起胚胎染色体异常,常在孕12周前发生流产,即使少数妊娠至足月,出生后也可能为畸形儿或有代谢及功能缺陷。流产表现为胚胎退化或已消失,即孕卵枯萎。

②母体因素　内分泌异常即黄体功能不足可导致早期流产；甲状腺功能亢进或低下、严重的糖尿病未控制等,均可影响蜕膜、胎盘,甚至妨碍胎儿的发育而发生流产。全身性疾病即妊娠期患全身性感染时,高热可促进子宫收缩引起流产,如梅毒螺旋体、流感病毒、巨细胞病毒、支原体、衣原体、单纯疱疹病毒、弓形虫等感染,或患天花、麻疹、猩红热、伤寒、白喉、疟疾等,也可使胎儿死亡而致流产;孕妇患心力衰竭、严重

贫血等可致胎儿缺氧而引起流产;孕妇患肾炎、高血压,使胎盘发生梗死也可引起流产。生殖器官异常即子宫畸形(如子宫发育不良、双子宫、子宫纵隔等)、子宫黏膜下肌瘤、卵巢肿瘤等均可影响胚胎着床和发育而导致流产;子宫颈闭锁不全、宫颈深度裂伤宫颈内口松弛等,可导致胎膜早破而发生晚期自然流产。创伤即由于创伤刺激,尤其是早孕时,如严重休克、子宫手术、直接外力撞击等均可导致流产;中期妊娠外伤,可刺激子宫收缩而引起流产;过度紧张,焦虑、恐惧、忧伤等精神创伤也可能引起流产。不良习惯即过量吸烟、酗酒,过量饮咖啡、吸食海洛因等毒品,均可引起流产。

③母儿血型不合　如ABO血型不合,Rh血型不合常引起晚期流产。

④环境因素　影响生育功能的外界因素很多,如与砷、甲醛、苯、氯丁二烯、氧化乙烯、有机汞、铅等化学物质的过多接触,还有放射性物质,这些物质与孕妇接触后,很可能直接作用于胎儿体细胞,亦可能通过胎盘影响胎儿而导致流产。

⑤免疫因素　母体妊娠后,若母儿双方免疫不适应,则可引起母体对胚胎排斥而导致流产。

(2)临床表现

由于流产发生和发展的阶段不同,各类型的临床表现也各不相同。

①先兆流产。

症状。妊娠28周以前,出现下腹痛及阴道流血,宫颈口未开,妊娠产物尚未排出,有可能继续妊娠者。早期先兆流产主要表现为:通过检查手段证实已妊娠,出现阴道少量流血,或有轻微下腹胀痛、坠痛,或腰痛。

体征。妇科检查见宫颈口未开,子宫大小与停经月份相符。

②难免流产。

症状。流产不可避免,即在先兆流产的基础上,阴道流血量增多,明显多于月经量，阵发性下腹痛加剧或出现阴道流液。

体征。妇科检查见宫颈口已扩张，或可见胚囊、胚胎组织堵塞于宫颈口内，子宫与停经月份相符或略小。

③不全流产。

症状。难免流产继续发展，部分妊娠物排出宫腔，尚有部分残留于宫腔内或嵌顿于宫颈口，影响子宫收缩，导致大量出血，甚至发生失血性休克。

体征。妇科检查见宫颈口已扩张，或可见胚囊、胚胎组织、胎盘组织堵塞于宫颈口，或部分组织已排于阴道内，有持续性血液流出，一般子宫小于停经月份，如宫腔充满血块时，子宫可增大。

④完全流产。

症状。难免流产继续发展，妊娠物已全部排出宫腔，随后流血逐渐停止，腹痛逐渐消失。

体征。妇科检查见宫颈口关闭，早期妊娠流产者子宫略大或正常大小，阴道内可有少量血液或流血停止。

⑤稽留流产（即过期流产）。

症状。有先兆流产的症状或无任何症状，宫内胚胎或胎儿已死亡，但未排出。早期妊娠者胚胎或胎儿死亡后子宫不再增大反而缩小，早孕反应消失；中期妊娠者孕妇腹部不再增大，胎动消失。

体征。妇科检查见宫颈口关闭，子宫明显较停经月份小，质地不软，有胎心月份者未闻及胎心。

⑥习惯性流产。

症状。自然流产连续 3 次或 3 次以上，每次流产多发生于同一月份，其流产经过与一般流产相同。习惯性流产发生于早期妊娠者，常见原因多为胚胎染色体异常、黄体功能不足、免疫因素异常、甲状腺功能低下；发生于中晚期妊娠者，常见原因多为子宫畸形、发育不良、宫颈内口松弛、子宫肌瘤等。宫颈内口松弛者，往往在妊娠中期无任何前兆，而发展后发生宫颈内口扩张，继而羊膜囊突向宫颈口，一旦胎膜破裂，胎儿迅速排出。

体征。妇科检查见宫颈口关闭，早期妊娠流产者子宫略大或正常大小。

⑦流产合并感染。

症状。多见于阴道流血时间较长的流产患者，出现下腹痛，阴道流臭味血液及分泌物，严重时感染可扩展到盆腔、腹腔甚至全身，并发盆腔炎、腹膜炎、败血症及感染性休克等。

体征。妇科检查见子宫及附件明显压痛，阴道有烧灼感，阴道可见脓性白带或败酱样血性物，有臭味，双合诊有宫颈摇摆痛。

(3)辅助检查

①B 超检查　对各种类型的流产有鉴别意义，可观察孕囊大小、形态、胎动、胎心反射、胚胎或胎儿是否存活、不全流产、稽留流产等；怀疑宫颈内口松弛者，可测量内口直径，若内口直径≥20mm，又有流产史，即可诊断。

②HCG 测定　正常妊娠一般在停经第 3 天尿 HCG 高于 625IU/L，到妊娠第 8~10 周时达最高峰，一般为 8 万~32 万 IU/L，中期为 5 万 IU/L。如 HCG 低于正常或小于 625IU/L 时，提示将要流产。

③HPL(胎盘泌乳素)测定　妊娠后血中 HPL 的浓度可用以监测胎盘功能。妊娠 6~7 周时正常生理水平为 0.02mg/L，8~9 周时为 0.04mg/L。若妊娠 5~10 周时，血清 HPL≤0.01mg/L，提示将流产。HPL 下降说明滋养细胞及胎盘功能不足。

④E_2(雌二醇)测定　早孕时如孕妇血清 E_2<740pmol/L，提示将流产。

⑤早孕时如孕妇 24 个小时尿孕二醇低于 15.6umol，有 95%的孕妇可能发生流产。

2.中医

主要症候　妊娠期，阴道少量流血，下腹疼痛或坠痛。属肾虚者，伴血色淡红,腰酸,头晕耳鸣,夜尿频数,舌淡苔白,脉沉滑尺弱;属气血虚弱者,伴血色淡红质稀薄,神疲乏力,小腹下坠,面色苍白,心悸气短,或屡孕屡堕,舌淡苔薄白,脉细滑;属血热者,伴血色鲜红,口干咽燥,心烦不安,小便短黄,舌红苔黄而干,脉数滑或细滑;属殒胎瘀阻者,伴阴道持续流血,量多,色红有块,神疲气短,面色苍白,舌淡红,脉滑或涩或细数;属脾肾两虚者,伴头晕耳鸣,神疲体倦,纳少便溏,屡孕屡堕,舌淡或淡黯,脉沉弱;属阴虚血热者,伴血色紫红或鲜红,质黏稠,手足心热,屡孕屡堕,舌红少苔,脉细数;属邪毒感染者,伴阴道不规则流血,时多时少,色黯红污秽,腥臭,小腹疼痛,发热,恶寒,全身不适,舌红苔黄腻,脉滑数或弦数。

【鉴别诊断】

1.各种类型流产的鉴别诊断:见表7-1。

表7-1 各种类型流产的鉴别要点

流产类型	症状			妇科检查		辅助检查	
	出血	下腹痛	组织排出	宫颈口	子宫大小	妊娠试验	B超检查
先兆流产	少	无或轻	无	闭	与孕周相符	+	胚胎存活
难免流产	中→多	重	无	松弛或扩张	相符或略小	+或-	胚胎堵在宫口
不全流产	少→多	减轻	有	扩张或闭,有组织堵塞	小于孕周	+或-	排空或有物
完全流产	少→无	无	全部排出	闭	正常或稍大	+或-	宫内无妊娠物

2.异位妊娠:阴道点滴出血,小腹隐痛或突发一侧剧痛,妇科检查子宫有举痛,附件可触及包块,压痛,B超检查宫内无胚胎,宫外有包块或孕囊,尿妊娠试验阳性。

3.葡萄胎:阴道不规则流血,可有葡萄状胎块排出或堵塞宫口,子宫略大于孕周，尿妊娠试验强阳性。

4.功能性子宫出血：阴道不规则流血，但尿妊娠试验阴性，B超检查无宫内妊娠显像。

【治疗】

1.治疗原则

根据不同的流产类型，给予积极恰当的处理。

2.处理方法

(1)先兆流产

①一般处理　应卧床休息，严禁性生活，保证足够的营养，保持情绪稳定，对精神紧张者可给予少量对胎儿无害的镇静剂，如苯巴比妥0.03g，口服，3次/日；或利眠宁10mg，口服，3次/日。

②黄体功能不足者　黄体酮10~20mg，肌注，1次/日，或HCG 3 000U，隔日肌注一次；维生素E 50mg，口服，2次/日；保胎丸1丸，口服，2次/日。

③甲状腺功能低下者　甲状腺素片0.03~0.06g，口服，1次/日。

④中医辨证施治。

证属肾虚者，治当补肾益气，固胞安胎，用寿胎丸加味：桑寄生15g、菟丝子15g、川续断15g、阿胶15g（烊化）、党参15g、白术15g、杜仲15g、焦艾叶10g、砂仁10g、仙鹤草15g、甘草6g。

证属气血虚弱者，治当益气养血，固胞安胎，用胎元饮加减：人参15g、黄芪30g、焦白术15g、陈皮12g、山药15g、熟地15g、白芍15g、阿胶15g(烊化)、杜仲15g、桑寄生15g、苏梗15g、砂仁12g、甘草6g。

证属血热者，治当养阴清热，固胞安胎，用保阴煎加减：生地15g、熟地15g、白芍15g、川续断15g、菟丝子15g、旱莲草15g、阿胶15g(烊化)、黄柏15g、苎麻根15g、杜仲15g、甘草6g。

(2)难免流产

一旦确诊，应及早、完全排出胚胎及胎盘组织。

①早期妊娠者应行负压吸宫术，失血多者应输血并给予缩宫素

10IU~20IU,肌注。

②晚期流产者可吸宫或刮宫,并给缩宫素5IU,每半小时肌注1次,共6次,或缩宫素5IU~10IU加入5%葡萄糖500ml中静脉滴注,以促使胎儿或胎盘组织排出。

③中医辨证施治。

证属胎殒瘀阻,治当祛胎逐瘀,养血止血,用生化汤加减:当归15g、川芎15g、炮姜6g、益母草30g、牛膝15g、桃仁15g、红花15g、甘草6g。若乏力气短者,加党参15g、黄芪30g;阴道流血多者,加茜草15g、血余炭15g、仙鹤草15g;腹痛坠胀、发热者,加蒲黄12g、五灵脂12g、香附15g、枳壳12g、柴胡15g、金银花15g、连翘15g。

(3)不全流产

①诊断明确后应立即行吸宫术或钳刮术,必要时给予输液或输血,并给予缩宫素10IU~20IU,肌注,再加抗生素预防感染。

②中医辨证施治。

证属胎殒瘀阻,治当祛胎逐瘀,养血止血,用生化汤加减:当归15g、川芎15g、炮姜6g、益母草30g、牛膝15g、桃仁15g、红花15g、甘草6g。若乏力气短者,加党参15g、黄芪30g;阴道流血多者,加茜草15g、血余炭15g、仙鹤草15g;腹痛坠胀、发热者,加蒲黄12g、五灵脂12g、香附15g、枳壳12g、柴胡15g、金银花15g、连翘15g。

(4)完全流产

症状消失,B超检查宫腔无残留物,如无感染,确诊后一般不需特殊处理。如有疑惑,应行清宫,以防流产不全。

(5)稽留流产

明确诊断后应尽早排空子宫。稽留流产时间过长,10天以上,可能引起:组织机化,与宫壁紧密粘连,刮宫困难;可能发生凝血功能障碍、DIC、严重出血。因此,在手术前应检查凝血功能,并做好输血准备。

①凝血功能检查在正常范围者,先予炔雌醇1mg,口服,2次/日,

连续 5 天，或乙烯雌酚 5~10mg，口服，3 次/日，连续 5 天，或苯甲酸雌二醇 2mg，肌注，2 次/日，连用 3 天，以提高子宫对缩宫素的敏感性。此后，若子宫小于 3 个月妊娠者，则行刮宫术，术中应肌注缩宫素 10IU，或缩宫素 5IU~10IU 加入 5%葡萄糖 500ml 中静脉滴注，或用米索前列腺醇 0.4mg 置于阴道后穹隆，以加强子宫收缩，减少出血量，一次不能刮净者，可于 5~7 天后再次刮宫。若子宫大于 3 个月妊娠者，可静脉滴注缩宫素人工引产，或用依沙吖啶引产。术后应常规行 B 超检查，以确认宫腔残留物是否完全排出，必要时再次清宫，并加强抗感染治疗。

②凝血功能检查异常者，可静脉注射纤维蛋白原，输新鲜血、血小板或用肝素等，待凝血功能改善后再行刮宫或引产。

③中医辨证施治。

证属胎殒瘀阻，治当祛胎逐瘀，养血止血，用生化汤加减：当归 15g、川芎 15g、炮姜 6g、益母草 30g、牛膝 15g、桃仁 15g、红花 15g、甘草 6g。若乏力气短者，加党参 15g、黄芪 30g；阴道流血多者，加茜草 15g、血余炭 15g、仙鹤草 15g；腹痛坠胀、发热者，加蒲黄 12g、五灵脂 12g、香附 15g、枳壳 12g、柴胡 15g、金银花 15g、连翘 15g。

(6)习惯性流产

应查明原因，针对病因处理。

①染色体异常夫妇，应于孕前进行咨询，确定能否妊娠。

②可行夫妇血型鉴定及丈夫精液检查。

③明确女方有无生殖道畸形、肿瘤、宫腔粘连等，如双角子宫、纵隔子宫、子宫肌瘤等，应在未妊娠前先行手术治疗，术后避孕 1 年。

④注意休息，加强营养，确诊妊娠后禁止性生活，补充维生素 B、维生素 E、维生素 C 等，流产应超过以往流产发生的妊娠月份。

⑤黄体功能不足者，可尽早用黄体酮 20mg，肌注，1 次/日，或 HCG 3 000U，肌注，1 次/隔日，以预防流产。

⑥宫颈内口松弛者，应在未妊娠前做宫颈内口修补术。如已妊娠，

宜在妊娠第14~16周行宫颈内口环扎术。术后定期随访，在孕37周前提前入院，孕37~38周或有临产先兆时拆除缝线，一般拆除后迅速分娩。如环扎后有流产征象，说明治疗失败，应及时拆除缝线，以免造成宫颈严重裂伤。

⑦习惯性流产患者确诊妊娠后，可常规肌注HCG 3 000~5 000U，1次/隔日，至妊娠8周后停止。

⑧有学者认为，对不明原因的习惯性流产患者可行主动免疫治疗，即将其丈夫或他人的淋巴细胞在女方前臂内侧或臀部做多点皮内注射，妊娠前注射2~4次，妊娠早期加强免疫1~3次，妊娠成功率可达86%以上。

⑨中医辨证施治。

证属脾肾两虚者，治当补脾益肾，固胞安胎，用补肾固冲汤加减：熟地15g、桑寄生15g、菟丝子15g、续断15g、枸杞子15g、杜仲15g、巴戟天15g、鹿角胶15g、阿胶15g(烊化)、当归12g、党参15g、白术15g、大枣6枚、甘草6g。

证属气血虚弱者，治当益气养血，固胞安胎，用胎元饮加减：人参15g、黄芪30g、焦白术15g、陈皮12g、山药15g、熟地15g、白芍15g、阿胶15g(烊化)、紫河车15g、杜仲15g、桑寄生15g、苏梗15g、砂仁12g、甘草6g。

证属阴虚血热者，治当养阴清热，固胞安胎，用两地汤加减：生地15g、熟地15g、地骨皮15g、元参15g、麦冬15g、阿胶15g(烊化)、白芍15g、山茱萸15g、枸杞子15g、石斛15g、玉竹15g、女贞子15g、旱莲草15g、甘草6g。

(7)流产合并感染

原则为迅速控制感染，尽快清除宫内残留物。

①流血不多者，先用广谱抗生素2~3天，待控制感染后再刮宫。

②流血量多或经应用大量抗生素后未能控制感染时，可在继续静

脉滴注广谱抗生素和输血的同时，尽快清除宫内残留物以减少出血，但切忌刮齿全面搔刮宫腔，以免感染扩散。术后应继续用抗生素，待感染控制后再行彻底刮宫。

③严重患者可并发盆腔脓肿、血栓性静脉炎、败血症、感染性休克、急性肾功能衰竭及DIC等，应高度重视并积极预防，一旦发生休克，应积极纠正休克和控制感染。如用药不能控制时，为抢救患者生命，必要时可考虑切除子宫去除感染源。

④中医辨证施治。

证属邪毒感染，治当清热解毒，活血化瘀，用解毒活血汤合大黄牡丹皮汤加减：柴胡15g、葛根15g、金银花15g、连翘15g、生地15g、当归15g、赤芍15g、黄芩15g、蒲公英15g、制大黄10g、丹皮15g、桃仁10g、败酱草15g、红藤15g、生甘草6g。

【注意事项】

1.绝大多数流产是可以预防的，因此应注意预防和消除引起流产的病因，以利于胚胎的正常发育。

2.婚前检查可避免流产的潜在因素。

3.反复流产者应尽早安胎、保胎。

第二节 妊娠晚期出血性疾病

一、早产

【诊断】

1.西医

(1)发病原因

诱发早产（妊娠28~37周终止）常见因素有：胎膜早破、绒毛膜羊膜炎，30%~40%的早产与此有关；下生殖道及泌尿道感染，如B族链球菌、沙眼衣原体、支原体的下生殖道感染、细菌性阴道病及无症状性菌尿、急性肾盂肾炎等;妊娠并发症与合并症,如妊娠期高血压疾病、妊娠肝内胆汁淤积症、妊娠合并各种急性病如传染性肝炎、高热等和各种慢性病如心脏病、慢性肾炎、贫血、甲状腺功能亢进、严重营养不良等;子宫膨胀过度及胎盘因素,如多胎妊娠、羊水过多、前置胎盘、胎盘早剥、胎盘功能不全、胎膜早破等;子宫畸形,如纵隔子宫、双角子宫,子宫肌瘤等;宫颈内口松弛;胎儿畸形、胎死宫内等;年龄过小(年龄<18 岁)或过大(年龄>40 岁)、体重过轻、身体矮小(身高<150cm)、吸烟及酗酒等;外伤,如跌伤、腹部直接撞击伤等。

(2)临床表现

①症状　先兆早产表现为不规则子宫收缩,10 分钟一次,下腹坠胀,伴宫颈管缩短,常有少量阴道流血及血性分泌物或胎膜早破。早产临产表现为在先兆早产的基础上,逐渐发展为规律宫缩,与足月临产相似,宫缩 20 分钟不少于 4 次,持续时间达 30 秒以上,宫颈口扩张 2cm 以上,先露下降和胎膜破裂,阴道分泌物增多,部分患者可伴有少量阴道流血或阴道流水。

②体征　肛门检查或阴道检查发现宫颈管消失,宫口已扩张,宫缩已成为规律。

(3)辅助检查

①B 超检查:了解有无前置胎盘、胎盘早剥、胎儿畸形、胎位不正、确定胎儿数目、胎儿发育情况、羊水量多少、胎盘位置、胎儿是否存活等。

②阴道窥器检查及阴道流液涂片:了解有无胎膜早破。

③宫颈及阴道分泌物培养:了解是否沙眼衣原体感染或 B 族链球菌感染等。

④羊膜穿刺:胎膜早破者,可抽取羊水送细菌培养,排除绒毛膜羊膜炎,并可检测卵磷脂与鞘磷脂的比值或磷脂酰甘油等,了解胎儿成熟度。

⑤实验室检查：查血常规，白细胞是否升高，尿常规有无尿蛋白、脓细胞、红细胞存在，以排除无症状菌尿；查肝功、血糖、尿糖等；还应检查 Rh 血型、ABO 血型、TORCH（T 为弓形体、O 为其他可引起感染的病毒、R 为风疹病毒、C 为人巨细胞病毒、H 为单纯疱疹病毒Ⅰ、Ⅱ型，如 IgM 阳性，说明有近期感染而早产）、C 反应蛋白（阳性说明有绒毛膜炎发生的可能）、夫妇双方染色体（任何一方染色体异常，均有可能导致胎儿染色体异常而发生早产）。

2.中医

主要症候　妊娠未足月，腹阵痛或阴道少量流血。属肾虚者，伴腰酸，头晕耳鸣，夜尿频多，舌淡苔白，脉沉滑而弱；属气血虚弱者，伴神疲乏力，心悸气短，舌淡苔薄白，脉细滑；属跌扑伤胎者，有外伤史，伴阴道流血较多，舌黯，脉滑数无力。

【鉴别诊断】

1.前置胎盘：表现为妊娠 28 周以后反复发生无痛性阴道出血，量可多可少，不伴规律宫缩。体查时子宫大小与孕周相符，子宫软、无宫缩、无压痛、胎位清楚，宫颈管未消失、宫口未开，出血多时可造成贫血，B 超检查有助于诊断。

2.胎盘早剥：常有高血压及外伤史。表现为持续性下腹痛及压痛，腰痛逐渐加剧，伴阴道流血，量或多或少，阴道出血与失血表现不符，严重者伴面色苍白、出冷汗、恶心、呕吐、胎位不清，胎心改变甚至消失，板状腹（板状腹者多伴内出血）。

3.胎儿畸形、羊水过多、羊水过少、胎位不正：一般 B 超可明确诊断。

4.宫颈局部病变或胎盘边缘血管破裂出血：通过窥器检查，可发现宫颈糜烂、宫颈息肉等，阴道出血可根据临床表现及体征予以鉴别。

5.假临产及妊娠晚期子宫生理性收缩：一般子宫收缩不规律，无痛感，而且不伴有宫口扩张，经休息或应用镇静剂后即消失。

【治疗】

1.治疗原则

根据不同情况,采取不同措施。妊娠 35 周以上者,可待其自然分娩。妊娠 35 周以下者,若胎儿存活,无胎儿窘迫或胎膜早破,初产妇宫口扩张小于 2cm 或经产妇宫口扩张小于 4cm 者, 应设法抑制宫缩,尽可能使妊娠继续维持至 35 周以上。若胎膜已破,早产不可避免时,应尽量设法提高早产儿的存活率。

2.处理方法

(1)一般处理是一旦出现早产先兆症状,应住院治疗,卧床休息,多采取左侧卧位,改善子宫胎盘血液循环。每天吸氧 2 次,每次 30 分钟。

(2)避免刺激及干扰,除非必要,应尽量减少阴道、肛门及腹部检查,必须检查时动作要轻柔。禁止性生活,减少局部刺激。

(3)有宫颈裂伤及宫颈内口松弛者应在孕 12~16 周时行宫颈环扎术,37 周后拆线,若发生先兆早产应提前拆线。

(4)胎膜已破而孕龄不足 35 周者,可在预防感染的同时采用保胎治疗,延长孕龄,但必须密切观察体温、脉搏及胎心变化,并用 C 反应蛋白监测绒毛膜炎。

(5)抑制宫缩

①镇静,盐酸哌替啶 50~100mg,肌注或静脉注射,或地西泮 10mg 肌注或静脉注射。

②硫酸镁,镁离子浓度达 2~3mmol/L 时达到治疗浓度,肌肉收缩完全被抑制,对血压无明显影响,首次剂量在半小时内先静脉滴注硫酸镁 5g,以后以 1~2g/h 速度维持,宫缩消失后停药。用药时注意尿量、呼吸、膝反射。副作用有出汗、潮热、恶心、呕吐、心慌、头晕等。此时应立即停用硫酸镁,可静脉注射 10%葡萄糖酸钙 10ml 对抗。

③硫酸舒喘灵片,口服,2.4~4.8mg/次,3 次/日。

④乙醇有抑制神经垂体释放催产素及直接抑制子宫肌细胞收缩的

作用，用95%纯乙醇100ml溶于5%葡萄糖溶液900ml中，静脉滴注。

⑤心痛定为钙拮抗剂，有松弛平滑肌作用，10mg舌下含服，3次/日，能抑制宫缩。但心功能低下者慎用。

(6)促进胎儿肺成熟，预防早产儿呼吸窘迫综合征。为避免早产儿发生呼吸窘迫综合征，可在分娩前给予孕妇糖皮质激素，增加肺表面活性物质的产生、释放。常用地塞米松5mg肌注，每日3次，共3天。亦可在做羊膜穿刺行胎儿成熟度检查的同时，向羊膜腔内注入地塞米松10mg，或用倍他米松12mg肌注，每日1次，共2天。

(7)若经药物治疗已无法阻止产程进展及胎膜已破，或出现胎儿窘迫现象时，应停止使用宫缩抑制药物，并应注意以下几点：

①分娩时应避免创伤性分娩以及早产儿窒息。

②第一产程行左侧卧位，已增加胎盘灌注量，间歇给氧，持续30分钟，间歇5分钟。第二产程可持续给氧。

③维生素 K_1 10mg，肌注或静脉推注，早产儿出生后立即再给予5mg，肌注以减少早产儿颅内出血。

④缩短第二产程，常规会阴切开，减少胎头在盆底所受阻力，防止早产儿颅内出血。

⑤如医院对早产儿护理所具条件很好，对于体重小于1 500~2 000g的早产儿可为剖宫产指征。

⑥接生前应预热保温箱，并由新生儿科组成复苏队伍。

(8)抗生素的应用，对早产胎膜早破超过12小时，生殖道炎症及存在羊膜腔感染的早产孕妇应及早应用。常选用广谱抗生素，如氨苄青霉素、头孢类药物等。用法：氨苄青霉素0.3~0.5g，肌注，每日2次，或1~2g静脉滴注，每日1次；头孢拉啶1~2g静脉滴注，每日1次；西力欣0.75~1.5g静脉滴注，每日1次，或肌肉注射，每日3次。

(9)中医辨证施治

①证属肾虚者，治当补肾益气，固胞安胎，用寿胎丸加减：桑寄生

15g、菟丝子15g、川续断15g、阿胶15g(烊化)、党参15g、炙黄芪30g、升麻15g、白术15g、杜仲15g、焦艾叶10g、砂仁10g、仙鹤草15g、甘草6g。

②证属气血虚弱者,治当益气养血,固胞安胎,用安胎饮加减:人参15g、炙黄芪30g、焦白术15g、陈皮12g、山药15g、熟地15g、白芍15g、阿胶15g(烊化)、续断15g、杜仲15g、桑寄生15g、苏梗15g、砂仁12g、甘草6g。

③证属跌扑伤胎者,治当和血益气,固胞安胎,用泰山磐石汤加减:党参15g、炙黄芪30g、白术15g、升麻15g、白芍15g、川续断15g、菟丝子15g、旱莲草15g、阿胶15g(烊化)、当归15g、苎麻根15g、杜仲15g、甘草6g。

【注意事项】

1.糖皮质激素副作用为多量使用时可引起母体肺水肿、感染。

2.大剂量应用硫酸镁时,应注意观察膝腱反射。

3.早产是目前围产儿死亡的首位原因,重在预防。妊娠期的预防措施包括定期产检,孕期注意卫生,避免吸烟和饮酒,加强对高危妊娠的管理,积极治疗妊娠合并症,预防胎膜早破和亚临床感染。出现先兆早产症状应早期诊断、早期治疗。

4.早产临产后应慎用吗啡、哌替啶等抑制早产儿呼吸中枢的药物。

5.产程中应吸氧,做好产程监护,避免创伤性分娩。分娩时应行会阴侧切以缩短第二产程,预防早产儿颅内出血。

二、前置胎盘

【诊断】

1.西医

(1)发病原因

准确的病因目前尚不清楚,可能与多次刮宫、多次分娩、剖宫产、子宫疤痕、产褥感染、多胎经产等引起子宫内膜炎症或损伤有关;或子宫蜕膜营养不良时,影响受精卵的正常着床,为摄取足够营养,胎盘伸展到子宫下段;或胎盘面积过大;或胎盘本身异常,如副胎盘、膜状胎盘;或受精卵发育迟缓,滋养层尚未发育到能着床的阶段,继续下移,着床于子宫下段而形成等。根据胎盘边缘与宫颈内口的关系分为3种类型:完全性(中央性)前置胎盘即宫颈内口全部被胎盘所覆盖;部分性前置胎盘即宫颈内口部分被胎盘所覆盖;边缘性前置胎盘即胎盘边缘附着于子宫下段,但不超过宫颈内口。

出血是由于妊娠晚期或临产后子宫下段逐渐伸展,位于宫颈内口的胎盘不能相应地伸展,导致前置部分的胎盘自其附着处剥离,使血窦破裂而出血。

胎盘边缘与宫颈内口的关系随着宫颈管的消失和宫颈口的逐渐扩大而改变,所以,原则上以入院时两者关系作为诊断各型前置胎盘的标准。

(2)临床表现

①症状　妊娠晚期或临产时,突发性无诱因、无先兆的无痛性反复阴道出血,可在患者入睡时发生。多数病例初次出血量较少,常自止。出血发生时间早晚、反复发生次数、出血量多少与前置胎盘类型关系密切相关。完全性(中央性)前置胎盘,出血时间早、次数频、量多,甚至可大出血伴休克,个别病例可早至妊娠20周,亦可近足月妊娠时有第一次出血;边缘性前置胎盘,初次出血发生晚,多在妊娠37~40周或临产后,出血量较少;部分性前置胎盘,介于两者之间,反复多次阴道出血,孕妇可出现贫血,其贫血程度与出血量成正比。

②体征　根据失血量多少而不同,多次出血者呈贫血貌,急性大量出血时可有休克征象。有时一次大量出血可致孕妇休克、胎儿发生窘迫甚至死亡;有时少量、持续的阴道流血也可导致严重后果。

腹部检查:子宫软,无收缩,无压痛,大小与停经月份相符,可扪及阵发性宫缩,间歇期能完全放松。可有胎头高浮和(或)胎位异常(臀位或横位)并跨耻征阳性。一般能听到胎心音,出血不多时胎心音正常,出血多时胎儿因缺血缺氧而导致窘迫,胎心异常,严重时可导致胎死宫内。当胎盘附着于子宫下段前壁时,可在耻骨联合上方听到胎盘杂音。

阴道检查:一般不做阴道检查,如果反复阴道出血,怀疑宫颈阴道疾病,需明确诊断则在备血、输液或可立即进行手术的条件下进行。严格外阴消毒后,窥器检查除外宫颈局部病变,如阴道静脉曲张、破溃,宫颈糜烂、赘生物出血等,有经验者可以手指依次轻触穹隆四周,同时以另一手轻轻下推宫底,使先露下降,以了解胎先露与穹隆组织之间有无软厚的胎盘组织。如发现宫颈口已扩张,估计短时间可经阴道分娩,可将手指轻轻伸入,以了解胎盘下缘与内口间的关系(覆盖内口的程度或下缘与内口间的距离)。

(3)辅助检查

①B 超检查　可清楚看到子宫壁、胎先露、胎盘和宫颈的位置,并根据胎盘边缘与宫颈内口的关系进一步明确前置胎盘的类型。B 超胎盘定位的准确率达 95%以上。但妊娠中期时,B 超检查胎盘位置较低者较多,随着子宫下段的伸长,胎盘位置可以上移,故对妊娠中期时诊断胎盘前置者应在妊娠晚期(35 周左右)进行 B 超复查,以明确是否为胎盘前置。对临床或 B 超怀疑为前置者,应再次在膀胱半充盈时进行 B 超复查,因膀胱排空或充分充盈时,均可能影响图像而漏诊。

②核磁共振检查(MRI)　可用于确诊前置胎盘。但价格昂贵。

③化验检查　血红蛋白低、红细胞减少、血细胞压积低提示贫血。

④产后胎盘胎膜检查　产后应检查胎盘有无形态异常,有无副胎盘。如胎盘边缘见陈旧性紫黑色血块附着处即为胎盘前置部分;如胎膜破口距胎盘边缘小于 7cm,支持前置胎盘的诊断(但剖宫产者则无意义),则为边缘性或部分性前置胎盘。

2.中医

主要症候　妊娠后期阴道少量出血,反复发作,无腹疼痛。属肾虚者,伴血色淡或黯淡,质稀,腰膝酸软,头晕耳鸣,小腹空坠,舌淡黯,苔薄白,脉沉迟滑弱;属气血虚弱者,伴血色淡质稀,气短心悸,舌淡苔白,脉细弱滑;属血热者,伴血色红质稠,口干咽燥,心烦不安,舌红苔黄,脉数弦滑。

【鉴别诊断】

应与胎盘早剥、早产、胎盘边缘血窦破裂、帆状胎盘等疾病鉴别。以上疾病B超检查胎盘位置均正常。此外,还应与阴道壁病变、宫颈病变(如息肉、糜烂、宫颈癌)所致的出血鉴别。一般结合病史,通过超声检查、阴道检查、分娩后胎盘检查可以确诊。

【治疗】

1.治疗原则

止血,抑制宫缩,纠正贫血及预防感染。应根据出血量、休克程度、妊娠周数、胎儿是否存活而采取相应的措施。

2.治疗方法

(1)期待疗法

适于出血不多或无产前出血者,生命体征平稳,胎儿存活,胎龄小于36周,胎儿体重小于2 300g的孕妇。其目的是在保证孕妇安全的前提下让胎儿达到或更接近足月,以降低围产儿的死亡率。期待疗法应在备血、有立即手术的条件下进行,并能用B超随时监护胎盘迁移情况及胎儿宫内安危状态,一旦出血增多,应立即终止妊娠。若无阴道流血,在妊娠34周前可以不必住院,但要定期超声检查,了解胎盘与宫颈内口的关系,一旦出现阴道流血,即要住院治疗。

①卧床休息　左侧卧位,定时吸氧(每日吸氧3次,每次20~30分钟)。禁止性生活、阴道检查、肛门检查、灌肠及任何刺激,保持孕妇良好情绪,适当应用地西泮等镇静剂,如地西泮2.5mg,口服,3次/日,或苯巴比妥0.03g,口服,3次/日。

②抑制宫缩　子宫收缩可致胎盘剥离而引起出血增多。为阻止病情发展,可用松弛子宫平滑肌药物,减少胎盘与宫壁的进一步分离,常用25%硫酸镁20ml,溶于10%葡萄糖液250ml中,以每小时1g的速度

静脉滴注。症状消失后改用沙丁胺醇 2.4~4.8mg/次，口服，3 次/日，也可用硝苯地平 10mg，口服，3 次/日。

③纠正贫血　完全性前置胎盘反复阴道流血者，应反复输血以维持正常血容量、红细胞比积，提高孕妇对出血的耐受性，减轻胎儿宫内缺氧。视贫血程度，轻度者给予补充铁剂，如硫酸亚铁口服，0.3g/次，3 次/日，同时服维生素 C 0.1g/次，3 次/日。

④预防感染　可用广谱抗生素。

⑤促进胎儿肺成熟　反复阴道流血往往须提前终止妊娠。对胎龄小于 37 周，又不能确定何时终止妊娠的情况下，可给予地塞米松 10mg，加入 5%葡萄糖液中静脉滴注，1 次/日，共 3 天，如 1 周后未分娩，可再给药 3 天；如为择期剖宫产，可在术前 3 天给药，每日 10mg，或因必要需抽取羊水检查胎儿的肺成熟度的同时，给予羊膜腔内注入地塞米松 10mg，促进胎儿肺成熟，提高出生后存活率。

(2)终止妊娠

①时机　妊娠 35 周以上，反复阴道流血，不论孕龄大小，实验室诊断胎肺已成熟，当阴道大量出血时，无论胎儿成熟与否均应立即终止妊娠。

②方式有以下几种：

剖宫产。完全性前置胎盘须以剖宫产终止妊娠。近年来对部分性及边缘性前置胎盘也倾向剖宫产终止妊娠。终止妊娠的时间选择在前置胎盘的处理中十分重要。对无阴道流血者，尽量延长孕周至足月后；若少量阴道流血，完全性前置胎盘可在孕 36 周后，部分性及边缘性前置胎盘可在孕 37 周后；若阴道流血量较多，胎肺不成熟者，可经短时间促肺成熟后终止妊娠。一旦前置胎盘发生严重出血而危及孕妇生命安全时，不论胎龄大小均应立即剖宫产。术前应积极纠正休克、备血、输液。子宫切口视胎盘位置而定。胎盘附着于子宫下段前壁时，进腹后往往可见子宫下段部位血管充盈或怒张，做子宫切口时应尽可能避开或先行血管结扎，采用子宫下段偏高纵切口或体部切口，推开胎盘边缘后破膜,娩出胎儿。但应避免纵切口向下延伸而撕裂膀胱,更不主张撕裂胎盘而娩出胎儿。后壁前置胎盘可选择子宫下段横切口。胎儿娩出后,立即用缩宫素 20U 给子宫肌壁内及子宫下段肌壁内注射,以加强子宫收缩,并徒手剥离胎盘。胎盘剥离后,子宫下段附着面往往不易止血,可用热盐水纱垫直接压迫,也可在明胶海绵上放置凝血酶压迫出血处,或用可吸收线 8 字缝合血窦、双侧子宫动脉或髂内动脉结扎、髂内动脉栓塞以及宫腔内纱条填塞等方法止血。如无效或合并胎盘植入,可行子宫全切或次全切除术(应完全切除胎盘附着的出血处)。

阴道分娩。适于边缘性前置胎盘,出血不多,头先露,无头盆不称及胎位异常,且宫口已开大,估计短时间内分娩者。可在备血、输液条件下人工破膜,并加强宫缩促使胎头下降压迫胎盘而止血。一旦产程停滞或阴道流血增多,应立即剖宫产结束分娩。

紧急转送。如无输血、手术等抢救条件时,应立即在消毒下阴道填塞纱布、腹部加压包扎,由医务人员亲自护送至附近有条件的医院治疗。

(3)产褥期纠正贫血、防治感染。

(4)中医辨证施治

证属肾虚者,治当补肾益气,固胞安胎,用寿胎丸加味:菟丝子 15g、桑寄生 15g、续断 15g、阿胶 15g(烊化)、党参 15g、焦白术 15g、杜仲 15g、砂仁 10g、仙鹤草 15g、地榆炭 15g、艾叶炭 15g、苏梗 12g、甘草 6g。

证属气血虚弱者,治当益气养血,固胞安胎,用安胎饮加减:熟地 15g、白芍 15g、阿胶 15g(烊化)、山芋肉 15g、黄芪 30g、党参 15g、白术 15g、茯苓 12g、艾叶炭 15g、地榆炭 15g、紫河车 15g、仙鹤草 15g、甘草 6g。

证属血热者,治当养阴清热,固胞安胎,用保阴煎加减:生地 15g、熟地 15g、白芍 15g、山药 15g、续断 15g、黄芩 15g、黄柏 10g、侧柏炭 15g、阿胶 15g(烊化)、仙鹤草 15g、地榆炭 15g、柴胡 15g、女贞子 15g、旱莲草 15g、生甘草 6g。

【注意事项】

1.前置胎盘的预后与阴道流血量的多少、孕周大小、前置胎盘的类型、胎儿是否存活以及是否临产密切相关。

2.胎盘边缘与宫颈内口的关系可随孕龄和产程进展而发生改变，因而前置胎盘的类型也随着改变。

3.B 超胎盘定位须注意妊娠周数和膀胱充盈度。

4.由于胎盘位置可随妊娠进展而上移，使原来位置低下的胎盘变为正常位置的胎盘，所以，妊娠中期 B 超提示胎盘位置低下，而无临床症状者，不诊断前置胎盘，而诊断为胎盘前置状态。

三、胎盘早剥

【诊断】

1.西医

(1)发病原因

该病的发病机制目前尚不完全清楚，但在下列因素中发病率高。

①血管病变　子痫前期、子痫、慢性高血压及慢性肾脏疾病的孕妇，当这些疾病引起全身血管痉挛、硬化或粥样化时，子宫底蜕膜也可发生小动脉痉挛、硬化或粥样化，引起远端毛细血管缺血坏死而破裂出血，血液流至底蜕膜与胎盘之间并形成血肿，导致胎盘从子宫壁剥离。

②机械因素　孕后期腹部外伤或直接被撞击、用力过猛的外倒转术、脐带过短或脐带绕颈、双胎妊娠第一胎娩出过快或羊水过多破膜时羊水骤然流出所造成的子宫内压骤减等，可引起子宫突然收缩而导致胎盘早剥。

③子宫静脉压升高　妊娠晚期子宫重量明显增加，当孕妇长时间处于仰卧位，妊娠子宫压迫下腔静脉，使回心血量受到阻碍而减少，子宫静脉淤血使静脉压升高，导致蜕膜静脉床淤血或破裂，而引起部分或全部胎盘剥离。

④其他 高龄孕妇、经产妇容易发生本病；不良生活习惯如吸烟、酗酒或吸食毒品等，发病率也增高；附着于子宫肌瘤部位的胎盘也易发生胎盘早剥。

(2)临床表现

以胎盘早剥的程度，国内外对其分类不同。国外(Sher,1985)分为Ⅰ、Ⅱ、Ⅲ度，而国内分为轻、重两型。轻型，胎盘剥离面一般不超过胎盘面积的1/3；重型，胎盘剥离面超过了胎盘面积的1/3或达1/2。国内的轻型相当于SherⅠ度，重型则包括SherⅡ、SherⅢ度。

①轻型。

症状。临床以外出血为主，多见于分娩期。主要症状为阴道出血量较多，色黯红，无腹痛或伴轻微腹痛。

体征。无明显体征，检查见子宫软，轻度局限性压痛或无压痛，宫缩有间歇，无明显贫血，子宫大小与妊娠月份相符，胎位清楚，胎心率多正常。有些病例仅在产后检查胎盘时，发现胎盘母体面有陈旧凝血块及压迹而得以诊断。

②重型。

症状。临床以内出血或混合性出血为主，伴有较大的胎盘后血肿。多见于子痫前期、子痫的患者。常为突然发生的持续性腹痛，腰酸或腰背痛。疼痛程度与胎盘后积血多少呈正相关，积血越多疼痛则越剧烈。严重时可见恶心、呕吐、出冷汗、面色苍白、脉搏细弱、血压下降等休克表现，而且临床表现的严重程度与阴道流血量常不相符。

体征。生命体征异常，腹部检查子宫硬如板状，压痛明显，尤以胎盘剥离处最明显(但须注意，子宫后壁胎盘早剥时压痛不明显)，明显贫血貌。子宫往往大于妊娠月份，宫底常因出血而增高，子宫处于高张状态，如在宫缩间歇期也不能放松，故胎位摸不清，胎心由于缺氧常不规律或消失，甚至胎死宫内。

重型患者病情凶猛，可很快出现严重休克、肾功能异常及凝血功能障碍。故常见以下并发症：

出血性休克。无论显性或隐性出血，量多时均可导致休克。子宫胎盘卒中者产后因宫缩乏力或凝血功能障碍均是导致严重产后出血的重要原因。大量出血使全身重要器官缺血缺氧，导致心、肝、肾功能衰竭，脑垂体及肾上腺皮质坏死。

弥漫性血管内凝血(DIC)。重型特别是胎死宫内的患者可能发生DIC，常表现为皮肤、黏膜下出血、咯血、呕血、血尿及产后出血。

急性肾功能衰竭。常由重度妊高征引起重型胎盘早剥所致。子痫前期或子痫时，肾内小动脉痉挛，肾小球前小动脉极度狭窄，肾脏缺血，而且胎盘早剥出血，休克及DIC等，则在其基础上更加减少肾血流量，从而导致急性肾功能衰竭。

胎死宫内。胎盘剥离面积大，出血多，胎儿多可因缺血缺氧而死亡。

羊水栓塞。胎盘剥离面子宫血管开放，破膜后羊水可沿开放的血管进入母血循环，导致羊水栓塞。

(3)辅助检查

①B超检查　可协助了解胎盘附着部位及剥离的程度，并可明确胎儿大小及存活情况。正常胎盘B超显示与子宫壁应紧贴，胎盘早剥时胎盘与子宫壁间有边缘不清的液性暗区(常不止一个)，即为胎盘后血肿。如血肿较大，则会挤压胎盘绒毛膜板凸入羊膜腔；如血液渗入羊水中，可见羊水混浊；血块机化时，暗区内可见光点反射。不过B超诊断胎盘早剥也有其局限性，即使阴性也不能排除胎盘早剥的可能性，但可排除前置胎盘。

②实验室检查　可了解患者的贫血程度及凝血功能。行血常规、尿常规、肝功能等检查，重型者还应行肾功能及二氧化碳结合力等检查。高度怀疑内出血时，定时(12小时)检查红细胞及血红蛋白有助于确定诊断及了解内出血进展情况。重症患者应作以下检查：DIC筛选试验，包括血小板计数、凝血酶原时间、纤维蛋白原定量；纤溶确诊试验，包括

凝血酶原时间、副凝试验及优球蛋白溶解时间；情况紧急时，可行血小板计数及全血凝块试验监测凝血功能，也可粗略估计血纤维蛋白原含量。

2.中医

主要症候 妊娠期阴道流血，量或少或多，腹疼痛。属阴虚火旺者，伴血色鲜红，质黏稠，头晕耳鸣，眼花目眩，咽干口燥，舌红苔少，脉细数弦；属瘀血阻滞者，伴血色黯红，腹痛拒按，舌黯，脉沉弦或沉涩；属外伤瘀阻者，于跌扑闪挫或劳力过度后，继发腰腹疼痛，阴道流血，舌淡红苔少，脉弦。

【鉴别诊断】

1.前置胎盘：当有阴道出血而伴有非宫缩引起的腹痛时，前置胎盘可以除外。但胎盘早剥外出血型多无腹痛，应与之鉴别。B 超检查进行胎盘定位一般即能鉴别。

2.先兆早产：一般出血少，腹痛为阵发性，且不剧烈，故与胎盘早剥中的严重者易于鉴别。与胎盘早剥中的轻型者可通过观察或超声检查有无胎盘后液性暗区确定。

3.子宫破裂：多有剖宫产或肌瘤剔除术所致的子宫瘢痕或有分娩梗阻情况，胎盘早剥则多伴母体高血压性血管病变或宫腔内压力骤减等情况。腹痛突发、宫壁局部压痛及(或)胎心消失则为二者共有，难以据之鉴别。如病情严重而一时难以鉴别，应从速剖腹探查。先兆子宫破裂时，患者宫缩强烈，下腹疼痛拒按，胎心异常，可有少量阴道出血，腹部可见子宫病理缩复环，伴血尿。

【治疗】

1.治疗原则

立即终止妊娠、控制出血，同时纠正休克、防治并发症。

2.治疗方法

(1)纠正休克

立即面罩给氧，积极开放静脉通道，补充血容量，快速输新鲜血和血浆补充血容量及凝血因子,以保持血细胞比容不小于0.30,尿量大于30ml/h。若发生DIC,应测中心静脉压以指导补液量。密切监测胎儿情况。

(2)终止妊娠

确诊后应立即终止妊娠,娩出胎儿以控制子宫出血。

①剖宫产 重型胎盘早剥患者首选,即使是轻型患者,估计短时间内不能分娩,出现胎儿窘迫者或病情急剧加重,危及孕妇生命时,不管胎儿存活与否,均应立即剖宫产。此外,有产科剖宫产指征或产程无进展者也应剖宫产。术前应常规检查血常规、凝血功能,并备足新鲜血、血浆等。术中娩出胎儿和胎盘后,立即以双手按揉子宫前后壁,用缩宫素20U子宫肌内注射,再以20U静脉推注。如因子宫收缩不良或子宫胎盘卒中而无法控制出血时,应快速输入新鲜血及凝血因子,并行子宫切除术。

②阴道分娩 轻型患者,全身情况良好,出血不多且宫口已开大,估计短时间内能分娩者,可经阴道分娩。先行人工破膜使羊水缓慢流出减少子宫容积,并以腹带紧裹腹部加压,使胎盘不再继续剥离。如子宫收缩乏力,可使用缩宫素加强宫缩以缩短产程。产程中密切观察血压、脉搏、宫底高度、阴道流血量及胎儿情况,一旦发现病情加重或出现胎儿窘迫,或产程进展缓慢,母体情况恶化不宜等待者,应剖宫产结束分娩。

(3)防止产后出血

胎盘早剥患者易发生产后出血,故产后应密切观察子宫收缩、宫底高度、阴道流血量及全身情况,加强按摩子宫及宫缩剂的使用,并警惕DIC的发生。宫缩剂如缩宫素,20~60U静脉滴注,10~20U肌注或子宫肌注射;米索前列醇0.04~0.06mg含服或术中放于子宫下段。卡孕栓或麦角新碱也可应用。

经多种措施积极处理后,子宫仍持续不收缩,出血多且不凝,为预防和治疗 DIC，应果断切除子宫。

(4)凝血功能障碍的处理

一般情况下经过积极处理，及时终止妊娠，解除诱发 DIC 的病因，快速补足血容量、纠正休克，保证重要脏器血流灌注量，DIC 可望好转。

①补充血容量和凝血因子　大量出血可导致血容量不足以及凝血因子的丧失，足够量的新鲜血可有效补充血容量及凝血因子。10U 新鲜冻血浆可提高纤维蛋白原含量 1g/L，所以，无新鲜血时可用新鲜冻血浆替代，或可将纤维蛋白原 2~4g 溶入注射用水 100ml 中静脉点滴，基本可以恢复血纤维蛋白原水平。血小板减少时可输入血小板。

②肝素的应用　肝素是有效的抗凝剂，在血液高凝状态时应尽早使用，可阻断凝血过程，防止凝血因子及血小板的消耗。但禁止在有显著出血倾向或纤溶亢进阶段使用。

③抗纤溶药物的应用　临床常用药物有抑肽酶、氨基乙酸、氨甲环酸、氨甲苯酸等。当患者 DIC 处于血液不凝固而出血不止的纤溶阶段时，可在肝素化和补充凝血因子的基础上应用抗纤溶药物。

(5)防止肾功能衰竭

失血过多，休克时间过长及 DIC 均可影响肾血流量。当患者出现少尿（尿量小于 17ml/h）或无尿（尿量小于 100ml/24h）时，可用 20%甘露醇 250ml 快速静脉滴注，必要时可重复应用，同时可用呋塞米 40~80mg，加入 25%葡萄糖液 20ml 中静脉推注，一般多在 1~2 天内恢复。少尿期治疗还应注意饮食与维持水的平衡。早期严格限制蛋白质并适量补充氨基酸，保证每日热量，以减少体内蛋白质分解。如尿量仍不见增多，或出现氮质血症、电解质紊乱、代谢性酸中毒等严重肾功能衰竭时，应限制摄入含钾高的饮食，避免输库存血并及时清除体内坏死组织，可行血液透析或腹膜透析。

(6)控制感染

选用广谱抗生素，如氨苄青霉素、头孢类药物等。氨苄青霉素 0.5~

1.0g，肌注，或4~8g，静脉滴注，1次/日；头孢拉啶1~2g，静脉滴注，2次/日；西力欣0.75~1.5g，静脉滴注或肌肉注射，3次/日。

(7)中医辨证施治

证属阴虚火旺者，治当滋阴清热，止血安胎，用两地汤加减：生地15g、地骨皮15g、玄参15g、麦冬15g、丹皮15g、阿胶15g(烊化)、仙鹤草15g、三七粉6g(冲)、白芍15g、女贞子15g、旱莲草15g、川续断15g、苏梗15g、甘草6g。

证属瘀血阻滞者，治当活血化瘀，止血安胎，用生化汤加减：当归15g、川芎15g、赤芍15g、炮姜10g、仙鹤草15g、三七粉6g(冲)、桑寄生15g、杜仲15g、阿胶15g(烊化)、益母草30g、黄芪30g、炙甘草6g。

证属外伤瘀阻者，治当益气化瘀，固胞安胎，用加味圣愈汤加减：党参15g、黄芪30g、熟地15g、白芍15g、川续断15g、桑寄生15g、阿胶15g(烊化)、艾叶炭10g、杜仲15g、砂仁10g、当归15g 甘草6g。

【注意事项】

1.胎盘早剥一般发病急，病情进展迅猛，对母儿的威胁甚大，如诊断处理不及时，往往发生严重并发症，如胎死宫内、DIC、急性肾功能衰竭、产后大出血等，故一旦诊断明确，应迅速终止妊娠。强调发病后6小时内终止妊娠。

2.胎盘早剥引起的DIC应用肝素，多主张早期应用，可阻断DIC的发展。但高凝与纤溶往往相伴相随，所以必须慎重选择用药时机。

3.子宫胎盘卒中是由于胎盘早剥发生内出血，血液聚集于胎盘与子宫壁之间，胎盘后血肿的压力加大，使血液浸入子宫肌层，引起肌纤维分离，甚至断裂、变性，当血液浸及子宫肌层至浆膜层时，子宫表面呈紫色瘀斑，以胎盘附着处显著，称子宫胎盘卒中。如发生子宫胎盘卒中，则卒中的子宫收缩力甚差，可致剖宫产时大出血，除应用较大量宫缩剂外应快速输入新鲜血，按摩及用热盐水纱垫热敷宫壁以促进收缩，好转时蓝色逐渐转为暗红色，出血渐止。必要时可结扎子宫动脉上行支以止血，除非出血不止，才做子宫切除术。

第三节 异位妊娠

【诊断】

1.西医

(1)发病原因

根据受精卵种植的部位不同，异位妊娠分为输卵管妊娠、宫颈妊娠、卵巢妊娠、腹腔妊娠、阔韧带妊娠等，其中输卵管妊娠最常见(90%~95%)。异位妊娠的确切病因目前尚未明了，可能多由于输卵管炎症引起管腔狭窄甚至完全堵塞，或使纤毛缺损影响输卵管的蠕动功能，从而阻碍孕卵的正常运送；或输卵管发育不良及功能异常，如输卵管过长，肌层发育不良，黏膜纤毛缺如，双管输卵管，额外伞部，及雌、孕激素的分泌异常，均可影响孕卵的运送；或输卵管手术，如修补术、复通术、成形术，造成输卵管疤痕，使管腔狭窄，通畅不良而影响孕卵的运送；或盆腔子宫内膜异位症，异位的子宫内膜对孕卵有趋化作用，促使其着床；或宫内节育器导致输卵管炎症，影响孕卵的运送；或孕卵外游，如孕卵移行时间过长，不能适时到达宫腔或发育时日较长，孕卵已长大而无法通过相对狭窄的输卵管腔；其他如盆腔肿瘤压迫或牵引，使输卵管移位变形，影响孕卵的运送。

(2)临床表现

①症状 表现为停经、腹痛、阴道出血、晕厥和休克。

停经：输卵管壶腹部及峡部妊娠，一般停经 6~8 周，间质部者时间较长。

腹痛：为患者就诊时的主要症状。输卵管未破裂前，输卵管因增大的胚囊而膨胀，致使输卵管痉挛及逆蠕动，患侧下腹常表现为隐痛或胀痛；当输卵管膨大到一定程度破裂时，多表现为下腹一侧撕裂样疼痛，持续或反复发作，或伴恶心呕吐。疼痛范围与出血量有关，可波及全腹，血液刺激隔肌时，可引起肩胛部放射性疼痛。血液积聚于子宫直肠陷凹时可引起肛门坠胀或便意感。腹痛可先于阴道流血，或同时发生，或出血后出现。

阴道流血：常表现为月经刚过几天又出现阴道不规则流血，色深褐量少，不超过月经量，呈点滴状。表明胚胎受损或已死亡，导致 HCG 下降，卵巢黄体分泌的激素难以维持蜕膜生长而发生剥离出血，并伴有蜕膜碎片或管型排出。极少数患者可出现大量阴道流血。

晕厥和休克：由于急剧出血及剧烈腹痛，轻者可出现晕厥，重者则出现休克，其程度与内出血量成正相关。但与阴道流血不成正比例。

②体征　大量出血时，患者可出现面色苍白、四肢厥冷、脉搏快而细弱、血压下降；下腹有压痛及反跳痛，叩诊腹部有移动性浊音，有时下腹可及包块；妇科检查可见阴道少量血液，后穹隆饱满、触痛，宫颈摇举痛，子宫略增大且软，内出血多时子宫有漂浮感，子宫一侧或后方可及不规则包块，大小不定，质软，触痛明显。陈旧性者，包块半实性、压痛，边界不清，不易与子宫分开，时间久者包块机化变硬。

(3)辅助检查

①妊娠试验　测定尿 HCG 呈阳性。

②B 超检查　破裂或流产前一侧附件部位可见边界不清、回声不均的混合性包块，或包块内有胚囊、胚芽及原始心管搏动，宫腔内无胎囊，内膜增厚，子宫直肠陷凹有积液。

③阴道后穹隆穿刺　可抽出颜色较黯的不凝血。

④腹腔穿刺　移动性浊音阳性者，可直接经下腹壁一侧穿刺，可抽出颜色较黯的不凝血。

⑤诊断性刮宫　阴道出血较多者，为排除宫内妊娠，应作此检查。并将刮出物送病检，结果仅见蜕膜未见绒毛。

⑥腹腔镜检查　对于早期或诊断有困难，且无腹腔大出血和休克

者，可行此检查。早期病例可见一侧输卵管增大，表面紫蓝色，腹腔内无血或少量血液。陈旧性宫外孕可见一侧输卵管肿大，周围有血肿形成，或与邻近器官粘连。

2.中医

主要症候　停经，可有早孕反应，阴道流血，色深褐量少，淋漓不断，一侧下腹疼痛。属气滞血瘀(未破损)者，伴一侧下腹隐痛，或包块，舌淡红苔薄白，脉弦滑；属阴血暴亡，阳气暴脱(休克)者，伴突发一侧下腹剧痛，面色苍白，四肢厥冷，或恶心呕吐，冷汗淋漓，或烦躁不安，脉细数或细数无力；属下腹瘀阻(不稳定型)者，腹痛拒按，逐渐减轻，阴道流血，量少，舌淡脉细缓；属下腹瘀阻(包块型)者，下腹包块，疼痛较轻，下腹坠胀或便意感，阴道流血减少渐止，脉细涩。

【鉴别诊断】

1.流产：停经后少量阴道流血，伴下腹正中阵发性胀痛或坠痛，或可见绒毛排出。检查时子宫增大变软，宫口松弛，尿 HCG 阳性，B 超检查宫腔内有妊娠囊。

2.黄体破裂：患者无停经史，黄体期突发一侧下腹剧痛，伴肛门坠胀，无阴道流血。检查见子宫正常大小，宫颈无举痛，一侧附件压痛，后穹隆穿刺可抽出不凝血，尿 HCG 阴性。

3.急性盆腔炎：发热，下腹呈持续性疼痛，白细胞计数明显增高。检查见下腹压痛、反跳痛及肌紧张，阴道灼热感，宫颈举痛，附件增厚或包块，后穹隆可穿刺出脓液或渗出液。一般无阴道流血，尿 HCG 阴性。

4.急性阑尾炎：转移性右下腹痛，伴恶心呕吐，白细胞计数增高。检查见麦氏点压痛、反跳痛，盆腔无压痛。尿 HCG 阴性。

5.卵巢囊肿蒂扭转：素有卵巢囊肿病史，突发一侧下腹剧痛，或有恶心呕吐，无阴道流血及肛门坠胀。检查见子宫正常大小，患侧附件可及触痛明显、张力较大的包块。B 超检查可见患侧附件肿块。尿 HCG 阴性。

6.卵巢子宫内膜异位囊肿破裂：素有子宫内膜异位症病史，突发一侧下腹剧痛，伴肛门坠胀，无阴道流血。检查见下腹压痛及反跳痛，患侧附件区压痛，以前发现的包块减小或消失，宫底韧带或可及触痛结节。B超检查可见后穹隆积液，穿刺可穿出巧克力样液体。

【治疗】

1.治疗原则

未生育、未破裂者，争取中西医保守治疗，其余以手术治疗为主。

2.治疗方法

(1)手术治疗

大量内出血者，多伴有休克，应在快速备血、建立静脉通道、输血、吸氧等抗休克治疗的同时，立即进行手术。术中开腹后，迅速以卵圆钳夹患侧输卵管病灶处控制出血，同时快速输血输液，纠正休克。清理腹腔积血后，视情况采取下列手术方式：

①患侧输卵管切除术　适用于腹腔大量出血伴有休克者。对侧输卵管有粘连、闭锁时可行输卵管分离术及伞端造口术。

②保守性手术　适用于有生育要求者。伞部妊娠可行挤压术排出胚胎；壶腹部妊娠可纵形切开壶腹部，取出血块和胚胎，切口不缝合，也称为造口术或开窗术；峡部妊娠可切除病灶，两侧断端行端端吻合术。

(2)非手术治疗

无或有少量内出血者，可采用药物治疗。

①药物治疗　目前以甲氨蝶呤(MTX)为首选。MTX是叶酸拮抗剂，能抑制四氢叶酸生成而干扰DNA的合成，使滋养细胞分裂受阻，胚胎发育停止而死亡。MTX杀胚迅速，疗效确切，副作用小，也不增加以后妊娠的流产率和畸胎率，安全可靠。适用于一般情况良好，无活动性腹腔内出血，盆腔包块最大直径<3cm，血HCG<2 000U/L，超声未见胚胎原始心管搏动，肝、肾功能及血红细胞、白细胞、血小板计数正常，无MTX禁忌症。用药方法：

单次给药。剂量为50mg/m^2，1次肌注，成功率达85%以上。

分次给药。剂量为0.4mg/kg,肌注,1次/日,共5次。给药期间应测定HCG及B超,严密观察。

局部用药。可在B超引导下,用22号长针或7号脊麻长针从腹壁穿刺,将MTX10~25mg溶于2~4ml注射用水或生理盐水中,直接注入输卵管的妊娠部最膨胀的部位;或在腹腔镜直视下穿刺,吸出部分囊液后,将药液注入妊娠囊。注药后停留1~2分钟,再快速退出。注药前先在输卵管系膜内注入1:8 000肾上腺素10~20ml,可减少出血,疗效更好。也可自后穹隆注射。局部用药治疗机制即抑制滋养细胞增生,破坏绒毛,使胚胎组织坏死、脱落、吸收而免于手术。

用药后随访。单次或分次用药后2周内,宜每隔3日复查血HCG及B超;以血HCG呈下降趋势并三次阴性,症状缓解或消失,包块缩小为有效; 若用药后第7天,15%<血HCG下降≤25%、B超检查无变化,可考虑再次用药,方案同前,此类患者约占20%;血HCG下降<15%,症状不缓解、反而加重或有内出血,应考虑手术治疗;用药后35天,血HCG也可为低值(血HCG<15mIU/ml),也有至用药后109天血HCG才降至正常。故用药最后2周后应每周复查血HCG,直至达正常范围。

②米非司酮　能抑制滋养叶细胞增殖，诱导和促进其凋亡。常用50mg,口服,2次/日,用至HCG将到正常。

③前列腺素　能增加输卵管的蠕动及输卵管动脉痉挛，是一种溶黄体剂,使黄体产生减少。可在腹腔镜直视下将本品0.5~1.5mg注入输卵管妊娠部位,成功率达90%以上。但使用量大或全身用药,易产生心血管副作用,如心律失常、肺水肿等。

④5-氟尿嘧啶　每日口服200mg,连续3~5天。

⑤氯化钾　与MTX相比,相对无副作用。多用于有胎心搏动的输卵管妊娠。主要作用于胎儿心脏,使其收缩不全而致死亡。常用20%氯化钾注入异位妊娠部位。可挽救宫内胎儿,适用于宫内外同时妊娠,需

要保留宫内胎儿者。

⑥高渗葡萄糖　在腹腔镜直视下将本品50%的葡萄糖5~20ml注入输卵管妊娠部位，HCG<2 500U/L的异位妊娠，有效率达98%。其机理为高渗葡萄糖可引起局部组织脱水和滋养细胞坏死，进而使输卵管妊娠产物吸收。

(3)中医辨证施治

证属气滞血瘀(未破损)者，治当活血化瘀，消癥杀胚，用宫外孕Ⅱ号方：丹参15g、赤芍15g、桃仁10g、三棱6g、莪术6g。

证属阴血暴亡，阳气暴脱(休克)者，治当回阳救逆，活血化瘀，用生脉散合宫外孕Ⅰ号方加味：人参30g、麦冬15g、五味子15g、丹参15g、赤芍15g、桃仁10g、制附子15g、三七粉6g(冲)、山芋肉15g。

证属下腹瘀阻(不稳定型)者，治当活血化瘀，养血益气，用宫外孕Ⅰ号方加味：丹参15g、赤芍15g、桃仁10g、当归15g、党参20g、黄芪30g、三棱15g、莪术15g、甘草6g。

证属下腹瘀阻(包块型)者，治当活血化瘀，破癥消胚，用宫外孕Ⅱ号方：丹参15g、赤芍15g、桃仁15g、三棱15g、莪术15g、当归15g、乳香15g、没药15g、艾叶15g、花椒6g、川断15g、桑寄生15g、羌独活各12g、透骨草15g、甘草6g。

【注意事项】

1.用药期间须严密观察血压、脉搏、腹痛等情况及血象变化，每2~3天测血HCG一次，并行B超检查，观察HCG下降及孕囊消退情况。如治疗期间HCG不下降或又升高、孕囊增大或有腹腔内出血，应及时行手术治疗。

2.行了输卵管分离术及伞端造口术者，应于月经干净3~7天行输卵管通液术。

第八章 产褥期出血性疾病

第一节 产后出血

【诊断】

1.西医

(1)发病原因

导致产后出血,即胎儿娩出后 24 小时内阴道流血量超过 500ml 的原因常见有:

①子宫收缩乏力 是产后出血最常见的原因。胎儿娩出后,子宫肌收缩和缩复对肌束间的血管能起到有效的压迫作用。影响子宫收缩的因素有产妇体质虚弱,有急慢性病史,产程过长产妇体力消耗过多,产程过快子宫收缩无力,精神过度紧张,子宫肌壁过度膨胀影响肌纤维缩复,如多胎妊娠、羊水过多、巨大儿等;妊娠合并症,如妊高症、胎盘卒中、前置胎盘、胎盘早剥等;子宫局部因素,如子宫肌瘤、子宫内翻、子宫发育不良(双子宫、残角子宫、双角子宫等)、子宫体部手术疤痕等;其他因素,如产后尿潴留及大剂量使用镇静剂、麻醉剂等,均可影响子宫正常收缩和缩复,胎盘剥离面血窦开放,因而伴有出血。

②软产道损伤 胎儿过大、胎头方位异常、宫缩过强、产程过快、保护会阴或阴道助产手术(产钳助产、臀牵引术等)操作不当,造成宫颈及阴道软组织损伤或会阴裂伤而出血;尚有滞产、宫颈水肿、宫颈疤痕均可致宫颈裂伤而出血。还有需要注意的是隐匿性软产道损伤,如阴道血肿,产后虽无活动性出血,但有阴道疼痛,并伴失血征,如面色苍白、表

情淡漠、血压下降等；腹膜后血肿，产妇诉腰部撕裂痛、臀部可见肿胀、瘀血等。

③胎盘因素　胎盘剥离不全、胎盘剥离后滞留、胎盘嵌顿、胎盘粘连、胎盘植入胎盘和(或)大片胎膜残留，影响子宫收缩而出血。

④凝血功能障碍　这种情况发生较少，如胎盘早剥、妊高症、羊水栓塞、DIC、胎膜早破宫内感染、胎膜剥离引产等，或产妇合并血液系统疾病，如再生障碍性贫血、原发性血小板减少等，均是出血的原因。表现为产后出血持续不停，无凝血块。

(2)临床表现

①症状　胎儿娩出或胎盘娩出后，产妇阴道流血，持续不断，血色鲜红或黯红，经按摩子宫及使用宫缩剂，出血仍不减少；流血量多时，可出现休克表现，如面色苍白、头晕、出冷汗、心率增快、表情淡漠、血压下降等。有时阴道流血不多(隐匿性软产道损伤)，如出血多时亦可见上述休克症状。休克程度与临床表现见表 8–1。

表 8–1　休克程度与临床表现

休克程度	失血量(ml) 占循环血量%	脉 率	收缩压 kPa	其他症状
休克前期	(500~750) 10%~15%	轻度变化	接近正常	精神紧张或短暂的兴奋现象
轻度休克	(1000~1250) 20%~25%	100 次/分	下降	出冷汗，面色苍白乏力，口渴，烦躁不安，毛细血管充盈恢复变缓，脉压差小。
中度休克	(1500~1700) 30%~35%	增快	10.64~7.98	面色苍白，反应迟钝，表情淡漠，唇、指甲青紫，酸中毒，尿少，皮肤湿冷。
重度休克	(1700~2000) 35%~40%	明显增快	7.98~5.32	面色灰黯，口唇指端青紫，浅表静脉萎陷，脉细弱触不清，代谢性酸中毒
休克后期	(2000~2500) 40%~50%	可突然变慢，为心脏停搏的信号	5.32~0	青紫，厥冷，呼吸困难，水肿，尿闭，出血，濒死

②体征　子宫收缩乏力时，宫底升高、子宫质软、袋状、阴道流血多，按摩子宫及使用缩宫剂后子宫变硬，阴道流血停止或减少；软产道损伤时，经按摩子宫及使用缩宫剂后子宫变硬，但阴道流血不减少，经仔细检查，发现在宫颈3点及9点处有撕裂伤并见活动性出血，有时裂伤尚可延至子宫下段或阴道穹隆，其中阴道及会阴裂伤，依其裂伤程度可分为3度：Ⅰ度仅会阴皮肤及阴道入口黏膜撕裂；Ⅱ度裂伤达会阴体筋膜及肌层，累及阴道后壁黏膜，可致阴道两侧沟向上撕裂，出血较多，解剖结构不易辨认；Ⅲ度裂伤更向下扩展，肛门外括约肌已撕裂，甚至累及直肠阴道隔、直肠壁及黏膜，直肠肠腔暴露，但出血量不多。若胎盘因素所致时，如胎盘部分剥离，粘连，嵌顿者，常表现为胎儿娩出后10分钟内胎盘未娩出，阴道大量出血，而引起产后出血的常见原因是胎盘残留，胎盘娩出后应常规检查胎盘胎膜是否完整，并应注意胎盘胎儿面如有裂断血管，要警惕有无副胎盘残留可能；凝血功能障碍时，常为持续阴道流血，血液不凝，止血困难，全身多部位出血。

③出血量测定及估计　临床上目测估计出血量往往偏少，较客观测定出血量的方法有：容积法，用专用的收血容器测量；称重法，将分娩后用后敷料重（湿重）-用前敷料重（干重）=失血量（血液比重为1.05g约为1ml）；面积法，将血液浸湿的面积按10cm×10cm=100cm^2（约10ml）计算。以上三种方法的检测可因不同的检测人员而存在一定的误差。

(3)辅助检查

①B超检查　有助于诊断胎盘残留、子宫内翻、子宫发育不良等疾病。

②实验室检查　查出凝血时间、血小板计数，如有异常者需作进一步检查，如凝血酶原时间、纤维蛋白原等。

2.中医

主要症候　产后阴道流血，量多。属血虚气脱者，伴血量多，质清稀，头晕心悸，面色苍白，甚则冷汗淋漓，昏不知人，舌淡苔少，脉微欲绝，或浮大而虚；属瘀阻气闭者，伴血量少，下腹阵痛，拒按，胸闷喘促，甚则面色紫黯，口噤神昏，不省人事，唇舌青紫，脉涩细弱。

【鉴别诊断】

注意引起产后出血因素之间的鉴别。

【治疗】

1.治疗原则

针对病因，迅速止血，同时积极补充血容量，防治失血性休克，防止肾功能衰竭且防治感染。

2.治疗方法

(1)纠正休克

有休克临床表现者，应积极补充血容量，建立通畅的静脉通道，用右旋糖酐、血液代用品尽快输血，以抗休克。输血以新鲜血或库存24~48小时的血为优选，输血量最少为出血量的1/2。同时针对出血原因积极予以止血。

(2)子宫收缩乏力出血的治疗

原则是促进子宫收缩。

①按摩子宫止血　是简便有效的止血方法。经腹按摩即以一手在腹部按摩宫底，拇指在前，其余四指在后，同时压迫宫底，将宫内积血压出，按摩时必须均匀而有节律；腹部—阴道双合按摩即一手置于阴道前穹隆顶住子宫前壁，另一手在腹部按压子宫后壁使宫体前屈，双手相对紧压子宫并做节律性按摩，按压时间以子宫恢复正常收缩为止；直接按摩子宫。

②宫缩剂的应用　缩宫素10~20U，肌注或加入5%葡萄糖液体250~500ml内静脉滴注；麦角新碱0.2~0.4mg，肌注或宫体直接注射，或加入25%葡萄糖液体20ml内静脉慢推（妊高症、高血压、心脏病者慎用）。必要时重复使用缩宫素20~30U加入葡萄糖液体500ml内静脉滴注；米索前列醇，能有效预防产后出血，在胎儿娩出后，将米索前列醇

0.04~0.06mg 舌下含服、口服或直肠给药,其副作用小,能增加孕期子宫收缩的强度和频率,引起类似于自发分娩的宫缩,但患有心、肝、肾疾病及糖尿病、肾上腺皮质功能不全的患者不宜用,有前列素药物禁忌症者禁用;卡前列甲酯 1mg 肛栓塞直肠内或放置阴道后穹隆,止血效果好。

③导尿　对尿潴留而产妇不能自解小便者,应行导尿术导尿。

④葡萄糖酸钙的应用　葡萄糖酸钙可促进宫缩。用葡萄糖酸钙 10ml,直接静脉推注或加入 25%葡萄糖推注。

⑤子宫动脉结扎　经上述处理半小时仍不能使子宫收缩恢复时,可行经阴道双侧子宫动脉上行支结扎术。外阴阴道消毒后,用两把长鼠齿钳夹宫颈前后唇,轻轻向下牵引,在阴道部宫颈两侧上端用 2 号肠线缝扎双侧壁,深入组织约 0.5cm 处,若无效,则应迅速开腹,结扎子宫动脉上行支,即在宫颈内口平面,距宫颈侧壁 1cm 处,触诊无输尿管后开始进针,缝扎宫颈侧壁,进入宫颈组织约 1cm,两侧同样处理,若见子宫收缩即有效。

⑥髂内动脉结扎　若上述处理仍无效，可分离出两侧髂内动脉起始点,以 7 号丝线结扎,结扎后一般可见子宫收缩良好。此措施可以保留子宫,保留生育能力,在剖宫产时易于施行。

⑦子宫切除　若上述处理还无效时,应立即行子宫次全切除术。若合并中央性或部分性前置胎盘应施行子宫全切术。

⑧髂内动脉栓塞术　有条件可用介入法止血。经股动脉穿刺,将介入导管直接导入髂内动脉或子宫动脉，有选择性的栓塞子宫的供血动脉。常用栓塞剂为明胶海绵颗粒,在栓塞后 2~3 周可被吸收,血管复通。止血效果佳。

(3)软产道损伤出血的治疗

及时准确地修补、缝合裂伤可有效的止血。

①宫颈裂伤　一般宫颈裂伤在 1cm 内常无出血,一旦见宫颈部有活动性出血,应用卵圆钳和扩阴器仔细查找出血部位,用两把圆钳,钳

拉裂伤两侧的宫颈,在裂口顶端稍上方开始缝第一针,最后一针应距宫颈外侧端 0.5cm 处,以免日后宫颈口缩窄。缝合时不能留有死腔,避免缝线穿过直肠黏膜。如裂伤累及子宫下段经阴道难以修补时,缝合应注意避免损伤膀胱及输尿管,必要时可开腹行裂伤修补术。

②阴道裂伤　缝合时应注意缝至裂伤底部,避免遗留死腔,但要注意不要缝扎直肠黏膜。

③会阴裂伤　按解剖部位缝合肌层及黏膜下层, 最后缝合阴道黏膜和会阴皮肤。

④外阴、阴蒂损伤　用细丝线缝合。

⑤软产道血肿　应切开清除积血,缝扎血管彻底止血并缝合,必要时可放置引流条或碘仿纱布填塞压迫止血,24 小时取出纱布。

(4)胎盘因素出血的治疗

第三产程超过 10~15 分钟胎盘不能娩出者,应做如下处理:

①如胎盘已剥离,可协助胎盘娩出。消毒、导尿后一手压迫宫底,一手顺胎盘娩出的趋势轻柔牵拉脐带。

②如胎盘未剥离,以碘伏消毒外阴,更换消毒手套后行人工剥离胎盘术。可一手按压子宫底,另一手轻轻伸入宫腔,徒手剥离胎盘。

③如胎盘部分残留, 可用碘伏消毒外阴, 更换消毒手套后用手取出。必要时行钳刮术或刮宫术,但应避免子宫穿孔。

④如为胎盘植入,应行子宫次全切除术,切忌用手强行挖取胎盘。

(5)凝学功能障碍出血的治疗

首先应排除子宫收缩乏力、胎盘因素、软产道裂伤引起的出血,明确诊断后积极输新鲜全血、血小板、纤维蛋白原或凝血酶原复合物、凝血因子等。如已并发 DIC,则按 DIC 处理。

(6)中医辨证施治

证属血虚气脱者,治当养血止血,益气固脱,用益气止血汤加减:人参 15g、黄芪 35g、焦白术 15g、白芍 15g、川续断 15g、煅龙牡各 24g、蒲黄炭 12g、茜草 12g、仙鹤草 12g、三七粉 3g(冲)、墨旱莲 15g、制附子 10g、阿胶 15g(烊化)。

证属瘀阻气闭者,治当活血化瘀,止血行滞,用化瘀止崩汤加减:当归 15g、川芎 15g、炒蒲黄 12g、五灵脂 15g、益母草 24g、三七粉 3g(冲)、没药 15g、血竭粉 3g(冲)、枳实 15g、炮姜 9g。

【注意事项】

1.产后出血应从妊娠期、产前检查开始,发现异常情况,应及早诊治。

2.在抢救失血性休克时,不要盲目地大量使用或滥用抢救药物,尤其是缩血管药(升压药)、抗纤溶药、宫缩剂和葡萄糖液,因为这些药可以对血液动力学、电解质平衡和重要脏器的血供带来损害,并增加后续抢救过程中的困难。大量使用抗纤溶药物则可能造成后遗症(如席汉氏综合征),重则可导致不可逆的肾衰。

3.对有产后出血史、继发宫缩乏力、顶先露者,于娩肩后立即注射缩宫素 10U,并继续静脉滴注,以增强宫缩,减少出血。

4.产后应严密观察宫缩及阴道流血量,并定时按摩子宫或压迫宫底,迫使宫内积血排出。

第二节 晚期产后出血

【诊断】

1.西医

(1)发病原因

晚期产后出血,即分娩结束 24 小时后,在产褥期内发生的子宫大量出血。以产后 1~2 周发病最常见。多由于以下原因所致:

①胎盘胎膜残留 是最常见的病因。粘附在子宫腔内的胎盘组织发生坏死,纤维蛋白沉着,出现变性、机化,甚至可形成胎盘息肉。当坏

死组织脱落时，基底部血管开放，引起大量出血。胎膜残留则多数合并有子宫内膜炎，胎盘息肉则通常出血较晚，常于产后数周发生反复性大出血。

②蜕膜残留　多见于双角子宫、双子宫等。正常情况下子宫蜕膜于产后1周脱落，并随恶露排出，若蜕膜剥离不全或剥离后长时间残留在宫腔内，可影响子宫的正常修复，并诱发子宫内膜炎，引起晚期产后出血。

③子宫胎盘附着部位复旧不全　正常情况下，胎盘附着部位在胎盘排出后即刻缩小，血管断端血栓形成、机化。血栓机化，出现透明样变，血管上皮增厚，管腔变窄、堵塞，附着部边缘内膜逐渐向中心生长，底蜕膜深层的残留腺体和内膜重新生长，使子宫内膜修复，此过程约需6周。若该部位发生感染，可使血栓脱落，血窦重新开放引起子宫大量出血。

④产道血肿　可发生在自然产或手术产后，多见于产程过长、产道压迫过久造成坏死、血管破裂或产道裂伤缝合不全者。

⑤剖宫产术后子宫伤口裂开　多见于子宫下段剖宫产横切口两侧端，其主要原因有感染和伤口愈合不良。

子宫伤口感染。子宫下段切口离阴道口太近，如胎盘早破、产程延长、术中出血过多等，都会增加感染机会，细菌易感染宫腔，造成伤口感染，组织坏死、脱落，使切口不能按时愈合血管因缝线溶解重新开放而致大量出血；或手术操作过多，尤其是阴道检查频繁，增加感染机会；或手术时间过长；或无菌操作不严格。

切口过低或过高。宫颈两侧以结缔组织为主，切口过低，血液供应较差，伤口愈合能力差；切口过高，即在解剖学内口水平，当胎儿娩出后，切口上缘宫体肌组织缩复作用强，使切口上缘厚而短，切口下缘子宫下段为宫颈组织，缩复能力差，切口下缘薄而长，上下缘肌组织厚薄相差大，缝合时不易对齐，影响愈合。再因妊娠子宫多右旋，切口易偏左而损伤左侧血管，或该部位血管被缝扎，致局部血运不良，易并发感染而发生出血。

缝合不当。组织对位不良；出血血管结扎松弛，尤其是切口两侧角血管回缩，形成血肿；缝扎过多过密；缝线过松过紧均可导致伤口血运不良，影响伤口愈合。

其他。如重度贫血、子宫肌瘤、子宫滋养细胞肿瘤、宫腔异物、营养不良等，均可影响子宫复旧而发生晚期产后出血。

(2)临床表现

①症状　阴道流血或伴发热，腹痛。产后恶露不净，有臭味，色由黯红变鲜红，反复或突然阴道流血，少量或中量，持续或间断，也可表现为急剧大量流血导致严重贫血或休克。胎盘残留所致者，多发生于产后10天左右，流血量多，常突然发生；子宫胎盘附着部位复旧不全者，多于产后2~3周内突然流血，流血量一般较少；子宫切口裂开的阴道流血常发生于术后2~4周。应排除其他疾病。反复流血合并感染则可出现发热及下腹痛。

②体征　出血多而急者，常呈贫血貌；血容量严重不足时可出现血压下降、出冷汗、脉搏细弱，甚至意识丧失等休克征；妇科检查见宫口松弛或有组织堵塞，双合诊时子宫增大、软或有触痛。剖宫产术后者，可以食指轻触子宫下段剖宫产切口部位，有时可触及子宫下段明显变软。滋养细胞肿瘤者，有时可于产道内发现转移结节。

(3)辅助检查

①化验检查　查血常规，血色素常有不同程度的降低，合并感染者，白细胞及中性粒细胞常升高；尿绒促性素或血绒促性素检测，有助于诊断胎盘残留及排除产后滋养细胞肿瘤；宫腔分泌物培养或涂片检查。

②B超检查　可了解子宫复旧情况、宫腔内是否有残留组织、子宫切口愈合情况。

③病理检查　将子宫内刮出物送病检，可有助于确诊胎盘、胎膜残留或胎盘附着部位复旧不良，可找到妊娠晚期的绒毛或可见到不同状

态的血管;排除胎盘部位滋养细胞肿瘤,该病镜下一般不见绒毛结构和间质,几乎完全由中间型滋养细胞构成,瘤细胞圆形、多角形或梭形,胞浆丰富,有异质性,很少见到郎罕细胞、合体细胞与中间型滋养细胞伴存的情况。

2.中医

主要症候　产后恶露不绝,量或多或少,或伴发热、下腹疼痛。属气虚者,伴恶露量多,色淡红,质稀,无臭味,神疲乏力,气短懒言,面色苍白,舌淡苔薄白,脉缓细弱;属血瘀者,伴恶露时多时少,或突然大量流血,色紫黯有块,小腹疼痛拒按,块下痛减,舌黯苔白,脉沉细;属血热者,伴恶露量多,色深红,质黏稠,有臭味,口干咽燥,舌红苔黄,脉细数。

【鉴别诊断】

1.子宫黏膜下肌瘤合并感染:一般通过 B 超检查及化验检查即可明确。

2.胎盘部位滋养细胞肿瘤:通过尿、血绒促性素检测及病理检查可明确诊断。

3.产褥期外伤性出血:有外伤史或性交史,妇科检查阴道或宫颈有裂伤及活动性出血。

4.功能性子宫出血:多发生于产褥期后,可通过诊断性刮宫,将刮出物送病检可确诊。

【治疗】

1.治疗原则

以急救为先,抗休克、输血、止血,并迅速找到出血原因,给予相应处理。

2.治疗方法

(1)一般处理

卧床休息,加强营养,纠正贫血。

(2)药物治疗

①宫缩剂的应用　缩宫素 10~20U，肌注，2 次/日，必要时可增加次数。出血量多时，可立即静脉注射缩宫素 10~20U，然后在 5%葡萄糖液 250ml 中再加入缩宫素 10~20U 静脉滴注；米索前列醇 0.02~0.06mg，口服或放置阴道后穹隆；卡孕栓 1~2mg，置于阴道或肛门。

②抗生素的应用　因大量流血、流血时间过长或宫内有残留物，容易合并感染，所以，应常规给予足量抗生素以控制和预防感染。

③支持治疗　贫血严重者应根据情况给予输血等纠正贫血，并给予静脉滴注能量合剂（辅酶 A100U、三磷酸腺苷 40mg、维生素 C 2g、维生素 B_6 100mg）及氨基酸 250ml。

（3）手术治疗

①刮宫术　对疑有胎盘、胎膜、蜕膜残留或胎盘附着部位复旧不全者，应行刮宫术。术前做好备血、建立静脉通道及开腹手术准备，刮出物送病理检查，以明确诊断，术后继续给予抗生素及子宫收缩剂。剖宫产术后阴道大量流血，组织残留机会极小，伤口裂开可能最大，应慎刮宫。

②软产道损伤或血肿　应及时切开清除积血并缝合止血，不能缝合时可用纱布压迫止血。

③剖腹探查术　对疑有剖宫产后子宫切口裂开者，若仅少量阴道流血可先住院给予抗生素及支持疗法，密切观察病情变化；如流血量多，可行剖腹探查术。术中若原切口周围组织坏死范围小，炎症反应轻微，可做清创缝合及髂内动脉、子宫动脉上行支结扎止血或行髂内动脉栓塞术；若组织坏死范围大，应酌情做子宫次全切除或子宫全切术。

（4）若因肿瘤引起的阴道流血，应做相应处理。

（5）中医辨证施治

证属气虚者，治当补脾益气，固冲止血，用补中益气汤加减：黄芪 30g、党参 15g、焦白术 15g、陈皮 12g、阿胶 15g（烊化）、川续断 15g、炒蒲黄 12g、三七粉 3g（冲）、艾叶炭 15g、升麻 15g、首乌 15g、柴胡 15g。

证属血瘀者，治当活血化瘀，固冲止血，用生化汤合失笑散加味：炮姜 10g、当归 12g、川芎 12g、赤芍 15g、桃仁 12g、炒蒲黄 12g、五灵脂 15g、炙甘草 6g、益母草 24g、三七粉 3g(冲)、血竭 12g、败酱草 15g、枳壳 15g。

证属血热者,治当清热凉血,固冲止血,用两地汤加减:生地 15g、熟地 15g、地骨皮 15g、玄参 15g、麦冬 15g、黄芩 15g、黄柏 15g、白芍 15g、川续断 15g、炒地榆 15g、大蓟 15g、甘草 6g。

【注意事项】

1.应注意防患于未然,分娩时应仔细检查胎盘及胎膜是否完整,在不能排除胎盘残留,或残留胎膜较多,或虽胎膜残留不多但出血较多时,均应进行宫腔探查及刮宫,并予以抗生素。疑胎膜有小块残留而出血不多者,虽暂不刮宫,仍应予以抗生素预防感染。

2.剖宫产术中,子宫下段切口不宜过低和过小,以防切口撕裂。发生切口两侧裂伤时,按正常解剖部位缝合,避免大块或多次缝合。缝合不宜过密、过紧,缝线不穿过蜕膜层,以免影响血液供应。

3.严格按无菌操作要求做好每项操作,术后应用抗生素预防感染。

第九章　妊娠滋养细胞疾病

第一节　葡萄胎

【诊断】

1.西医

(1)发病原因

葡萄胎发生的确切原因，目前虽尚未完全清楚，但也取得了重要进展。如胚胎早期死亡、年龄过大、病毒感染、卵巢功能失调、细胞遗传异常及免疫功能失调等，而这些因素只能解释部分现象，其中的年龄因素是一显著相关因素，年龄大于40岁者葡萄胎发生率比年轻妇女高10倍，相反年龄小于20岁者葡萄胎发生率也显著升高。近年从细胞遗传学的研究发现，葡萄胎的发生与精子或卵子的异常受精有关，对染色质和染色体的研究发现，绝大多数葡萄胎的滋养细胞为性染色质阳性，染色体多为二倍体46,XX，说明葡萄胎大多为女性。葡萄胎可分为完全性葡萄胎和部分性葡萄胎两类，其中大多数为完全性葡萄胎。

完全性葡萄胎无胚胎或胎儿，全部绒毛肿胀呈水泡样，无正常绒毛；部分性葡萄胎除水泡状绒毛外，伴有胚胎或胎儿，并有正常绒毛，一般认为恶变机会较少。

(2)临床表现

①症状。

阴道流血。最常见的症状，多数患者表现为停经8~12周后开始有不规则阴道流血，时多时少，时断时续，反复发作，逐渐增多。如葡萄胎组织从蜕膜剥离,母体大血管破裂,可造成大出血,导致休克甚至死亡。有时可自行排出水泡状胎块组织。

子宫异常增大、变软。由于绒毛水肿及宫腔积血,约有半数以上葡萄胎患者的子宫大于相应停经月份,且质地变软,血清 HCG 异常升高。约 1/3 患者的子宫大小与停经月份相符，少数患者子宫大小小于停经月份,其原因可能与水泡退行性变、停止发展有关。

腹痛。当葡萄胎迅速增长,子宫快速扩张,常在阴道流血之前,可发生阵发性下腹胀痛,但疼痛不太剧烈,一般能忍受。如发生卵巢黄素囊肿扭转或破裂,可出现急腹痛。

呕吐及妊高征征象。葡萄胎出现呕吐较正常妊娠为早且症状严重,持续时间长,可能与子宫异常增大和 HCG 水平异常升高有关。严重呕吐且未及时纠正时可导致水电解质紊乱。由于子宫异常增大,出现妊高征也较正常妊娠为早,可在妊娠 24 周前出现高血压、蛋白尿、水肿等,而且症状严重,容易发展为先兆子痫,但子痫罕见。

甲状腺机能亢进征象。约 7%的葡萄胎患者可出现轻度甲状腺机能亢进症状,如心动过速、皮肤潮湿、震颤,但突眼少见。

贫血及感染。反复阴道流血或突然大量流血未得到及时治疗,可导致不同程度的贫血。因宫腔出血,宫颈口开放而且贫血抵抗力低下,细菌容易从阴道上行造成宫腔感染,甚或形成全身感染。

②体征　检查见子宫大小与停经月份不相符,多数大于停经月份,质软,听不到胎心音或胎动,触不到胎儿肢体。妇科检查,双侧附件多数可触到大小不等、活动的囊性块物。

(3)辅助检查

①B 超检查　是诊断葡萄胎的重要检查方法,阴式彩超更佳。完全性葡萄胎表现为子宫明显大于相应孕周,无妊娠囊及胎心搏动,宫腔内充满不均质密集状或短条状回声,呈“落雪状”,如水泡较大而形成大小不等的回声区,则呈“蜂窝状”。常可测到两侧或一侧卵巢囊肿,多房,囊

壁薄，内可见部分纤细分隔。彩超检查，可见子宫动脉血流丰富，但子宫肌层内无血流或仅稀疏"星点状"血流信号。部分性葡萄胎宫腔内可见有水泡状胎块所引起的超声图象改变及胎儿及羊膜囊。胎儿常合并畸形。

②绒毛膜促性腺激素(HCG)测定　正常妊娠时，在孕卵着床后数日形成滋养细胞方开始分泌 HCG。随孕周增加，血清 HCG 滴度逐渐升高，在孕 8~10 周达高峰，持续 1~2 周后血清 HCG 滴度逐渐下降。但葡萄胎时，滋养细胞高度增生，产生大量 HCG，血清中 HCG 滴度通常高于相应孕周的正常妊娠值，而且在停经 8~10 周以后，随着子宫增大仍继续上升，利用这种差别可作为辅助诊断。但也有少数葡萄胎，尤其是部分性葡萄胎因绒毛退行性变，HCG 升高不明显。葡萄胎时血 HCG 超过 100kIU/L 以上，高可达 1 500~2 000kIU/L，且持续不降。但在正常妊娠血 HCG 处于峰值(停经 60~70 天)时，可能与葡萄胎发病时间同期而较难鉴别，可根据动态变化，即连续测定 HCG 或结合超声检查做出诊断。

③$E_3/(E_1+E_2)$ 值测定　正常妊娠时，8 周以后 $E_3/(E_1+E_2)>2$，如 $E_3/(E_1+E_2)<2$ 则葡萄胎可能性大。

2.中医

主要症候　孕数月，阴道流血，时多时少，时断时续，腹部异常胀大，时有腹部疼痛，无胎动。兼痰多湿盛者，伴恶心呕吐，头晕眼花，肢体浮肿，尿量减少，舌淡苔腻，脉滑；兼气血亏虚者，伴面色苍白，头晕心悸，讷差失眠，舌紫黯或淡胖，脉沉弦或细涩。

【鉴别诊断】

1.先兆流产：葡萄胎与先兆流产病史相似，容易混淆。但先兆流产 B 超检查可见孕囊及胎心搏动，子宫大小与妊娠月份相符，血 HCG 和尿 HCG 值在正常范围。

2.双胎及多胎妊娠：可见早孕反应较重，子宫大于停经月份，且 HCG 值亦可偏高，但一般无阴道流血，B 超检查可以确诊。

3.羊水过多：亦可出现子宫增大，但一般发生在妊娠晚期，且无阴道流血,HCG 水平在正常范围,B 超检查可以确诊。

4.子宫肌瘤合并妊娠:子宫亦大于正常妊娠停经月份,但无阴道流血,HCG 水平不高,B 超除可见胎心、胎动外,还可见肌瘤。

【治疗】

1.治疗原则

葡萄胎的处理包括葡萄胎组织的清除,并发症的处理及随访。该病一经确诊,应立即清除宫内容物。但有严重并发症时,如重度贫血、妊娠高血压综合征、甲状腺机能亢进、水电解质紊乱及心力衰竭等,则应先处理并发症,待情况好转后再处理葡萄胎。术后定期随访,必要时行预防性化疗或子宫切除术。

2.治疗方法

(1)清除宫内容物

一般选用吸宫术,其具有手术时间短、出血少、不易发生子宫穿孔等优点,比较安全。即使子宫增大如妊娠 6 个月大小,仍可采用吸宫术。手术应在备血、输液的情况下进行。术中当宫口扩大后可静脉滴注缩宫素 5~10U,加入 5%葡萄糖液 250ml 中,每分钟 15~30 滴,以加强子宫收缩,减少出血。吸管应尽量选用大号,待大部分葡萄胎组织吸出、子宫明显缩小后,改用刮齿轻柔骚刮。子宫小于妊娠 12 周者可以一次刮净,子宫大于妊娠 12 周或术中感到一次刮净有困难时,可于 1 周后行第二次刮宫。所有清出物均须送病理检查。

(2)卵巢黄素化囊肿的处理

葡萄胎病人双侧卵巢常发生囊形变性。卵巢肿大,大的可有儿头大小或更大,外观光滑,呈黄色,内有多房。病理检查可见囊肿是由卵泡内颗粒细胞和泡膜细胞发生黄素化反应而成,故称这种囊肿为“卵巢黄素化囊肿”。黄素化囊肿内常储存大量的绒毛膜促性腺激素(HCG)。此囊肿一般在葡萄胎清除 2~3 个月内会自行萎缩消失,故不需处理。在消失过程中，囊内液体经吸收由尿排出，故葡萄胎排出后，患者血或尿中

HCG不立即消失，常需待黄素化囊肿消失后才转为阴性。黄素化囊肿消失后，卵巢可完全恢复正常，对以后卵巢功能无影响。但由于卵巢黄素化囊肿较易发生扭转，特别是葡萄胎排出后，子宫骤然缩小，腹腔内空间变大，更易发生。若发生扭转，在早期，患者腹痛发生不久，怀疑有扭转可能时，应住院观察，一般常可自然缓解。但如不缓解，子宫或囊肿发生触痛时，则需及时剖腹探查。如扭转时间不长，卵巢外观尚无重大变化，可将囊内液体逐房抽出，缓解扭转，或可在B超或腹腔镜下作穿刺吸液，囊肿也多能自然复位，无需切除卵巢。如扭转时间较长，卵巢变成暗紫色或发生坏死、破裂，则需做患侧附件切除术。如双侧情况一样不佳，也宜尽量保留部分卵巢组织，尤其年轻妇女，以便保留卵巢功能。在松解扭转的黄素化囊肿时，最好不要先松解扭转，否则静脉内的凝血栓子可脱落而引起肺栓塞。应先将卵巢静脉远端钳住或捏住，然后松解扭转，如未见静脉内有凝血栓子，再放开钳或捏住的静脉，静观数分钟，如卵巢颜色逐渐好转，恢复正常，则仍无须切除，抽出囊液即可。如松解后卵巢颜色无明显好转，则还是以切除为宜。

(3)预防性化疗

葡萄胎虽是良性病变，但仍有潜在的恶变性。对有高危因素者，应行预防性化疗。高危因素：年龄超过40岁的葡萄胎患者；葡萄胎排出前绒促性素值异常升高者；滋养细胞高度增生或伴有不典型增生者；葡萄胎清除后，HCG下降曲线不呈进行性下降，或始终处于高值者；出现可疑转移灶者；无条件随访者。预防性化疗一般选用5-氟尿嘧啶、放线菌素D或甲氨蝶呤单药化疗一疗程。有认为应化疗至HCG正常。预防性化疗药物治疗虽有一定的效果，也均有一定的毒性，用之不慎可给患者带来危害，因此，不应该将预防性化疗作为一项常规性措施。

(4)子宫切除术

单纯子宫切除只能去除葡萄胎侵入子宫肌层局部的危险，而不能预防子宫外转移的发生，所以不作为常规处理。对于年龄较大、无生育要求者可行子宫切除术，但应保留两侧卵巢。对于子宫小于妊娠 14 周大小者，可直接切除子宫。术后仍需定期随访。

(5)合并妊娠高血压综合征的处理

约有 10%的葡萄胎患者合并有高血压，浮肿和蛋白尿等妊娠高血压综合征的症状，偶可发生子痫。一般在葡萄胎排出后即迅速好转，但当症状严重时，立即进行清宫术处理常有一定危险，而葡萄胎不清除，对症治疗效果又很差，这样，既不能急于清宫，又不能等症状好转再处理，需具体对待。如症状严重时，需先按妊娠高血压综合征处理，给患者先降压和休息，同时积极做好手术准备，配血，待患者症状稍有好转时，再行清宫术。

(6)葡萄胎排出后的随访

随访工作极为重要。葡萄胎排出后的定期随访，可早期发现持续性或转移性滋养细胞疾病。一般要求在葡萄胎排出后，每周测定 1 次 HCG，至正常后每月 1 次至半年，以后每 3 个月 1 次至 1 年，1 年后每半年 1 次。共随访 2 年。此方案可根据具体情况适当改变。随访内容除监测 HCG 外，还应注意有无阴道异常流血、咳嗽、咯血及其他转移灶症状，并作肺部拍片、盆腔 B 超检查及妇科检查。

(7)中医辨证施治

证属瘀阻胞宫，治当活血化瘀，下胎益母，用脱花煎加减：当归 15g、川芎 15g、赤芍 15g、桃仁 15g、红花 15g、益母草 30g、牛膝 15g、车前子 15g(另包)、肉桂 9g、土茯苓 15g、枳壳 15g、荆芥穗 15g(炒黑)。证兼痰多湿盛者，加苍术 15g、厚朴 15g、吴茱萸 15g；证兼气血亏虚，阴道流血量多者，加人参 15g、黄芪 30g、丹参 15g。

【注意事项】

1.葡萄胎排出后应避孕 1~2 年。

2.避孕方法以使用避孕套或阴道隔膜为好。HCG 完全正常后，也可使用口服避孕药，不致引发恶变。

3.由于葡萄胎子宫大而软，吸宫时容易发生穿孔，应慎加防范。如手术不久发现穿孔，应立即停止操作，剖腹探查，根据患者的年龄、是否需保留生育功能决定剖宫取胎或切除子宫；如手术已基本结束时发现穿孔，应严密观察，疑有内出血时宜开腹探查。

第二节　妊娠滋养细胞肿瘤

【诊断】

1.西医

(1)发病原因

妊娠滋养细胞肿瘤，多半继发于葡萄胎，少部分继发于流产、足月妊娠或异位妊娠。继发于葡萄胎后半年以内的妊娠滋养细胞肿瘤多数为侵蚀性葡萄胎(恶性葡萄胎)；而一年以上者多数为绒毛膜癌。半年至一年者，绒毛膜癌和侵蚀性葡萄胎均有可能，但从时间间隔上来说，一般间隔时间越长，绒毛膜癌的可能性越大。侵蚀性葡萄胎均来自良性葡萄胎，恶性程度一般不高，大多数仅造成局部侵犯，而只有极少数的患者并发远处转移，但预后较好。绒毛膜癌则可继发于葡萄胎、流产、足月妊娠、早产、异位妊娠，其恶性程度极高。

(2)临床表现

①症状　无转移性妊娠滋养细胞肿瘤：大多为侵蚀性葡萄胎，多继发于葡萄胎后，仅少数继发于流产或足月产后。在葡萄胎清除后半年内出现典型的临床症状或转移灶症状。

阴道流血。呈持续的不规则的阴道流血，量多少不定，也有表现为一段时间的正常月经后又出现不规则的阴道流血。部分患者阴道排出的血液中可见水泡状组织，长时间流血可继发贫血，出现面色苍白、心慌、气短乏力等症状，有时因大量出血可导致休克。

腹痛。一般不出现腹痛，但当子宫病灶穿破浆膜层时可引起急性腹痛及其他腹腔内出血症状；或子宫病灶坏死继发感染时也可引起腹痛及脓性白带;黄素化囊肿发生扭转或破裂时可出现急性腹痛。

感染。贫血使患者抵抗力下降,子宫内肿瘤出血、坏死,很容易发生宫内感染。出现发热、白总分升高等。

子宫复旧不全或不均匀性增大。一般在葡萄胎排空后2~6周子宫即恢复到正常大小,若子宫复旧不全,则此时子宫仍偏大,而且质地偏软或因受肌层内病灶部位和大小的影响,表现出子宫不均匀性增大。肿瘤常位于子宫肌层内,也可突向宫腔或穿破浆膜,单个或多个,大小在0.5~5cm,但无固定形态,与周围组织分界清,质地软而脆,海绵样,暗红色,伴出血坏死。

卵巢黄素化囊肿。在葡萄胎排空、流产或足月产后,由于HCG的持续作用,两侧或一侧卵巢黄素化囊肿可持续存在。

假孕症状。由于肿瘤分泌的HCG及雌、孕激素的作用,使患者表现为乳房增大,乳头及乳晕着色,甚至有初乳样分泌。

转移性妊娠滋养细胞肿瘤:大多为绒毛膜癌,尤其是继发于葡萄胎后的绒毛膜癌。主要经血行播散发生远处转移,转移早而且广泛。最常见的转移部位是肺,其次是阴道、盆腔、脑、肝等,因转移的部位不同而症状也不同。

肺转移。当肺转移灶较小时也可无任何症状,仅能靠X线胸片或CT作出诊断。出现症状则常见咳嗽、咯血、胸痛等。这些症状常呈急性发作或也可呈慢性持续状态达数月之久。少数情况下还可因肺动脉滋养细胞瘤栓形成,造成急性肺栓塞,出现肺动脉高压和急性肺功能衰竭。

阴道及盆腔转移。阴道转移灶破溃时可引起不规则阴道流血,甚至大出血。一般认为是宫旁静脉逆行性转移所致。转移至直肠时可出现便血,转移至泌尿道时可出现血尿。

脑转移。为主要的最常见的致死原因。一般同时伴有肺和(或)阴道、盆腔转移。脑转移的形成可分为3个期:先为瘤栓期,多表现为一过性脑缺血症状，如猝然跌倒、短暂性失语、失明等；继为脑瘤期，即肿瘤细胞侵入脑组织形成脑部转移瘤，多表现为头痛、喷射状呕吐、偏瘫、抽搐甚至昏迷；最后为脑疝期，因脑瘤增大及周围组织水肿、出血，造成颅内压不断升高，脑疝形成，压迫生命中枢，最后死亡。

肝转移。常同时伴有肺或阴道、盆腔转移，为预后不良因素之一。表现为黄疸，上腹部或肝区疼痛。若病灶穿破肝包膜可出现腹腔内出血，导致休克或死亡。

其他部位转移。如脾、肾、消化道、骨等，其症状视转移部位而异。

②体征　无转移性妊娠滋养细胞肿瘤：妇科检查见外阴阴道着色，阴道软，内有血性物，宫颈着色，若子宫复旧不全，则子宫仍偏大，而且质地柔软，或因受肌层内病灶部位和大小的影响，表现出子宫不均匀性增大，形态不规则，两侧或一侧卵巢黄素化囊肿。转移性妊娠滋养细胞肿瘤：体征因转移部位而异。阴道转移灶常位于阴道前壁下段，呈紫兰色结节；肺、脑转移，无明显临床特殊体征，可结合临床症状及辅助检查；内出血者有移动性浊音等；肝转移着者，可见肝脾肿大。

(3)辅助检查

①HCG 测定　对于葡萄胎后滋养细胞肿瘤，HCG 水平是主要诊断依据。凡葡萄胎清除后 12 周以上或子宫切除后 8 周以上，血 HCG 及尿 HCG 持续高于正常水平，或一度降至正常水平又再次升高且排除妊娠物残留或再次妊娠，符合下列标准中的任何一项，可诊断为滋养细胞肿瘤即 HCG 连续 4 次测定呈弱阳性，并持续 3 周或更长时间；HCG 连续 3 次测定呈阳性，并持续 2 周或更长时间；HCG 水平持续异常达 6 个月或更长时间。

但对非葡萄胎后滋养细胞肿瘤，目前尚无明确的 HCG 诊断标准。一般认为，足月产、流产和异位妊娠后 HCG 多在 4 周左右转为阴性，如超过 4 周血 HCG 仍持续高于正常水平，或一度下降后又上升，在排除妊娠物残留或再次妊娠后，应考虑滋养细胞肿瘤。

②超声检查 B超检查，子宫可正常大小或不同程度增大，宫壁显示局灶性或弥漫性强光点或光团与暗区相间的蜂窝样病灶，侵蚀性葡萄胎和绒毛膜癌难相鉴别。彩色多普勒超声检查，绒癌可出现低阻抗血流丰富信号。超声检查也可发现肝、脾、肾等部位的转移灶。

③病理检查 如在侵入子宫肌层或子宫外转移的切片中，可见到绒毛结构或绒毛退变痕迹，是诊断侵蚀性葡萄胎的可靠依据。如原发灶与转移灶诊断不一致，只要任一标本中有绒毛结构，即可诊断。而绒毛膜癌肿瘤实质细胞由郎罕细胞、中间型细胞和合体细胞所构成，与一般癌肿有很大区别，其病理特点有三点：三种滋养细胞恶性增生，可见原有细胞层次排列紊乱，异型明显，均可有核分裂；瘤细胞缺乏癌性间质，也无固有血管；连续切片找不到绒毛及其蜕变的"鬼影"结构。

④X线胸片 是诊断肺转移的重要方法。肺转移的最初X线征象为肺纹理增粗，以后渐为片状或小结节阴影，典型表现可见肺叶外带单个或多个半透明棉球状或团块状阴影。转移灶以右肺及中下部多见。

⑤CT、核磁共振检查 CT对发现肺部较小病灶和脑、肝等部位的转移灶有较高的诊断价值。核磁共振主要用于脑和盆腔病灶诊断。

(4)临床分期

采用FIGO妇科肿瘤委员会2002年颁布的临床分期(表9-1)和预后评分系统(表9-2)。预后评分，总分≤6分者为低危，总分=7分者为高危。如一患者为滋养细胞肿瘤肺转移，预后评分为7分，此患者的诊断应为滋养细胞肿瘤"Ⅲ：7"。

表9-1 滋养细胞肿瘤解剖学分期(FIGO，2000年)

Ⅰ期	病变局限于子宫
Ⅱ期	病变扩散，但仍局限于生殖器官(附件、阴道、阔韧带)
Ⅲ期	病变转移至肺，有或无生殖系统病变
Ⅳ期	所有其他转移

表 9-2 改良 FIGO 预后评分系统(FIGO,2000 年)

评 分	0	1	2	4
年龄(岁)	<40	≥40	—	—
前次妊娠	葡萄胎	流产	足月产	—
距前次妊娠时间(月)	<4	4~7	7~13	≥13
治疗前血 HCG(mIU/ml)	$<10^3$	10^3~10^4	10^4~10^5	$>10^5$
最大肿瘤大小(包括子宫)	—	3~5cm	≥5cm	—
转移部位	—	生殖道、宫旁	肺	肝、脑、肠道、肾
转移病灶数目	—	1~4	5~8	>8
先前化疗失败	—	—	单药	二种或二种以上联合化疗

2.中医

主要症候　鬼胎排出后或流产、足月产、异位妊娠后阴道流血，淋漓不断，或突然下血量多。属瘀毒蕴结者，伴发热、腹痛拒按或少腹扪及包块，恶心呕吐，舌质紫黯或黯红，苔黄，脉弦数或弦涩；属邪毒蕴肺者，伴咳嗽，咯血或痰中带血，胸闷作痛，舌红苔黄，脉细数；属气血大亏者，伴神疲乏力，心悸怔忡，面色萎黄，形体消瘦，舌淡苔白，脉细弱；属肝肾阴虚者，伴头晕目眩，口干咽燥，腰膝酸软，手足心热，舌红少苔，脉细数无力。

【鉴别诊断】

1.残存葡萄胎：可有不规则阴道流血，HCG 下降但不达正常。子宫大且软。再次清宫，见有葡萄胎组织，清宫后 HCG 逐渐下降，子宫出血停止，很快恢复正常大小。若清出或未清出葡萄胎组织，血或尿中 HCG 持续不降或更高，阴道流血仍持续不止或更多，则为侵蚀性葡萄胎。此时如发现有阴道转移或肺转移，即可明确诊断。最后确诊仍需根据病理结果。

2.再次妊娠：B 超检查见宫内有胚囊或胎心搏动。

3.卵巢黄素化囊肿尚未萎缩：通过盆腔检查，发现卵巢黄素化囊肿尚未萎缩，可触到双侧卵巢肿大，血 HCG 或尿 HCG 定量测定数值均在低水平且未见上升。

【治疗】

1.治疗原则

采用以化疗为主，手术和放疗为辅的综合治疗。

2.治疗方法

侵蚀性葡萄胎和绒毛膜癌的危害性大，一经确诊须积极处理。在制定治疗方案之前，必须在明确临床诊断的基础上，根据病史、体征及各项辅助检查的结果，作出正确的临床分期，并根据预后评分将患者评定为低危无转移、低危转移或高危转移，再结合骨髓功能、肝肾功能及全身情况等评估，制定出合理的治疗方案，以达到分层和个体化治疗。

(1)化疗

①Ⅰ期(低危无转移)　通常用单药化疗。

甲氨蝶呤(MTX)。0.4mg/(kg·d)，肌注，连续 5 天为 1 个疗程。疗程间隔为 10~14 天。

MTX-四氢叶酸(CF)解救方案。MTX 1.0mg/(kg·d)，肌注，第 1、3、5、7 天隔日用药 1 次，在 MTX 给药后 24 小时，第 2、4、6、8 天肌肉注射四氢叶酸(CF)，0.1mg/(kg·d)，8 天为 1 疗程，疗程间隔为 10~14 天。这一方案毒性较低，无脱发，白细胞下降不明显，黏膜炎及其他毒性反应也较轻。偶见 MTX 引起胸痛和肝受损。

氟尿嘧啶(5-FU)。28~30mg/(kg·d)，溶于 5%葡萄糖液 500ml 中，缓慢静脉滴注，8 小时滴完，8~10 天为 1 疗程，疗程间隔为 2 周。

放线菌素-D (Act-D)。0.008~0.01mg/(kg·d)，溶于 5%葡萄糖液 500ml 中，静脉滴注，8~10 天为 1 疗程，疗程间隔为 2 周。

依托泊甙(VP-16)。200mg/(m^2·d)，口服，共 5 天 1 疗程，疗程间隔为 12~14 天。

②Ⅱ~Ⅲ期 宜联合化疗。根据化疗药物的特性选择用药：据临床经验，氟尿嘧啶对消化道转移、肝转移效果较好；更生霉素适于肺转移；甲氨蝶呤可通过血脑屏障，鞘内注射治疗脑转移较好。

5-FU+KSM 方案。氟尿嘧啶（5-FU）26mg/（kg·d），更生霉素（KSM）0.006mg/（kg·d），分别溶于5%葡萄糖液各500ml中，先滴注氟尿嘧啶，8小时滴完，续滴更生霉素，2~4小时滴完，8天为1疗程，疗程间隔为3周。

5-FU+AT1258 方案。氟尿嘧啶（5-FU）26mg/（kg·d），溶于5%葡萄糖液500ml中，8小时滴完；AT1258为30mg/d，溶于生理盐水20 ml中，静脉注射，8天为1疗程，疗程间隔为3周。

KSM+AT1258 方案。更生霉素（KSM）0.006mg/（kg·d），溶于5%葡萄糖液500ml中，静脉滴注；AT1258为30mg/d，溶于生理盐水20 ml中，静脉注射，8天为1疗程，疗程间隔为3周。

ACE 三联。放线菌素-D（Act-D）0.2mg，溶于5%葡萄糖液500ml中，静脉滴注，疗程总量为1mg；环磷酰胺（CTX）400mg，溶于生理盐水20 ml中，静脉注射，疗程总量为2 000mg；喜树碱30mg，溶于生理盐水20 ml中，静脉注射，疗程总量为150mg；每天用1种，每3天轮用1次，共5次，15天为1疗程，疗程间隔为2周。

③Ⅳ期或耐药病例 用 EMA-CO 方案。

EMA 部分。第1天：放线菌素-D（Act-D）0.5mg，溶于生理盐水30 ml中，静脉注射；依托泊甙（VP-16）100mg/（m^2·d），溶于生理盐水30ml中，静脉注射；甲氨蝶呤（MTX）100mg/（m^2·d），溶于生理盐水30ml中，静脉注射；甲氨蝶呤（MTX）200mg/（m^2·d），溶于生理盐水1 000ml中，静脉滴注12小时。第2天：放线菌素-D（Act-D）0.5mg，溶于生理盐水20 ml中，静脉注射；依托泊甙（VP-16）100mg/（m^2·d），溶于5%葡萄糖液250ml中，静脉滴注1小时；更生霉素（KSM）500μg，溶于生理盐水30ml中，静脉注射；四氢叶酸15mg，肌肉注射，从第1天静脉注射甲氨蝶呤(MTX)算起 24 小时后给药，每 12 小时 1 次，共 2 次。第 3 天：四氢叶酸 15mg，肌肉注射，每 12 小时 1 次，共 2 次(2 天前后共 4 次)。第 4~7 天休息(无化疗)。

CO 部分。第 8 天，长春新碱(VCR)2mg，溶于生理盐水 30ml 中，静脉注射；环磷酰胺(CTX)600mg/(m^2·d)，溶于生理盐水 300ml 中，静脉滴注 1 小时。第 9~14 天休息(无化疗)。第 15 天开始新疗程。

④疗效评估 在每一疗程结束后，应每周一次测定血 HCG，结合妇科检查、超声检查、胸片、CT 等检查。在每疗程化疗结束至 18 天内，血 HCG 下降至少 1 个对数称为有效。

⑤停药指征 一般认为化疗应持续到症状体征消失，原发和转移灶消失，HCG 每周测定 1 次连续 3 次阴性，再巩固 2~3 个疗程方可停药。

⑥毒副反应防治 化疗主要的毒副反应为骨髓抑制，其次为消化道反应，肝、肾功能损害及脱发等。所以化疗前应先作血常规、尿常规、肝功、肾功等检查了解骨髓及肝肾功能，用药期间严密观察，注意防治。

骨髓抑制。表现为白细胞、血小板减少、贫血，用药后 7~10 天最严重。可用升白药如利血生、鲨肝醇、参芪片口服，以及基因重组类药物。严重者应立即成分输血或输新鲜全血。白细胞小于 1.0×10^9/L 时，患者应入无菌隔离室。

消化道反应。常见恶心、呕吐、口腔溃疡，最严重的是伪膜性肠炎。化疗前 30 分钟用甲氨普胺 1mg/kg，肌肉注射或静脉滴注，每 2~4 小时可重复一次。但大量应用可出现椎体外系统症状。氯丙嗪、异丙嗪也可配合应用。枢复宁、康泉预防恶心、呕吐效果良好。枢复宁化疗前半小时 8mg 静脉滴注，化疗后每 8 小时口服 8mg。康泉可每日 1 次 3mg，静脉滴注。

化疗中保持口腔卫生，避免辛辣刺激食物，可预防口腔溃疡。若发生口腔溃疡，溃疡处涂中药冰硼散或西瓜霜，也可贴口腔溃疡膜。白色念珠菌感染者，用 5%碳酸氢钠漱口，并用 1:1 万制霉菌素液涂患处。化疗中，尤其用氟尿嘧啶后，一天中腹泻3次或以上者，应警惕伪膜性肠炎。应行大便涂片检查，注意维持水电平衡。伪膜性肠炎发生时，大便呈兰色水(海水)样，晚期大便中漂有白色膜状物。该并发症虽然少见，但凶险，对患者威胁很大，必须及早采取措施。诊断明确后应立即停化疗，服用鸦片酊减少腹泻次数，同时服用乳酸杆菌制剂，促进乳酸杆菌在肠道内生长，对抗难辨梭状芽孢杆菌。也可口服万古霉素等抑制难辨梭状芽孢杆菌。

心脏毒性。应注意限制对心脏有损害的药物如阿霉素的用量。辅酶Q_{10}10mg肌肉注射，每日一次，能促进心肌病恢复。维生素E、维生素B_{12}可降低心脏毒性。出现心肌病症状时，应立即停用对心肌有损害的药物，同时采用心电图监测，应用异搏定、乙胺碘呋酮纠正心律失常。

肝损害。化疗前、中、后应注意监测肝功，有肝功能损害时，要给予保肝治疗，选用联苯双脂、肌苷等。

(2)手术治疗

主要作为辅助治疗。

①手术指征　子宫穿孔或其他部位转移瘤大出血的紧急处理；耐药患者残余病灶久治不愈；无生育要求的低危无转移患者。

②手术时间　急性出血应立即手术；非急症者应先行化疗，待病情稳定后再手术；盆腔转移病灶较大者，手术中易大出血，经化疗病灶缩小后，手术比较容易。

③手术方式　大病灶、耐药病灶或病灶穿孔出血者应在化疗的基础上行广泛子宫切除术及卵巢动静脉高位结扎术，生育期年龄妇女应保留卵巢；对于有生育要求的年轻妇女，若血HCG水平不高，耐药病灶为单个及子宫外转移灶控制者，可考虑做病灶剜除术；对于无生育要求的低危无转移患者在初次治疗时可首选全子宫切除术，并在术中开始给予单药辅助化疗，直至HCG水平正常；对于多次化疗而未能吸收的肺部、脾脏等部位转移的孤立的耐药病灶，可考虑行肺部分切除、脾脏

切除等手术。

(3)放射治疗

主要用于肝、脑转移和肺部耐药病灶的治疗。

(4)耐药复发患者的处理

自上世纪60年代初化疗方法应用以来,滋养细胞肿瘤的预后已有极大改善,几乎全部无转移和低危转移患者均可得到治愈,但尚有少数高危转移患者因治疗失败而最终死亡。其原因主要是对化疗不敏感,出现耐药或一度缓解后又复发。对于这类患者其处理方法大致有以下几点:

治疗前进行准确临床分期,给予合适化疗方案,尽可能做到个体化治疗,以减少耐药和复发。

采用由有效二线化疗药物组成的联合化疗方案。据报道,对耐药和复发病例有效的药物有异环磷酰胺、顺铂、卡铂、博莱霉素、泰素等;由这些药物组成的化疗方案主要有EMA-EP (EMA-CO中的CO被依托泊甙、顺铂所替代)、PVB(顺铂、长春新碱、博莱霉素)、BEP(博莱霉素、依托泊甙、顺铂)、VIP(依托泊甙、异环磷酰胺、顺铂或卡铂)等。

采用综合治疗,即在运用化疗这个主要治疗手段的同时,配合手术和放疗这些有效的辅助治疗手段,而且,合理适时应用可提高治愈率。

运用放射介入技术, 超选择动脉插管局部灌注化疗和栓塞治疗对耐药和复发病灶均有显著疗效。

有报道应用超大剂量联合化疗及自体造血干细胞移植治疗耐药患者取得一定疗效。

免疫治疗、基因治疗等正在探索中。

(5)中医辨证施治

证属瘀毒蕴结者,治当解毒化瘀,散结消癥,用解毒散结饮加减:金银花15g、马齿苋24g、蒲公英24g、三棱15g、莪术15g、紫草15g、当归15g、赤芍15g、丹皮15g、制大黄10g、半枝莲24g、山慈姑15g、土茯苓15g。

证属邪毒蕴肺者，治当解毒清肺，散结消癥，用清肺解毒饮加减：金银花 15g、连翘 5g、鱼腥草 24g、瓜蒌仁 15g、川贝母 15g、白茅根 30g、生地 15g、沙参 15g、麦冬 15g、桃仁 15g、丹皮 15g、山慈姑 24g、薏苡仁 30g、阿胶 15g(烊化)。

证属气血大亏者，治当益气养血，散结消癥，用八珍汤加减：人参 15g、黄芪 30g、焦白术 15g、陈皮 12g、熟地 15g、白芍 15g、当归 15g、川芎 12g、阿胶 15g(烊化)、半枝莲 24g、白花蛇舌草 24g、蒲黄炭 15g、仙鹤草 15g、陈棕炭 15g、紫河车 15g。

证属肝肾阴虚者，治当补肝益肾，散结消癥，用六味地黄汤加减：熟地 15g、山药 15g、山芋肉 15g、丹皮 15g、茯苓 12g、泽泻 12g、女贞子 15g、旱莲草 15g、川续断 15g、紫草 15g、枸杞子 15g、菟丝子 15g、煅龙牡各 24g、白花蛇舌草 24g、阿胶 15g(烊化)。

【注意事项】

1.转移性妊娠滋养细胞肿瘤可以同时出现原发灶和继发灶症状，但也有不少患者原发灶消失而转移灶发展，仅表现为转移灶症状，如不注意常会误诊。

2.注意出院后的随访，现由于诊断技术及化学治疗的发展，绒毛膜癌患者的预后得到了极大的改善。随访一般于第 1 年内每月 1 次；1 年后每 3 个月 1 次，持续至 3 年；3 年后每年 1 次至 5 年；以后每 2 年 1 次。随访内容除监测 HCG 外，还应注意有无阴道异常流血、咳嗽、咯血及其它转移灶症状，并作妇科检查，盆腔 B 超及 X 线胸片检查。

3.在进行 EMA-CO 方案治疗时须注意，由于 MTX 全部由肾脏排泄，此方案该药量极大，用药前必须明确肾脏功能良好；用药期间每天测尿量，尿量>2 500ml/d，测尿酸碱度，pH≥7，每天 2~3 次，可口服小苏打，每次 1g，每天 3 次，持续至 MTX 停药 3 天尿量正常为止；如用 MTX 部分后，反应严重，可省去 CO 部分，下一疗程仍至第 15 天开始。

第三节 胎盘部位滋养细胞肿瘤

【诊断】

1.西医

(1)发病原因

是一种起源于胎盘种植部位的一种特殊类型的滋养细胞肿瘤,其成分为单一的中间型滋养细胞,所以曾被称为合体滋养细胞疾病、不典型绒毛膜癌,临床罕见。一般继发于足月产、流产或葡萄胎后,发病时也可合并妊娠。多数呈良性临床经过,一般不发生转移,预后良好。好发于生育期妇女,约一半的患者有自发性流产或水泡状胎块史,有子宫增大,尿妊娠试验阳性,因而易误诊为妊娠。

(2)临床表现

①症状　停经后不规则阴道流血,或月经过多,常伴有贫血,当瘤细胞浸润肌层导致子宫穿孔可出现急腹痛,有时有闭经,水肿,少数患者以转移症状为首发症状,受累部位包括阴道、盆腔、肺、脑、肝及肾。一旦发生转移则预后不良。

②体征　子宫均匀性或呈不规则增大,如孕 8~16 周大小。

(3)辅助检查

①血 HCG 测定　多数阴性,仅 1/3~1/2 患者的 HCG 轻度升高,HCG 水平通常小于 3 000IU/L。

②胎盘生乳素(HPL)测定　一般为轻度升高。

③超声检查　显示子宫肌壁内低回声区,表现为类似于子宫肌瘤或其他滋养细胞肿瘤的声像图;彩超声检查显示子宫和病灶血流丰富,舒张期成分占优势的低阻抗血流。

④病理检查　是确诊的主要检查方法。将刮出的子宫内容物作病理检查,可见胎盘附着部位的中间型滋养细胞过度增生,无绒毛结构;缺乏典型的细胞滋养细胞;坏死出血较少,如有也较局限;免疫组化染

色，大多数瘤细胞 HPL 阳性，仅少数 HCG 阳性。但在多数情况下需靠手术切除的子宫标本作出准确的组织学诊断。肿瘤可局限于子宫肌层，与子宫肌层界限清楚，也可呈弥漫性浸润，甚至穿破子宫全层，发生转移。

2.中医

主要症候　足月产、流产、鬼胎排出后或妊娠期，阴道流血，淋漓不断，或月经量多。属瘀毒蕴结者，伴发热或腹痛拒按，或小腹扪及包块，恶心呕吐，舌质紫黯或黯红，苔黄，脉弦数或弦涩；属邪毒蕴肺者，伴咳嗽、咯血或痰中带血，胸闷作痛，舌红苔黄，脉细数；属气血大亏者，伴神疲乏力，心悸怔忡，面色萎黄，形体消瘦，舌淡苔白，脉细弱；属肝肾阴虚者，伴头晕目眩，口干咽燥，腰膝酸软，手足心热，舌红少苔，脉细数无力。

【鉴别诊断】

应注意与绒毛膜癌相鉴别。通过病理检查可鉴别。绒毛膜癌肉眼下以大量出血坏死为特征，病灶不规则，瘤质较松脆。而胎盘部位滋养细胞肿瘤质地较软，切面斑点状出血。镜检绒毛膜癌细胞异型性大，三种滋养细胞共存，但以郎罕细胞增生为主，核分裂相多，而胎盘部位滋养细胞肿瘤仅有中间型滋养细胞一种成分。

【治疗】

1.治疗原则

以手术治疗为主，化疗和放疗为辅，同时结合中医中药，疗效较好。但发生转移者，化疗效果较差。

2.治疗方法

(1)手术治疗

因胎盘部位滋养细胞肿瘤对化疗药物不敏感，而且对血 HCG 也缺乏敏感性，不利于预测肿瘤复发，使得转移率、死亡率增高，所以手术是首选治疗方法。原则是切除一切病灶，手术范围为全子宫及双侧附件切除。年轻妇女若病灶局限于子宫，卵巢外观正常者可保留卵巢。

(2)化疗

适用于高危胎盘部位滋养细胞肿瘤患者手术后的辅助治疗，其高危因素:肿瘤细胞有丝分裂指数大于5个/10HPF(高倍视野);距先前妊娠时间大于2年;有子宫外转移灶。主要用EMA-CO方案联合化疗(详见本章第二节妊娠滋养细胞肿瘤)，也有认为一开始即用EMA-EP方案者。而对无高危因素的患者一般不主张辅助性化疗。

对于年轻的希望保留生育功能且病灶局限于宫腔的低危患者,可用锐性刮齿反复刮宫,清除宫腔内全部病灶后,给予化疗。但需严密随访,发现异常应及时手术。

(3)放疗

适用于单个转移瘤或局部复发病变。

(4)中医辨证施治

证属瘀毒蕴结者,治当解毒化瘀,散结消癥,用解毒散结饮加减:金银花15g、马齿苋24g、蒲公英24g、三棱15g、莪术15g、紫草15g、当归15g、赤芍15g、丹皮15g、制大黄10g、半枝莲24g、山慈姑15g、土茯苓15g。

证属邪毒蕴肺者,治当解毒清肺,散结消癥,用清肺解毒饮加减:金银花15g、连翘5g、鱼腥草24g、瓜蒌仁15g、川贝母15g、白茅根30g、生地15g、沙参15g、麦冬15g、桃仁15g、丹皮15g、山慈姑24g、薏苡仁30g、阿胶15g(烊化)。

证属气血大亏者,治当益气养血,散结消癥,用八珍汤加减:人参15g、黄芪30g、焦白术15g、陈皮12g、熟地15g、白芍15g、当归15g、川芎12g、阿胶15g(烊化)、半枝莲24g、白花蛇舌草24g、蒲黄炭15g、仙鹤草15g、陈棕炭15g、紫河车15g。

证属肝肾阴虚者,治当补肝益肾,散结消癥,用六味地黄汤加减:熟地15g、山药15g、山芋肉15g、丹皮15g、茯苓12g、泽泻12g、女贞子15g、旱莲草15g、川续断15g、紫草15g、枸杞子15g、菟丝子15g、煅龙牡各 24g、白花蛇舌草 24g、阿胶 15g(烊化)。

【注意事项】

1.和其他滋养细胞肿瘤一样,治疗后也应随访,随访内容同滋养细胞肿瘤。

2.由于本病缺乏肿瘤标志物,所以临床表现和影像学检查在随访中的意义相对更重要。

第十章　绝经后出血性疾病

第一节　生殖器炎症

【诊断】

1.西医

(1)发病原因

绝经后妇女，因为雌激素水平低下，阴道黏膜变薄，血管趋于表浅，因此很容易受到细菌的感染，诸如各种炎症：细菌性阴道炎症、滴虫性炎症、真菌性炎症、宫颈炎症、宫颈息肉、宫颈糜烂、子宫内膜炎症、外阴溃疡、宫内节育器所致的子宫内膜炎等，均可使黏膜血管受损而导致出血。

(2)临床表现

①症状　多表现为停经一年以上，有少量血性分泌物或接触性出血，白带增多，有时呈血性，一般无疼痛，但炎症较重时，也可有疼痛。

②体征　妇科检查可见外阴、阴道萎缩，皱襞变浅，外阴或有溃疡，或阴道壁及宫颈潮红有出血点，阴道分泌物增多，淡黄色或呈血性；或有宫颈糜烂、宫颈外翻、宫颈息肉，子宫较正常为小，压痛；或附件有压痛，一侧可触及包块。

(3)辅助检查

①阴道分泌物常规检查　原虫感染，如滴虫或阿米巴原虫；细菌感染，如线索细胞、放线菌、衣原体等；真菌感染，如念珠菌、纤毛菌(真菌样菌)等；病毒感染，如疱疹病毒、巨细胞病毒、HPV 等。

②宫颈刮片　是筛查早期宫颈癌的重要方法。

③B 超检查 注意有无盆腔或附件炎性包块、子宫大小及宫腔线情况以排除肿瘤等。

2.中医

主要症候 绝经后,阴道少量血性分泌物,白带量多色黄,有时呈血性,有腥味或臭味,或有下腹或一侧下腹疼痛。属脾虚湿盛者,伴带下色黄黏稠,纳少便溏,舌红苔黄,脉濡数;属湿热下注者,伴外阴痒痛,带下黄绿如脓,口苦咽干,舌红苔黄腻,脉弦滑而数;属阴虚挟湿者,伴带下不甚多,赤白相兼,质稠,阴部干涩不适,或灼热感,头晕耳鸣,五心烦热,舌红苔少,脉细数。

【鉴别诊断】

1.应注意与尿血、便血相鉴别。

2.内分泌紊乱所致的阴道流血:仅有阴道流血,无明显白带改变。

3.生殖器肿瘤:良性如黏膜下肌瘤、卵巢良性肿瘤;恶性如子宫内膜癌、宫颈癌、子宫肉瘤、卵巢恶性肿瘤、外阴癌、阴道癌、输卵管癌等。

【治疗】

1.治疗原则

针对病原菌对症治疗。

2.治疗用药

(1)老年性阴道炎

①全身用药 尼尔雌醇口服,首剂 4mg,以后每 2~4 周 1 次,每次 2mg,用 2~3 个月,或倍美力口服,0.625mg/次,1 次/日,共 7~10 天。

②局部用药 先用 1%乳酸液或 5%醋酸洗必泰液冲洗阴道,可增加阴道酸度, 冲洗后置甲硝唑泡藤片或甲硝唑片 2 粒及复方新诺明 1 片于阴道深部,每晚 1 次,10 次为 1 疗程。

(2)滴虫性阴道炎

①全身用药 甲硝唑 0.4g,口服,3 次/日,7 天为 1 疗程,或替硝唑 0.5g,口服,1 次/日,7 天为 1 疗程。

②局部用药　甲硝唑泡藤片或甲硝唑片,2粒，置阴道后穹隆处,每晚1次,10天为1疗程;1:5000高锰酸钾液、1%乳酸液或5%醋酸洗必泰液冲洗阴道,降低阴道pH值,抑制滴虫生长,每晚1次,10天为1疗程。

(3)念珠菌性阴道炎

①全身用药　氟康唑150mg,1次顿服,或制霉菌素片0.1g,口服,3次/日,7天为1疗程。

②局部用药　2%~4%苏打水冲洗阴道，每晚1次,7天为1疗程;咪康唑栓(达克宁栓),200mg,置阴道后穹隆处,每晚1次,10天为1疗程,或制霉菌素片0.1g,置阴道后穹隆处,每晚1次,10天为1疗程。

(4)细菌性阴道炎

①全身用药　甲硝唑0.4g,口服,3次/日,7天为1疗程,或替硝唑0.5g,口服,1次/日,7天为1疗程,或克林霉素0.3g,口服,2次/日,7天为1疗程,或头孢拉啶500mg,口服,4次/日,6天为1疗程。

②局部用药　甲硝唑泡藤片或甲硝唑片,2粒，置阴道后穹隆处,每晚1次,10天为1疗程;1%乳酸液或5%醋酸洗必泰液冲洗阴道,可改善阴道内环境,提高疗效,每晚1次,10天为1疗程。

(5)中医辨证施治

证属脾虚湿盛者,治当健脾除湿,清热止带,用易黄汤加味:山药15g、白术15g、党参15g、车前子15g(另包)、黄柏15g、黄芩15g、苍术15g、白芍15g、陈皮15g、黑芥穗15g、炒地榆15g、甘草6g。

证属湿热下注者,治当泻肝清热,利湿止带,用止带汤加味:柴胡15g、黄柏15g、生地15g、栀子15g、黄芩15g、茯苓15g、泽泻12g、丹皮15g、车前子15g(另包)、赤芍15g、侧柏炭15g、牡蛎24g、茜草12g、白芷15g、甘草6g。

属阴虚挟湿者,治当滋阴益肾,祛湿止带,用知柏地黄汤加味:知母15g、黄柏15g、熟地15g、山药15g、山芋肉15g、茯苓15g、泽泻12g、丹皮 15g、女贞子 15g、旱莲草 15g、芡实 15g、枸杞子 15g、川续断 15g、乌贼骨 15g、牡蛎 24g、茜草 15g、旱莲草 15g。

【注意事项】

1.对绝经后妇女有少量阴道流血或血性白带者,应排除宫颈、子宫的恶性肿瘤。

2.老年性阴道炎运用雌激素时,对有乳腺癌、子宫内膜癌或肝病者要谨慎。

第二节 内分泌紊乱

【诊断】

1.西医

(1)发病原因

内源性及外源性雌激素均可引起绝经后出血。绝经后妇女雌激素水平因卵巢生理功能衰退而不断下降,下降到不能使子宫内膜增生,以致不能发生撤退性出血,月经因而停止。但绝经后妇女子宫内膜对雌激素仍有反应,绝经后卵巢间质及肾上腺皮质均能分泌雄激素,雄激素可转化为雌酮,因此绝经后妇女血中仍有少量雌激素,虽然量很少,但持续产生对子宫内膜有积累作用,可使子宫内膜出现增殖、增生甚至增生过长,在体内雌激素波动时即可引起不定期的撤退性出血。同样绝经后妇女接受外源性雌激素在其停药后亦会引起撤退性出血。当绝经后妇女接受雌、孕激素治疗绝经前后综合征时,这种外源性雌激素在其体内达到一定量,停药或减量后即可出现子宫内膜撤退性出血。

(2)临床表现

①症状 停经一年以上阴道出血,但无周期性,出血量及时间也不定,持续 1~2 天或更长,伴阴道分泌物增多,乳房胀痛,下腹坠胀等症。

②体征 妇科检查可见外阴及阴道呈萎缩表现,但子宫较同期正

常子宫稍大，并且较软。

(3)辅助检查

①阴道雌激素测定　了解患者体内雌激素水平是否与绝经期妇女相符合。

②内分泌检查　查垂体促性腺激素FSH、LH及卵巢激素E_2、P水平。如绝经后妇女FSH、LH水平低落，而E_2水平增高，则须查明原因，应排除卵巢功能性肿瘤的存在。卵巢功能衰退早期FSH分泌增加，LH可保持正常水平，通过体内自身调整，FSH有时可回复正常水平。随后卵巢不再有卵泡成熟，FSH再次增高，LH随之上升。绝经后卵巢功能停止，FSH升高可在绝经后10年达高峰，可为生育年龄的15倍，而LH在绝经后3年达高峰，为生育年龄的5倍。E_2在绝经后以比较稳定的低水平(35pg/L)代替了周期性的波动。然而，雌激素水平虽低，其循环中雌激素因有卵泡以外的雌激素所代替，如肾上腺皮质的雄烯二酮在外周组织如脂肪组织可转换为雌酮，故仍可维持一定的水平。P由于肾上腺分泌孕酮及其他类固醇代替产物，绝经后妇女只排出微量孕二醇。

③B超检查　盆腔检查不满意或需要进一步确定病变部位及性质时，可做B超检查，用以了解子宫大小、内膜情况及邻近器官的异常情况。

④诊断性刮宫　是诊断子宫内膜癌及确定病变范围的重要手段。绝经后出血患者有以下情况者应行诊刮：反复阴道流血；妇科检查所见不符合萎缩改变或发现子宫增大且附件有包块者，或无其他明确病因解释出血如阴道炎症、宫颈息肉等；B超提示子宫内膜增厚在1cm以上者；有高血压、糖尿病、肥胖等合并症者；无随诊条件者。以上需诊刮者必须进行分段诊刮，即分别刮取宫颈和宫腔组织(先宫颈再宫腔)，送病检以了解病变及程度，绝经后妇女子宫内膜大部分呈增生期改变，对外源性孕激素有撤退性出血反应，少数为萎缩型子宫内膜。

对仅一次或短期的阴道出血，妇科及一般辅助检查无异常发现，有随诊条件者或出血原因已明确，可暂不刮宫。

⑤宫腔吸片　对行诊刮有困难者，如老年阴道宫颈萎缩或有较严重的高血压、冠心病等，可用宫腔吸片行细胞学检查。

2.中医

主要症候　自然绝经2年以上经水复来，量少，或有阴道分泌物增多。属脾虚肝郁者，伴血色淡红，质稀，气短懒言，食少便溏，烦躁易怒，乳房胀痛，下腹坠胀，舌淡苔少，脉虚细而弦；属肾阴不足者，伴血色鲜红，腰膝酸软，夜寐不宁，咽干口燥，阴中干涩，皮肤或外阴瘙痒，大便干结，舌红苔少，脉细数。

【鉴别诊断】

1.应注意与尿血、便血相鉴别。

2.生殖器炎症所致的阴道流血：除有少量阴道流血，主要有明显白带改变，严重时并有下腹疼痛。

3.生殖器肿瘤：良性如黏膜下肌瘤、卵巢良性肿瘤；恶性如子宫内膜癌、宫颈癌、子宫肉瘤、卵巢恶性肿瘤、外阴癌、阴道癌、输卵管癌等。

【治疗】

1.治疗原则

对症处理，严密观察，定期复查。

2.处理方法

(1)一般处理为调节心理，平和心态；补充营养，加强调护；劳逸结合，充足睡眠。

(2)因体内雌激素水平波动所致出血者，应严密观察至不再出血为止，不需特殊处理。

(3)因外源性雌激素所致出血者，应立即停药。

(4)如出血较多者，可应用止血药止血，一般常用安络血5~10mg/次，口服，3次/日；维生素K 44mg/次，口服，3次/日；宫血宁2粒，口服，3次/日。

(5)出血量大，且反复出血者，应行诊断性刮宫术。

(6)中医辨证施治

证属脾虚肝郁者，治当疏肝解郁，止血固冲，用四君子汤合胶艾汤加减：党参 15g、焦白术 15g、茯苓 12g、山药 15g、黄芪 24g、苡仁 30g、莲子肉 15g、阿胶 15g（烊化）、艾叶炭 15g、黑芥穗 15g、枳壳 15g、砂仁 12g、香附 15g、甘草 6g。

证属肾阴虚者，治当养阴益肾，止血固冲，用左归丸加减：熟地 15g、山药 15g、山芋肉 15g、枸杞子 15g、鹿角胶 15g、龟板胶 15g、川续断 15g、女贞子 15g、旱莲草 15g、阿胶 15g(烊化)、仙鹤草 12g、白芍 15g、丹皮 12g。

【注意事项】

1.要正确对待内分泌紊乱引起的出血，不要如临大敌，也不要麻痹大意。

2.早期诊断，准确处理。

第三节　生殖器肿瘤

一、良性肿瘤

【诊断】

1.西医

(1)发病原因

子宫良性肿瘤如黏膜下肌瘤或肌层肌瘤、宫内膜息肉、宫颈息肉等合并炎症，发生溃疡、坏死和感染时，则引起阴道不规则出血；卵巢良性肿瘤如颗粒细胞瘤、卵泡膜细胞瘤以及上皮性肿瘤如黏液性囊腺瘤、浆液性囊腺瘤等可产生雌激素，还有肾上腺皮质的雄烯二酮可转换为雌酮，故雌激素仍可维持一定的水平，引起子宫内膜增生过长而导致出血。颗粒细胞瘤和卵泡膜细胞瘤的发生，有认为与绝经后垂体促性腺激素平衡失调有关，多属良性，极少恶变。

(2)临床表现

①症状　绝经后阴道血性分泌物或不规则出血,量中等,个别患者有返老还童现象,肿瘤大者腹部可扪及包块。

②体征　妇科检查时可见子宫体增大,息肉或肌瘤突出宫颈管时可见到或摸到,颗粒细胞瘤和卵泡膜细胞瘤者可触及活动的卵巢肿瘤,一般中等大到成人头大。

(3)辅助检查

①宫颈刮片　筛查和排除早期宫颈癌。

②B超检查　检查有无子宫肌瘤、宫内息肉、卵巢肿瘤等。

③内分泌检查　查垂体促性腺激素FSH、LH及卵巢激素E_2、P水平。如绝经后妇女FSH、LH水平低落,而E_2水平增高,结合B超检查,应考虑卵巢功能性肿瘤(颗粒细胞瘤、卵泡膜细胞瘤)的存在。

④宫腔镜检查　可发现和观察宫腔病变情况。

⑤诊断性刮宫　分段诊刮,刮出物送病检。可检出息肉、子宫内膜增生过长,排除恶性病变。

2.中医

主要症候　自然绝经2年以上经水复来或赤带,量少,淋漓断续。属血热者,伴血色深红,质稠,口苦咽干,小便短少,大便秘结,舌红苔黄,脉数;属血瘀者,伴血色黯黑,淋漓断续,小腹癥瘕积聚,舌紫或黯,脉沉涩;属阴虚者,伴血量不多,色鲜红,咽干口燥,皮肤或外阴瘙痒,大便秘结,舌红苔少,脉细数。

【鉴别诊断】

1.应注意与尿血、便血相鉴别。

2.生殖器炎症所致的阴道流血:除有少量阴道流血,主要有明显白带改变,严重时并有下腹疼痛。

3.内分泌紊乱所致的阴道流血:仅有阴道流血,无明显白带改变。

4.生殖器恶性肿瘤:出血量多,肿块增长迅速。

【治疗】

1.治疗原则

以手术摘除为主。

2.治疗方法

(1)宫颈息肉,行手术摘除。

(2)宫内膜息肉

①采用刮宫术即可刮除　根据息肉大小选择吸管，一般选用较大号的吸管。刮除后给予缩宫素10U肌注或静脉滴注帮助子宫收缩以止血,术后给予抗生素预防感染。

②宫腔镜摘除　术后处理同前。

(3)黏膜下肌瘤或肌层肌瘤

对于绝经后因子宫肌瘤而流血者,一般应采用子宫切除术。

(4)卵巢良性肿瘤

应手术摘除肿瘤。术后将手术摘除物送病检。

(5)中医辨证施治

证属血热者,治当清热凉血,化瘀止血,用保阴煎加减:生地15g、熟地15g、白芍15g、山药15g、川续断15g、黄芩15g、黄柏15g、地榆炭15g、茜草根15g、甘草6g。

证属血瘀者,治当活血化瘀,固冲止血,用当归饮加减:当归15g、川芎12g、赤芍15g、丹参15g、丹皮12g、桃仁12g、吴茱萸15g、桂枝10g、炮姜15g、大黄炭15g、厚朴15g、水蛭6g、虻虫3g。

证属阴虚者,治当养阴益肾,止血固冲,用左归丸加减:熟地15g、山药15g、山芋肉15g、枸杞子15g、鹿角胶15g、龟板胶15g、川续断15g、女贞子15g、旱莲草15g、阿胶15g(烊化)、仙鹤草12g、白芍15g、丹皮12g。

【注意事项】

1.绝经后妇女应定期行妇科检查、宫颈刮片及B超检查。

2.发现宫颈息肉、宫内膜息肉、黏膜下肌瘤或肌层肌瘤及卵巢肿瘤应早期治疗。

二、恶性肿瘤

【诊断】

1.西医

(1)发病原因

据文献报道，近年来绝经后出血恶性原因逐渐减少而良性原因逐渐增多，由恶性肿瘤引起的绝经后出血发病率约为15%左右。一般来说，患者年龄越大，绝经期限及流血时间越长，恶性肿瘤可能性越大。常见恶性病因有子宫内膜腺癌、宫颈鳞癌、宫颈腺癌、子宫肉瘤、卵巢恶性肿瘤如黏液性囊腺癌、浆液性囊腺癌等。由于癌组织坏死脱落或侵蚀破坏盆腔周围的血管而导致出血。另外，阴道癌、输卵管癌、尿道癌、外阴癌等也可引起绝经后出血。

(2)临床表现

①症状　宫颈癌早期少量接触性出血或血性白带，晚期出现不规则阴道出血或血水样分泌物，晚期盆腔内疼痛向腰骶部及大腿放射；子宫内膜癌可见点滴出血或血性白带，白带增多，早期血水样，晚期大量血性有恶臭液体排出，盆腔疼痛；子宫肉瘤穿破子宫内膜时可出现不规则阴道流血，有时血量较多，腹部包块迅速增大，晚期可出现腹痛；卵巢癌、输卵管癌晚期发生子宫或阴道少量出血，水样白带增多，晚期下腹痛，有包块及腹水；阴道癌、外阴癌早期症状不明显，可见局部溃疡或破损及点滴出血，晚期发生转移时则有疼痛。

②体征　宫颈癌早期肉眼所见与宫颈糜烂不易区别；子宫内膜癌早期子宫稍增大，晚期可触及盆腔包块；子宫肉瘤子宫迅速增大；卵巢癌、输卵管癌可触及附件包块，表面粗糙，质硬，边界不清，多有粘连；阴道癌、外阴癌早期只是一小结节或浸润小溃疡，肿物以后发展成菜花状或大溃疡。

(3)辅助检查

①宫颈刮片　是诊断早期宫颈癌简单易行的首选方法，巴氏染色，Ⅲ~Ⅴ级为可疑及阳性。

②碘试验及宫颈活组织检查　将碘液均匀涂于宫颈及穹隆部，观察不着色区(碘阴性区)。于碘阴性区取活检，可减少漏诊。

③阴道镜检查　可放大10~20倍观察宫颈表面，癌变上皮血管呈小螺旋状或豆点状、曲折、紊乱、扩张等，可提供活检部位，提高活检阳性率，以便早发现早治疗。

④氮激光肿瘤固有荧光检测法　通过光导纤维传送氮激光激发病变部位，目测病灶组织与正常组织不同的颜色，宫颈表面呈紫色或紫红色为阳性，示有病变；兰色为阴性，示无恶性病变。

⑤宫颈和宫颈管活组织检查　于宫颈鳞—柱交接部的3、6、9、12点4处取活检，或在碘试验、肿瘤固有荧光检测、阴道镜观察到的可疑部位取活检。所取组织既要有上皮组织，又要有间质组织。若宫颈刮片为Ⅲ级或Ⅲ级以上，取宫颈活检时，应用小刮齿搔刮宫颈管，刮出物送病检。

⑥诊断性刮宫　行分段诊刮，刮出组织送病检。用于诊断宫颈癌、子宫内膜癌。

⑦病理检查　用于诊断各种恶性病变。

⑧超声检查　B超或彩色超声检查，用于子宫内膜癌、子宫肉瘤、卵巢及输卵管肿瘤、晚期阴道癌和外阴癌邻近器官的转移等。

⑨宫腔镜检查　用于子宫内膜癌的诊断。

2.中医

主要症候　自然绝经2年以上经水复来，量少色淡红或鲜红，白带增多，或下腹癥块，推之不移，或疼痛拒按。属气虚者，伴神疲体倦，气短懒言，小腹空坠，舌淡苔薄白，脉细弱；属血热者，伴血色深红，质黏稠，带下色黄有臭味，口干咽燥，小便短赤，大便秘结，舌红苔黄，脉弦数；属血瘀者，伴血色紫黯，或有血块，小腹癥瘕疼痛，舌紫黯，脉弦涩。

【鉴别诊断】

1.应注意与尿血、便血相鉴别。

2.生殖器炎症所致的阴道流血：除有少量阴道流血，主要有明显白带改变，严重时并有下腹疼痛。

3.内分泌紊乱所致的阴道流血：仅有阴道流血，无明显白带改变。

4.生殖器良性肿瘤：如黏膜下肌瘤、卵巢良性肿瘤。表现为绝经后阴道血性分泌物或不规则出血，量中等，个别患者有返老还童现象，肿瘤大者腹部可扪及包块，肿块增长缓慢。

【治疗】

1.治疗原则

以手术治疗为主，术后配合化疗或放疗。对于子宫内膜腺癌可配合内分泌治疗。

2.治疗方法

(1)年龄较大或有严重合并症者，一般行局部肿瘤切除。

(2)子宫内膜腺癌术后，可使用孕激素进行治疗。

(3)晚期癌瘤患者可仅进行化疗或放疗作为姑息治疗。

(4)中医辨证施治

证属气虚者，治当益气养血，固冲止血，用无忧汤加减：人参 12g、黄芪 24g、焦白术 15g、熟地 15g、山芋肉 15g、川续断 15g、阿胶 15g(烊化)、黑芥穗 15g、当归 12g、白芍 15g、茜草 15g、甘草 6g。

证属血热者，治当清热凉血，固冲止血，用保阴煎加减：生地 15g、熟地 15g、白芍 15g、山药 15g、川续断 15g、黄芩 15g、黄柏 15g、地榆炭 15g、茜草根 15g、甘草 6g。

证属血瘀者，治当活血化瘀，固冲止血，用当归饮加减：当归 15g、川芎 12g、赤芍 15g、丹参 15g、丹皮 12g、桃仁 12g、吴茱萸 15g、桂枝 10g、炮姜 15g、大黄炭 15g、厚朴 15g、水蛭 6g、虻虫 3g。

【注意事项】

绝经后阴道流血，不论何种原因以及症状严重与否，首先应考虑到的是癌瘤，直至排除或证实为止。

第十一章　幼女出血性疾病

第一节　性早熟

【诊断】

1.西医

(1)发病原因

女性儿童 8 岁前乳房发育,10 岁前月经来潮,比同性性征提前出现,也就是性早熟。有真性性早熟和假性性早熟。

①真性性早熟　是由于某些疾病引起:

颅内肿瘤,下丘脑、松果体肿瘤破坏了其抑制促性腺激素的神经结构;

感染(炎症、脑炎、结核性脑膜炎)治疗后;

头部创伤所致瘢痕,隔断下丘脑—垂体通道,垂体功能失去了控制以及大脑发育不全和先天性畸形脑积水等;

前三种病因除外,其他即为特发性性早熟。特发性性早熟,使下丘脑—垂体—卵巢轴的功能提前激活,有 GnRH 及促卵泡成熟激素(FSH)和黄体生成素(LH)的分泌,有卵泡的发育,雌激素的增多,子宫内膜增生而撤退出血。

②假性性早熟　又称不完全性性早熟或外周性性早熟。有下列几种原因:

外源性雌激素引起的如误服避孕药、含雌激素的食品和保健品。

内源性雌激素引起的有肿瘤(如卵巢颗粒细胞瘤—卵泡膜细胞瘤、

性母细胞瘤)或卵泡囊肿都有雌激素的分泌;肾上腺肿瘤亦有性激素的分泌,Peutz-Jeghers 综合征有消化道息肉病、黏膜皮肤色素沉着和性索瘤,都有雌激素的分泌而出现假性性早熟。

甲状腺功能减退症即幼女长期甲状腺功能低下未经治疗,促甲状腺释放激素 TRH 升高,可促使 FSH 升高,卵巢内可出现少量卵泡,因而有内源性雌激素导致阴道出血,但 LH 未升高,整个下丘脑—垂体—卵巢轴的功能未被激活。

McCune-Albright 综合征,此征患者主要表现为性早熟,有慢性骨质多发性纤维发育不良,皮肤上有不规则色素斑,该征性早熟是卵巢的自主活动,有卵泡发育,分泌雌激素,但无促性腺激素的分泌和无排卵。

靶器官过于敏感,可见仅为乳房发育,乳头、乳晕及其他性征均不发育或阴毛过早发育。

(2)临床表现

①症状　特发性性早熟,8 岁前出现单侧或双侧乳房发育,随之出现腋毛阴毛以及月经来潮,患儿骨骼发育较早比同龄女孩高大,但在雌激素作用下骨垢早期愈合,导致过早的生长停止,因而最终身材比同龄女孩矮小,但智力发育及生育能力不受影响。

神经系统疾病引起者,早期可出现乳房发育、腋毛阴毛出现或月经来潮,但经过一段时间后,则出现多饮、多尿、肥胖、视力障碍、头痛等下丘脑功能紊乱的表现。

Albright 综合征,除出现性早熟外,还可有多处骨性纤维形成增殖引起的增生性骨炎,骨发育不良及纤维样变,多发于四肢及头部,并能引起病理性骨折、颅神经受损等,尚有典型的分布于单侧的色素沉着。

假性性早熟,可有某些性早熟表现,但性腺未发育。如为分泌激素肿瘤所致,则可无症状或有腹痛、腹胀、腹部肿物等;如为肾上腺皮质增生,可伴有男性化表现如多毛、音哑、阴蒂肥大等。

甲状腺功能低下者,可有乳房增大、泌乳及月经来潮。

外源性雌激素引起的，短期者在停药后症状可随即消失。时间较久者，单纯乳房发育或阴毛发育，而无其他性征发育。

②体征 身材比同龄女孩高大，乳房发育或腋毛阴毛出现，外生殖器、子宫、附件发育，或附件有肿物，或单侧肢体色素沉着，或乳头乳晕深染等。

(3)辅助检查

①卵巢功能检查 包括基础体温、血雌孕激素测定或尿雌孕激素测定、阴道雌激素水平测定。

②X线检查 蝶鞍正、侧位相，检查蝶鞍有无扩大、钙化点或骨质破坏等情况，手、腕、膝等X线相测定骨龄及有无骨纤维增殖改变。骨龄超过实际年龄1岁以上视为提前。

③B超检查 观察生殖器情况，了解子宫大小、有无卵巢增大、有无卵泡发育，附件有无肿物，肾上腺有无肿物，阴道宫颈宫体有无葡萄状肉瘤等，必要时可作彩超检查。

④CT、MRI检查 除外颅内肿瘤、先天畸形及盆腔肿瘤。

⑤甲状腺功能检查 测定T_3、T_4、TSH等，以除外甲状腺功能低下。

⑥肾上腺功能检查 测定尿17α-羟孕酮、游离皮质醇等，24小时尿17-酮类固醇等以排除肾上腺病变。

⑦垂体功能检查 测定FSH、LH、PRL等，估计垂体有无周期性分泌，鉴别真性与假性性早熟。血LH、FSH基础值增高示中枢性性早熟。

⑧GnRH激发试验 激发后LH峰值大于15U/L或较基础值增加3倍以上提示为特发性性早熟。LH/FSH大于0.66~1更有意义，若以FSH升高为主，FSH/LH大于1则为单纯乳房早发育。

⑨对疑有神经系统疾病者，还应做神经系统及眼科的全面检查，如脑电图、脑室造影等。

2.中医

主要症候 女童未满8岁出现乳房增大、腋毛阴毛，及(或)未满

10岁经水来潮。属阴阳失调，天癸早至，胞脉失约者，伴经行或先或后，量多少不定，色淡质稀或色鲜质稠，头晕耳鸣，两腿酸软，舌淡红苔薄白，脉沉细或数；属肾气不足，天癸早至，胞脉失约者，伴流血量少或点滴即止，色淡黯，质清稀，神疲无力，小便频数，面色晦黯，舌淡黯，苔少，脉沉细；属阴虚血热，天癸早至，胞脉失约者，伴流血量少，色红质稠，咽干口燥，手足心热，舌红苔少，脉细数；属脾气虚损，天癸早至，胞脉失约者，伴经行量多，色淡质稀，神疲乏力，纳呆食少，舌淡苔白，脉缓弱；属血瘀癥瘕，天癸早至，胞脉失约者，伴小腹包块，固定不移，按之无痛或疼痛拒按，经血量少，色黯有块，肌肤少泽，舌黯苔少，脉沉涩。

【鉴别诊断】

1.外阴外伤：询问病史，检查有外伤伤口。

2.阴道异物：检查见外阴阴道口扩张，脓性分泌物，阴道有异物，追问病史并作B超检查。

3.葡萄状肉瘤：多发于幼女，自宫颈或宫体部向阴道生长，可出现出血，B超检查可鉴别。

【治疗】

1.治疗原则

针对病因进行治疗；抑制月经及第二性征发育，预防身材矮小。

2.处理方法

(1)外源性雌激素引起者，立即停止进食含雌激素的食品、保健品及药品。进食量小者予以观察，量大者，必要时可行静脉输液促进排泄，或服用孕激素进行对抗，如甲羟孕酮10~30mg，1次/日；或氯地孕酮1~2mg，1次/日。药物剂量可根据症状轻重及能否控制症状而增减，用药时间应以彻底治愈为原则，症状消失后再给予适当的巩固治疗以免复发。

(2)特发性性早熟，需要抑制下丘脑—垂体—卵巢的功能，使卵泡发育和雌激素的分泌停止，从而抑制月经及性早熟。尽量促使身高达到正常人的水平。常用药物为孕激素类药物和GnRHa激动剂。

①孕激素　甲羟孕酮，可有效地抑制月经，但应用中身高增长不多，常用剂量为10mg，2次/日，长期使用，到达10岁以后正常来月经年龄停止使用，需要定期随诊，该药可抑制促性腺激素分泌，对性激素合成亦有直接抑制作用，但有糖皮质激素作用对ACTH有抑制，故剂量不宜过大，该药可以促进食欲，增加体重；地索高诺酮（消各通），常用0.25mg，1次/日，可抑制中枢促性腺激素的分泌，无雄激素作用，能对抗雌激素，该药为80年代推出的第三代孕激素，可以抑制月经，可以长期使用；18-甲基炔诺酮（左炔诺酮），每日4mg，应用一个月，随诊检查雌激素情况，血清测定或阴道涂片，若雌激素下降不满意，可加量至6~8mg/d，该药亦有良好作用，一般副作用很少，长期使用至10岁以上，停药让自然来月经。

②GnRHa激动剂　国产药每日注射一次，进口药价格较高，每月注射一次。该药对真性性早熟有较好效果，并可使骨继续发育，身高继续增长。这是由于该药为GnRH的第6位和第10位被其他氨基酸所替代，从而增强效能，延长了作用时间，因作用过强引起垂体降调节作用，使垂体处于去敏感状态，促性腺激素明显减少，卵泡发育停止，性激素合成减少至停止之故。用此药初期时促性腺激素有一度加强然后抑制，所以初期时可继续来一次月经，然后停止。

(3)乳房早熟者，于8岁前出现单纯单侧或双侧乳房发育，测血中雌激素水平不高，无阴道流血，子宫无增大，可能为局部靶器官的敏感性有关，但亦可能是真性性早熟的早期症状。一般乳房发育2年后方来月经，因而可以观察，暂不处理，观察中有的可自行消退，也有持续至月经来潮。

(4)肿瘤患者，单纯卵泡囊肿者，可以刺穿或手术切除；卵巢肿瘤者应手术治疗；头部肿瘤引起真性性早熟转脑外科进行治疗；肾上腺瘤转泌尿外科手术治疗。

(5)Albright综合征者，一般不影响身高的发育，可予以观察。对骨纤维发育不良者,与骨科配合治疗。

(6)甲状腺功能低下者,给予甲状腺素、B族维生素及补碘治疗。

(7)中医辨证施治

证属阴阳失调,天癸早至者,治当调整阴阳,固摄胞脉,用固阴煎加味:人参10g、熟地10g、山药10g、山芋肉12g、远志10g、五味子10g、菟丝子10g、川续断10g、女贞子12g、旱莲草12g、仙茅10g、仙灵脾10g、甘草3g。

证属肾气不足,天癸早至者,治当平补肾气,固摄胞脉,用大补元煎加减:人参6g、山药10g、熟地10g、山芋肉10g、杜仲10g、枸杞子10g、菟丝子10g、五味子10g、川续断10g、益智仁10g、鹿角霜3g、当归10g、白芍10g、甘草3g。

证属阴虚血热,天癸早至者,治当滋肾益阴,清热固胞,用左归丸合保阴煎加减:熟地10g、生地12g、山药10g、枸杞子10g、当归12g、白芍10g、山芋肉10g、菟丝子10g、川断12g、旱莲草10g、鹿角胶6g、龟板胶6g、黄柏10g、甘草3g。

证属脾气虚损,天癸早至者,治当健脾益气,固摄胞脉,用归脾汤加减:党参12g、黄芪20g、焦白术12g、当归10g、白芍12g、木香6g、陈皮10g、川断12g、龙眼肉10g、远志10g、砂仁10g、生姜6g、甘草3g。

证属血瘀癥瘕,天癸早至者,治当活血化瘀,固摄胞脉,用桂枝茯苓汤加味:桂枝10g、茯苓12g、桃仁10g、丹皮10g、赤芍10g、干地黄10g、制大黄10g、厚朴10g、水蛭6g、虻虫3g、鳖甲15g、穿山甲15g、三棱15g、莪术15g、小茴香10g、没药12g、甘草6g。

【注意事项】

1.应用孕激素因需长期使用,应定期检查肝功能。肝功能出现异常则停药,待其恢复后再应用。

2.应用孕激素须注意过量或长期使用,否则可抑制下丘脑—垂体—卵巢功能,从而干扰正常青春期的发育过程。

3. 6岁以下性早熟女童,其心理状态并不提前,尚年幼无知。然而6岁以上者可出现困惑、害羞和自卑,加上家长情绪紧张,对患儿易造成心理负担。因此,在进行治疗之前,首先要进行医学知识教育,使之了解性早熟的表现只不过是性发育提早而已,解除她们的顾虑,配合治疗,使患儿身心正常发育。

4.对性早熟的女童,还应酌情进行月经及性教育,防止受孕。

第二节　幼女生殖道恶性肿瘤

一、阴道葡萄状肉瘤

【诊断】

1.西医

(1)发病原因

目前尚不明了。阴道葡萄状肉瘤为中胚叶起源的恶性肿瘤,90%发生于5岁以下儿童。病变起源于阴道上皮下层,开始时为小而底宽的息肉状肿块,后增大为血管性或出血性肿块,充满阴道突出于外阴前庭。随着肿瘤发展,可因表面坏死溃烂而致阴道血性分泌物或阴道出血。

(2)临床表现

①症状　阴道葡萄状肉瘤好发于阴道顶部或阴道上部的前壁,初期可无症状,随着病情的发展,可出现阴道不规则排液,点滴出血和阴道包块,有时在咳嗽或大便后出血。病程发展很快,并易侵犯膀胱和尿道,出现尿频、尿痛,甚至出现血尿和排尿困难。

②体征　不管患者的年龄大小,只要有异常的阴道出血,就必须进行妇科检查,包括内、外生殖器的窥视和扪诊。用小扩鼻器扩张阴道进行检查。妇科检查时阴道葡萄状肉瘤在阴道内可见葡萄状肿物或肿瘤突出于外阴,质脆易出血。晚期者可见肺部有转移病灶。

(3)辅助检查

①B 超检查　为首选的检查方法。

②CT 检查　是诊断的决定性手段。

③MRI 检查　是最有发展的影像学检查方法。

④肿瘤标志物测定　甲胎蛋白(AFP)可通过血清检测和免疫组化法在病理标本中检测到，一般患者 AFP 浓度很高，术前可达 14 000~200 000μg/L,彻底手术后一般 5~7 天下降至正常,复发时有上升。

⑤病理检查　葡萄状肉瘤外观为粉红色,切面灰白色,呈半透明的黏液状。镜下见瘤体表面覆有阴道的黏膜上皮,间质有深染的梭形细胞和星状细胞,异形性显著,可能找到未分化的横纹肌母细胞。

2.中医

主要症候　幼女阴中流液或点滴出血,阴中有包块,有时在咳嗽或大便后出血。属痰湿淤滞者,伴带下量多,色白或黄,阴中积块时作疼痛,舌淡胖苔白腻,脉弦滑;属血瘀癥结者,伴积块固定,疼痛拒按,触之易出血,口干不欲阴,面色晦黯,舌紫黯苔厚而干,脉沉涩。

【鉴别诊断】

1.直肠肿瘤:行钡剂肠道造影可排除。

2.泌尿道肿瘤:可行膀胱尿道造影进行鉴别。

3.阴道中肾管乳头状瘤、腺瘤或腺癌:可行病理组织学检查加以区别。

【治疗】

1.治疗原则

常采用联合治疗。应以手术为主,辅以化疗和放疗。

2.治疗方法

(1)手术治疗　葡萄状肉瘤采用根治术,手术范围为全子宫、全阴道、部分外阴切除和盆腔淋巴结清扫术。术前采用化疗或低剂量放疗(肿瘤剂量 4 050cGy)。

(2)化疗

常选用 VAC 方案:第一天,长春新碱(V),1.5mg/m^2,静脉滴注;第

2~6 天，放线菌素 D(A)，0.3mg/m²，共 5 天，静脉滴注；第 2~6 天，环磷酰胺(C)，150~250mg/m²，共 5 天，静脉滴注。疗程间隔 4 周。常需化疗 3~6 个疗程。

(3)中医辨证施治

证属痰湿淤滞者，治当除湿化痰，散结消癥，用散聚汤加减：陈皮 15g、制半夏 12g、茯苓 12g、厚扑 12g、槟榔 15g、青皮 12g、当归 15g、赤芍 15g、三棱 15g、莪术 15g、桂心 6g、麦芽 15g、甘草 6g。

证属血瘀癥结者，治当活血化瘀，散结消癥，用桂枝茯苓汤加减：桂枝 15g、茯苓 12g、桃仁 12g、丹皮 12g、赤芍 15g、干地黄 12g、制大黄 10g、厚朴 12g、水蛭 6g、虻虫 3g、鳖甲 15g、穿山甲 15g、三棱 15g、莪术 15g、小茴香 10g、没药 12g、甘草 6g。

【注意事项】

1.因以上疾病患者年龄较小，需考虑治疗后的正常发育，采用术前、术后化疗缩小手术范围，保留卵巢或手术时将卵巢移植到放射治疗区域外，以保留正常的性发育。

2.一般认为肿瘤超出阴道外，则预后更差。

【预后】

葡萄状肉瘤生长很快，在出现症状后 3 个月内就可以导致死亡。

二、阴道内胚窦瘤

【诊断】

1.西医

(1)发病原因

阴道内胚窦瘤，来源于原始卵黄囊，故又名卵黄囊瘤。十分少见，恶性程度高。肿瘤多发于阴道上段，组织易碎引起出血或形成溃疡而致出血。

(2)临床表现

①症状　内胚窦瘤呈息肉状、质脆的脑瘤样或葡萄状肿物，直径最

小 2cm，最大 10cm，好发于阴道上段。由于本病生长快，故常常起病急，出现症状时间短，半数病例出现症状仅一周或短于一周。易出现淋巴转移和肺转移。

②体征　妇科检查时在阴上段可触及或见息肉状、脑瘤样或葡萄状肿物，坚硬实体，质脆易出血。

(3)辅助检查

①B 超检查　为首选的检查方法。

②CT 检查　是诊断的决定性手段。

③MRI 检查　是最有发展的影像学检查方法。

④肿瘤标志物测定　甲胎蛋白(AFP)可通过血清检测和免疫组化法在病理标本中检测到，一般患者 AFP 浓度很高，术前可达 1.4~20mg/L，彻底手术后一般 5~7 天下降至正常，复发时有上升。

⑤病理检查　内胚窦瘤镜下形态具有多样性，基本特征有：典型的 Schiler Dusal(S-D)小体，类似于“肾小球血管袢”样的结构，或啮齿类动物的内胚窦结构；网状结构；透明球；抗淀粉酶 PAS 阳性及具嗜酸性基底膜样结构，此瘤能分泌甲胎蛋白(AFP)。

2.中医

主要症候　幼女阴中流液或点滴出血，阴中有癥块，有时在咳嗽或大便后出血。属痰湿淤滞者，伴带下量多，色白或黄，阴中积块时作疼痛，舌淡胖苔白腻，脉弦滑；属血瘀癥结者，伴积块固定，疼痛拒按，触之易出血，口干不欲阴，面色晦黯，舌紫黯苔厚而干，脉沉涩。

【鉴别诊断】

1.直肠肿瘤：行钡剂肠道造影可排除。

2.泌尿道肿瘤：可行膀胱尿道造影进行鉴别。

3.阴道中肾管乳头状瘤、腺瘤或腺癌：可行病理组织学检查加以区别。

【治疗】

1.治疗原则

以化疗为主,根治性手术和放疗现较少采用。

2.治疗方法

(1)化疗

该病所有患者均需化疗。足量和正规的化疗非常重要,能明显改善预后。化疗方案以 BEP 最好, 常作为一线方案: 博来霉素(B),30U,1次/周,静脉滴注;依托泊苷(E),100mg/(m^2·d),共 5 天,静脉滴注;顺铂(P),20mg/(m^2·d),共 5 天,静脉滴注。疗程间隔 3 周。总疗程为 3~6个月。Ⅰ期患者可予 3 个疗程,其他期别患者可增加疗程,或至肿瘤标记物转阴后继续化疗 2 个疗程。一般不主张二次手术。

对于有较大残余灶或有肝脑转移的患者,可将 POMB-ACE 方案作为首选,以减少耐药的发生。据有关报道,该方案治愈的患者发育正常,有生理性月经周期,有几个还正常妊娠、分娩。

(2)手术治疗

内胚窦瘤手术范围同葡萄状肉瘤,而且,这些手术并不改善预后。任何大的转移灶均应尽量切除,但彻底的手术分期也不十分必要,因所有患者均需化疗。本病多属卵巢内胚窦瘤转移而来。

(3)本病对放疗不敏感,故一般不采用。

(4)中医辨证施治

证属痰湿淤滞者,治当除湿化痰,散结消癥,用散聚汤加减:陈皮15g、制半夏 12g、茯苓 12g、厚扑 12g、槟榔 15g、青皮 12g、当归 15g、赤芍 15g、三棱 15g、莪术 15g、桂心 6g、麦芽 15g、甘草 6g。

证属血瘀癥结者,治当活血化瘀,散结消癥,用桂枝茯苓汤加减:桂枝 15g、茯苓 12g、桃仁 12g、丹皮 12g、赤芍 15g、干地黄 12g、制大黄10g、厚朴 12g、水蛭 6g、虻虫 3g、鳖甲 15g、穿山甲 15g、三棱 15g、莪术15g、小茴香 10g、没药 12g、甘草 6g。

【注意事项】

1.采用动脉灌注给药(经股动脉或腹壁下动脉插管介入化疗)能提

高疗效，减少复发。

2.早期化疗者预后较好，出现症状后化疗者预后差。

三、阴道和宫颈腺癌

【诊断】

1.西医

(1)发病原因

临床少见，但预后差，病因目前尚未完全清楚。因阴道无腺体组织，所以阴道腺癌大多为邻近组织器官的转移病灶，可来自残留的中肾管、副中肾管和异位的子宫内膜组织。现代研究认为，残留副中肾管发病的可能性较大。阴道腺癌多为透明细胞癌。

(2)临床表现

①症状　早期可无症状，随病情发展，可出现阴道排液、阴道出血。黏膜腺癌可产生黏液，使阴道分泌物呈黏稠状，合并感染时可出现臭味。癌灶侵犯膀胱时出现尿频、尿急、尿血和排尿困难；侵犯直肠时出现里急后重、排便困难；侵犯阴道旁、主韧带、宫骶韧带可有盆髂两侧或腰骶疼痛。

②体征　阴道后壁上 1/3 及阴道前壁下 1/3 见到或扪及息肉状或结节状，或扁平斑块状或溃疡状肿物，质地较硬，表面有小肉芽，生长位置较浅，可在阴道表面蔓延以至累及大部分阴道。

(3)辅助检查

①B 超检查　为首选的检查方法。

②CT 检查　是诊断的决定性手段。

③MRI 检查　是最有前途的影像学检查方法。

④病理检查　镜下可分为透明细胞癌、中肾管腺癌、子宫内膜样癌和黏液性腺癌。见癌细胞浆透亮，细胞结构排列呈实质一片。可呈腺管状、囊状、乳头状及囊腺型，病灶周围可同时存在阴道腺病。

(4)临床分期

目前仍采用国际妇产科协会(FIGO 1974)分期:

0期　原位癌,也即上皮内癌,指阴道上皮不典型增生累及整个上皮层,但未穿透基底膜。

Ⅰ期　病灶局限于阴道壁。

Ⅱ期　病灶浸润到阴道旁组织,但未达盆壁。

Ⅲ期　病灶浸润到盆壁、耻骨联合,有腹股沟或髂淋巴结转移。

Ⅳ期　病灶扩散超过真骨盆或侵犯膀胱、直肠。

Ⅳa期　邻近器官被侵犯。

Ⅳb期　远处器官被侵犯。

临床分期有助于治疗方案和预后的估计。

2.中医

主要症候　白带增多,黄水样或有臭味,阴道流血,量少,淋漓不断,阴中有癥块,或尿频、尿急、血尿和排尿困难,或排便困难,里急后重,或腰骶部疼痛。属湿热瘀毒者,伴阴道灼热疼痛,小便黄赤,大便秘结,舌红苔黄腻,脉弦滑略数;属正虚毒盛者,伴神倦乏力,不思饮食,形体消瘦,舌淡苔腻,脉虚弱无力。

【鉴别诊断】

1.子宫内膜腺癌阴道转移:部位多在阴道下段左右两侧或尿道下段,孤立结节,位于黏膜或黏膜下,肿瘤结节可破溃形成溃疡,出血或感染。伴有子宫增大。病理诊断可确诊。

2.尿道旁腺癌:多累及阴道前庭,伴有尿频、尿痛和排尿困难。

3.前庭大腺腺癌:多累及阴道下段侧壁,肿块位置较深。

4.阴道腺病:分布在阴道上段的前、后壁和两侧壁穹隆,可蔓延至宫颈,也可累及阴道下1/3段。如上中1/3段受累,则下1/3段可出现。

【治疗】

1.治疗原则

早诊断、早治疗。以放射和手术治疗为主,或综合应用放射、手术和化疗。

2.治疗方法

(1)放射治疗

表浅的小病灶仅采用腔内治疗即可；Ⅰ期患者作组织内插植放射或阴道腺线筒照射(需包括病灶周围 1~2cm)正常组织；Ⅱ期患者除作以上处理外,加全盆外照射。若累及阴道下 1/3 段,应将腹股沟淋巴结也包括在照射范围内或实施腹股沟淋巴结清扫术。晚期和复发的阴道腺癌常采用放射治疗。

(2)手术治疗

手术方式应按肿瘤的部位和临床期别来选择。

0 期　可行局部病灶切除,部分阴道切除或全阴道切除术。

Ⅰ~Ⅲ期　行根治术。Ⅰ期,经腹全子宫切除术,卵巢正常者应予保留或可行宫颈锥切术；Ⅰ~Ⅱ期,癌灶位于阴道上段,行广泛子宫切除、大部分阴道切除加盆腔淋巴结清扫术,卵巢正常者应予保留。术中冰冻切片检查髂总淋巴结有转移者,应做腹主动脉旁淋巴清扫或取样,进一步明确病变累及范围,选用术后治疗；Ⅱ~Ⅲ期,癌灶位于阴道 1/3 段,行外阴、阴道下段切除及双侧腹股沟淋巴结清扫术。癌灶位于阴道中段或多中心者,行全子宫、全阴道及腹股沟、髂盆腔淋巴结清扫术。癌灶侵犯尿道、膀胱或直肠,可行前盆或后盆器官切除术和盆腔或腹股沟淋巴结清扫术。

(3)化学治疗

剂量可根据年龄大小计算。

①全身用药　选用争光霉素,静脉注射,每日或隔日 1 次,10 次为 1 疗程。

②腹壁下动脉插管区域性化疗　争光霉素,动脉注入,1 次/日,10 次为 1 疗程,或联合用药:环磷酰胺,1 次/日;5-氟尿嘧啶,1 次/日,共 7~10 天。

③局部用药　争光霉素 5~8mg，加生理盐水 3ml，局部注射，10 次为 1 疗程，或用 5%的 5-氟尿嘧啶软膏局部贴敷。

(4)中医辨证施治

证属湿热瘀毒者，治当清热利湿，解毒化瘀，用利湿败毒汤加减：莪术 10g、白术 10g、白花蛇舌草 30g、败酱草 20g、仙鹤草 10g、蒲公英 20g、半枝莲 10g、土茯苓 10g、三棱 10g、当归 10g、黄芪 20g、木通 10g、甘草 6g。

证属正虚毒盛者，治当益气扶正，化瘀解毒，用扶正解毒汤加减：人参 10g、黄芪 20g、女贞子 10g、墨旱莲 10g、白术 10g、陈皮 10g、升麻 10g、当归 10g、半枝莲 10g、夏枯草 20g、土茯苓 10g、阿胶 10g（烊化）紫河车 10g、甘草 6g。

【注意事项】

1.因阴道透明细胞癌具有向黏膜下扩展的特性，手术切除的阴道部分应在手术时作冰冻切片检查，以确定切除边缘和深度是否足够。

2.放射治疗常见阴道狭窄和丧失卵巢功能等合并症。

3.阴道透明细胞癌治疗后可有远期复发，需注意随访。

参考文献

[1] 乐杰.妇产科学.北京:人民卫生出版社,2008.

[2] 马宝璋.中医妇科学.上海:科学技术出版社,1998.

[3] 尤昭玲.中西医结合妇产科学.北京:中国中医药出版社,2004.

[4] 印会河.中医基础理论.上海:科学技术出版社,1985.

[5] 陈惠祯.实用妇科肿瘤手术学.成都:成都出版社,1993.

[6] 张惜阴.实用妇产科学.北京:人民卫生出版社,2004.

[7] 刑淑敏,许杭.新编妇产科临床手册.北京:金盾出版社,2003.

[8] 郭兰春.褚玉霞教授治疗崩漏经验介绍.新中医,2008,40(8):4-5.

[9] 王秀娟,李明,赵宇昊,等.高忠英治疗月经病的经验.中医杂志,2007(10).

[10] 崔满华,杨淑莉,祝贺.卵巢子宫内膜样腺癌全子宫、双附件及大网膜切除术后阴道流血.中国实用妇科与产科杂志,2008(9).

[11] 屈清华,潭世桥,汤晓红.两种子宫内膜萎缩疗法治疗青春期功血的随机临床对照研究.实用妇产科杂志,2008(8).

[12] 边爱华,赵倩,周华.腹腔镜子宫肌瘤切除术临床效果评估.中国实用妇科与产科杂志,2008(1).

[13] 陈玉环,邱兰,汤平英,等.改良阴式子宫切除术的临床观察与分析.中国妇产科临床杂志,2007(1).

[14] 赵轩,刘俊丽,陈世蓉,等.子宫内膜异位症手术治疗后复发相关因素的分析.中华妇产科杂志,2006(10).

[15] 李国先,卢晓芬,李爱华,等.绝经后流血患者 8 985 例临床分析.现代妇产科进展,2008(4).

[16] 董瑞峰,徐风森,胡海燕.宫腔镜检查在诊断异常子宫出血中的应用. 现代妇产科进展,2008(10).

[17] 温宏武,陈秀英,朱丽荣,等.子宫颈癌患者术前血管性介入治疗的价值.中华妇产科杂志,2006(11).